4차 산업혁명 시대의 핵심역량!!

사람중심 리더십

양애경 · 송영선 · 김주섭 · 최종철

KNOWLEDGE COMMUNITY 공동체

머리말

리더십이라는 용어는 1800년경부터 사용되기 시작하였으며, 다양하게 정의되고 있다. 학자들이 내린 정의를 종합해 보면 리더십이란 목표의 지향성, 군중의 영향력, 상호교류, 자력의 힘, 자발성, 행사과정 등과 관련지어 다양하게 정의해 볼 수 있다.

리더십은 시대의 변화에 따라 권위적 리더십에서 민주적 리더십으로의 변화가 이루어졌으며 그 변화의 중심에 산업혁명이 있다.

1차 산업혁명은 증기기관 기반의 기계화 혁명, 2차 산업혁명은 에너지를 기반으로 하는 대량생산 혁명, 3차 산업혁명은 인터넷을 기반으로 하는 정보혁명이다. 이와 같이 산업혁명은 물질을 얻는 방법, 사람의 삶과 일하는 방법, 부가가치를 높이거나 더 얻기 위한 방법, 이익을 공평하게 분배하는 방법 등에서 급격한 변화가 이루어져 왔다. 이러한 변화는 구성원들 간에 많은 갈등을 야기하게 되었고, 소수의 리더에게 집중되었던 권력을 구성원들과 점차적으로 공유하는 민주적 리더십으로 바뀌게 만들었다.

그러면 4차 산업혁명 시대 리더십의 핵심역량은 무엇일까?

4차 산업혁명은 사람과 사물, 사람과 사람, 사물과 사물을 인터넷으로 연결하는 초연결성과 빅데이터를 바탕으로 하는 초지능성, 데이터 분석 결과를 통해 패턴을 알아내는 인공지능이 함께하는 디지털기술 변환에 의한 산업혁명 사회

머리말

이다. 이런 기술 혁명은 인간관계 연결 방식을 근본적으로 바꾸어 놓는 계기가 되었다. 이로 인하여 새로운 공동체는 인간과 로봇, 지능형 소프트웨어, 데이터가 독립된 구성원으로 존재하게 되어 더 복잡한 관계가 형성되고 있다. 리더십에서 가장 중요한 키워드는 바로 사회가 어떻게 변화하든지 그 중심에는 사람이 있어야 한다는 것이다. 그러나 인공지능과 사물인터넷, 로봇 중심의 제4차 산업혁명은 인간중심의 철학에서 산업중심으로 변하기 때문에 비인간화(dehumanization)를 야기할 수 있으며, 이는 공감, 영감, 감성 같은 인간의 독특한 가치에 영향을 미쳐 도덕성과 윤리적 문제가 발생할 수 있다. 특히 사람의 일자리가 로봇으로 대체되는 것에 따른 불안감과, 인간소외 현상이 심화될 것으로 전망되므로 4차 산업혁명 시대 리더는 기존의 시대와는 달리 더욱 사람을 중심에 둔 리더십을 발휘해야 하는 절실한 시대가 되었다.

본 서는 사람을 중요시하는 리더에게 필요한 역량을 총 13장으로 구성하였다. 1장은 4차 산업혁명 시대 리더십역량으로, 4차 산업혁명 사회의 모습과 이에 대응하는 리더십 역량을 중심으로 구성하였다. 2장 대인관계 리더십을 비롯하여 감성, 임파워링, 셀프, 팀워크, 행복, 코칭, 스트레스 극복, 창의성, 취 · 창업, 탈권위 리더십을 이해하기 쉽게 다루었다. 13장에서는 세계를 향해 펼칠 글로벌 리더로서의 역할을 수행할 수 있는 역량을 제시했다.

특징을 살펴보면, 첫째, 각 장에서 말하는 리더십의 핵심이 무엇인지 알 수 있도록 소제목을 붙였다. 둘째, 독자들에게 4차 산업혁명 시대 리더로서 갖추어야 할 핵심 역량을 제시하고 이러한 역량을 개발하려면 어떻게 해야 할까?에 대한 의문을 해소할 수 있도록 하였다. 본 서를 정독하다 보면 급변하는 4차 산업혁명 사회에서 우리 스스로 성공하는 리더가 되기 위해서는 어떠한 역량을 갖추어야 하는지를 알고 방법을 스스로 터득할 수 있으리라고 본다. 셋째, 성공적인 리더가 되어 구성원들에게 일과 삶을 통하여 행복을 느끼며 영향을 끼칠 수 있는 방안을 제시하였다. 넷째, 단순한 이론이 아닌 감성에세이를 제시하여 본문의 내용을 반추해 보고 내용을 충분하게 이해할 수 있도록 구성하였다.

지금까지 출간된 리더십 책과는 다른 방향에서 접근한 본 서가 4차 산업혁명 사회를 살아가는 사람들에게 도움이 될 뿐만 아니라, 이 시대의 중심에서 노력하는 리더들에게 사랑받는 책이 되기를 희망해 본다.

끝으로 관심과 사랑으로 배려하며 서로를 독려함으로 출간이 되기까지 함께 해 주신 집필진과 출판을 위해 노력해 주신 공동체 가족 여러분들께 감사드린다.

양애경 · 송영선 · 김주섭 · 최종철

차 례

■ 머리말 / 3

Chapter 01 4차 산업혁명 시대!! 리더십 핵심역량

1. 지구촌에는 4차 산업혁명의 새로운 물결이 일고 있다. / 14
2. 미래사회의 리더십 핵심역량 / 19
3. 4차 산업혁명 시대! 어떻게 대응할까? / 24
4. 4차 산업혁명 시대의 성공적인 리더십 역량 / 28
5. 감성에세이 / 30

Chapter 02 함께하면 멀리 간다!! 대인관계 리더십

1. 관계를 잘 맺는 사람이 성공한다. / 38
2. 무엇이 대인관계 리더십을 만드는가? / 40
3. 매력적인 대인관계를 위한 노하우! / 46
4. 효과적인 대인관계 스킬을 찾아라. / 50
5. 감성에세이 / 52

Chapter 03 공감 안에서 감성이 자란다!! 감성 리더십

1. 도대체 '감성지능'이 뭐길래? / 60
2. 감성 리더십! 서로의 마음이 통하게 한다. / 62

3. 감성지능의 핵심은 공감능력이다. / 63
4. 감성지능! 이렇게 키운다. / 67
5. 감성에세이 / 73

Chapter 04 권한을 나누면 배가 된다!! 임파워링 리더십

1. 임파워먼트(Empowerment)와 임파워링 리더십의 관계는? / 80
2. 조직의 권한은 어떻게 나누는 것이 좋을까? / 83
3. 임파워먼트 리더십은 어떻게 활용해야 하나? / 88
4. 임파워먼트 리더십으로 조직의 구조를 바꾸자. / 91
5. 감성에세이 / 93

Chapter 05 나 자신을 이끈다!! 셀프 리더십

1. 스스로 움직인다. 셀프 리더십! / 100
2. 셀프 리더십! 왜 필요할까? / 103
3. 성취와 행복을 이루는 셀프 리더십의 핵심역량 / 104
4. 셀프 리더십의 핵심역량! 이렇게 키우자. / 111
5. 감성에세이 / 113

차 례

Chapter 06 함께 가면 성공한다!! 팀워크 리더십

1. 갈등! 왜 일어날까? / 124
2. 팀워크! 함께 가면 성공한다. / 132
3. 책임감을 즐기는 팀워크 ~ 굿워커 / 134
4. 감성에세이 / 139

Chapter 07 내가 행복해야 상대방도 행복하다!! 행복 리더십

1. 행복 터닝포인트 / 146
2. 행복항아리 / 148
3. 어떤 리더가 나를 행복하게 만드는가? / 153
4. 행복 리더십이 경쟁력이다. / 154
5. 감성에세이 / 158

Chapter 08 문제해결의 길! 의사소통이다!! 코칭 리더십

1. 소통의 아이콘 리더 / 164
2. 코칭리더! 소통의 달인! / 167
3. 코칭리더가 되자. / 170
4. 코칭을 성공하려면? / 171
5. 감성에세이 / 174

Chapter 09 스트레스를 친구로 만들자!! 스트레스 극복을 위한 리더십

1. 스트레스야~ 놀자! / 180
2. 좋은 스트레스 & 나쁜 스트레스 / 183
3. 스트레스를 친구로 만들자. / 185
4. 리더는 스트레스를 관리한다. / 189
5. 감성에세이 / 193

Chapter 10 새 시대는 창조 · 융합을 요구한다!! 창의성 리더십

1. 창의성과 창의적 사고능력 / 202
2. 비전과 창의성을 통한 핵심역량 / 206
3. 4차 산업혁명과 창의 · 융합 역량 / 210
4. 창조적 리더의 조건 / 213
5. 감성에세이 / 217

Chapter 11 청 · 장년의 고민 한꺼번에 해결한다!! 취 · 창업 리더십

1. 진로교육 / 224
2. 취업 · 창업, 무엇이 문제지? / 233
3. 감성에세이 / 246

차 례

Chapter 12 갑질의 시대는 끝났다!! 탈권위적 리더십

1. 높으신 분들의 갑질에 을이 뿔났다. / 254
2. 탈권위적 리더십의 매력에 빠지다. / 255
3. 탈권위를 위해 이것은 빼자. / 258
4. 탈권위 시대에 요구되는 새로운 리더십 / 262
5. 감성에세이 / 264

Chapter 13 세계를 향해 펼치자!! 글로벌 리더십

1. 글로벌 시대의 톡! 톡! 튀는 리더십은? / 270
2. 글로벌 리더십 핵심역량, 어떻게 키울 수 있을까? / 272
3. 제4물결시대에 대응하는 글로벌 리더십 / 276
4. 글로벌 리더십의 성공조건, 비전! / 277
5. 감성에세이 / 280

■ 참고문헌 / 286

01

4차 산업혁명 시대!!

리더십 핵심역량

1. 지구촌에는 4차 산업혁명의 새로운 물결이 일고 있다.
2. 미래사회의 리더십 핵심역량
3. 4차 산업혁명 시대! 어떻게 대응할까?
4. 4차 산업혁명 시대의 성공적인 리더십 역량
5. 감성에세이

Chapter 01

4차 산업혁명 시대!! 리더십 핵심역량

세계 여러 나라의 역사를 살펴볼 때 어느 때보다 많은 국가적 번영을 이루어 국민의 삶을 행복하게 만들어 주는 데 가장 큰 역할을 한 요인을 찾아보면 훌륭한 리더가 있었다. 그들은 그 시대에 적합한 리더십을 발휘하여 사람들의 힘을 한 곳으로 모을 수 있는 역량을 발휘하였음을 역사가 증명하고 있다.

최근 세계 각국은 4차 산업혁명 시대의 새 물결에 뒤떨어지지 않으려고 많은 노력을 기울이고 있다. 특히 4차 산업혁명 시대로 대표되는 초연결사회(Hyper-connected Society)는 '사람과 사람, 사람과 사물, 사람과 사회가 인터넷, 스마트폰, 컴퓨터를 통해 네트워크로 연결되어 실시간 정보를 주고받고 의사소통하는 세상'을 말한다.

현대사회의 조직문화는 트위터, 페이스북, 유튜브, 인스타그램, 슬라이드쉐어, 핀터레스트 등에 영향을 받는다. 소셜미디어는 결국 게임 체인저가 되어 개인의 삶은 물론 사회 문화를 바꾸기 때문이다. 이렇게 급변하는 사회에서는 서로 소통하는 똑똑한 소비자들이 탄생해 위기를 헤쳐 나가야 하며, 조직 역시 소셜미디어 전문가들 집단으로 변하지 않으면 살아남을 수 없다고 한다(유엔보고서, 2014).

이러한 환경변화는 조직의 근본적인 변화를 가져와 새로운 리더의 도전을 요구하고 있다. 이로 인해, 조직과 공동체를 잘 이끌어 갈 리더십이 절실히 필요하게 되었다. 이렇게 급하게 변하는 미래사회에서는 기존의 생각과 방법으로 대응하기에 한계가 있기 때문에 새로운 방식의 혁신적 리더십이 요구되고 있다. 미래를 예측하기 어려운 시대를 살아갈 미래 주역들에게 꼭 필요한 핵심역량은 무엇일까? 피터 드러커는 "미래를 예측하는 가장 좋은 방법은 그것을 창조하는 것이다."라고 하였다. 내가 가장 잘 할 수 있는 강점을 발휘하여 행복할 수 있는 새로운 일을 만들어 나가는 창조적 전략! 그것이 진정한 미래의 리더십이 아닐까? 그러면 4차 산업혁명 시대의 리더에게 꼭 필요한 핵심역량은 무엇일까?

1. 지구촌에는 4차 산업혁명의 새로운 물결이 일고 있다.

지구촌 곳곳에서는 제4차 산업혁명의 새로운 물결이 일어나고 있다. 세계경제포럼은 "3차 산업혁명을 기반으로 한 디지털과 바이오산업, 물리학 등을 융합하는 기술혁명"이 '제4차 산업혁명'이라고 설명한 바 있다. 제1차 산업혁명은 '증기기관의 발명'에서 비롯된 기계화로 이루어졌고 책과 신문 등의 문서가 중요한 지식전달과 소통의 수단이 되었다. 제2차 '산업혁명' 때에는 전기가 에너지원으로 등장하고 전기에 의한 대량생산체계가 구축되면서, 라디오와 텔레비전이 정보소통의 도구로 활용되었다. 이후 등장한 반도체는 '디지털 혁명 시대', 즉 '제3차 산업혁명'이다.

디지털 혁명으로 자동화가 시작되었고 전자공학과 정보기술이 등장해 냉장고, 세탁기 등 가전제품의 전성기를 열었으며, 시공간을 초월한 인터넷의 등장으로 SNS, 스마트폰이 정보소통의 장(場)이 되었다.

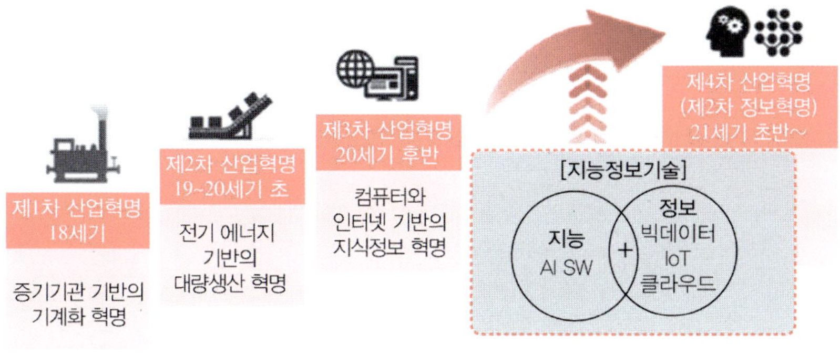

산업혁명과 발달과정을 살펴보면
① 1차 산업혁명은 '증기기관의 발명'에서 비롯된 기계화로 이루어짐
② 2차 산업혁명은 전기가 에너지원으로 등장하고 라디오, 텔레비전이 등장함
③ 3차 산업혁명은 반도체의 등장과 디지털혁명으로 세탁기 등 가전제품의 전성기를 이룸
④ 3차 산업혁명을 기반한 디지털과 바이오산업, 물리학 등을 융합하는 기술혁명이 '제4차 산업혁명'

| 그림 1-1 | 산업혁명과 발달과정

출처 : 다보스포럼(2016).

'제4차 산업혁명'은 정보통신기술(ICT)이 다양한 산업들과 연결되며 지금까지는 볼 수 없던 새로운 형태의 제품과 서비스, 비즈니스를 만들어 내는 것을 말한다. 제4차 산업혁명은 AI(인공지능), IoT(사물인터넷), 빅데이터, SNS로 대표된다.

지금 대한민국 노동력의 주축은 20대에서 50대까지로 약 30년 동안을 일하고 은퇴하는 패턴이지만, 미래에는 20대부터 90~100세의 노인들이 같이 일하는 시대가 도래하게 된다. 이에 더하여 인공지능 로봇기술의 급속한 발달은 조직 내에 로봇과 협업하는 시대를 예견하고 있다. 결국 미래사회의 조직은 신입 조직원, 기존의 핵심 조직원, 퇴직 후 재입사 조직원, 로봇 조직원 등이 같이 일하는 형태로 구성될 것이다. 따라서 리더는 이런 세대적 차이는 물론 인간과 로봇을 아우르는 협치의 리더십이 요구된다. 조직 내 여러 세대의 다양한 특성을 아우를 수 있는 전문성과 역량이 리더십의 주요한 덕목이 되기 때문이다.

정보력과 권력의 위치변동, 시간과 공간을 변화시키면서 기존의 리더십에

급격한 지각변동을 요구하고 있다. 미래사회 환경이 어떻게 변화할지 구체적으로 알아보면 다음과 같다.[1)]

첫째, '정보력의 이동'이다.

'정보를 가진 자가 미래를 지배한다.'라는 말처럼, 리더에게 있어서 정보력은 강력한 리더십을 발휘하는 중요한 수단이 된다. 전통적인 리더는 파이프라인식의 폐쇄적 정보유통망을 유지하고, 리더 또는 전문가라고 하는 소수의 특정 집단만이 정보를 공유하는 시스템을 유지하여 왔다. 이로 인해 정보화 사회의 초기 또는 그 이전에는 많은 정보를 가진 사람이 박식하고 능력 있는 사람으로 인식되었다. 그러나 정보화 사회로의 본격적인 진입과 함께 스마트폰 이용자의 증가와 무선인터넷 서비스의 확장, 소셜네트워킹 서비스의 이용자 급증 등으로 인해 정보의 홍수시대가 도래하였다.

따라서 정보력은 소수의 리더 집단인 상층부로부터 다수의 조직원이 위치하고 있는 하층부로 빠르게 이동하고 있으며 시간이 지날수록 그 정도는 더해질 것이다.

지구에 센서로 연결된 피부를 입혀 놓으면 전 세계의 모든 정보가 들어오게 된다. 이로 인해 비즈니스는 물론 인류의 삶을 바꿔놓을 것이다(유엔보고서, 2014). 10년 이후의 미래를 가장 크게 바꿔놓을 혁명 중 하나가 바로 '사물인터넷'이다. 지금 지구에 피부를 입히듯 스마트 더스트(smart dust)를 구축하는 연구가 시작되었는데, 이것이 완성되면 지구는 하나의 네트워크로 연결되고 이로 인해 정보의 이동 현상은 더욱 빨라질 것이다.

둘째, '권력의 이동'이다.

현대사회에서는 정보의 광범위한 공유로 인하여 다양한 분야에서 권력의 이동이 급격하게 진행되고 있다. 1990년 엘빈 토플러는 『권력이동』이라는 책에서 "모든 나라는 모든 분야에서 권력이동 및 변화가 일어난다."고 주장하였다.

1) 김문겸(2017). 뇌 신경심리에 기반한 PAIR 리더십. 창조문화.

지식정보화 사회로의 진입은 권력의 이동을 더욱 급속하게 진행시키고 있다. 기존의 소수 권력자, 즉 경영자, 정치가, 생산자, 영업자, 교사 또는 전문직 종사자들이 장악하던 정보를 일반 대다수의 비 권력자들인 회사의 조직원, 일반시민, 소비자 등이 손쉽게 접하게 되면서 권력의 지각변동이 일어나기 시작한 것이다.

예를 들어, 어떤 제품을 생산하는 데 있어 생산자만이 알고 있던 정보를 소비자도 알게 되면 생산자와 소비자 양측 간의 권력은 생산자에서 소비자에게로 이동하게 된다는 것이다. 즉, 소비자는 사소한 문제점을 인지하거나 문제가 발생하면 즉각적인 항의 또는 인터넷, SNS 등을 통해 생산자를 압박하는 일종의 힘을 과시하는 것을 볼 수 있다.

정보통신의 발달로 각 국가의 정부가 매너리즘에 빠지게 되면서 다양한 단체들이 지구촌 문제에 대응하였고 시민사회 역시 대안을 제시하게 된다. 세계적으로 영향력을 미치는 오피니언 리더들이 생겨나면서 이들이 부상하는 중산층을 이끌어 거대한 압력단체를 형성하는 것이다. 그리고 이들은 정부 차원에서 해결할 수 없는 범세계적 문제들, 즉 환경오염, 반부패, 법치, 세계평화 등을 다루게 된다(유엔보고서, 2014).

셋째, '빅데이터와 인공지능의 시대'이다.

빅데이터란 디지털상에서 발생하는 다양한 정보들을 필요한 정보만 수집하고 분석해서 가치 있는 정보를 만들어 내는 것이다. 인공지능이란 인간이 만든 프로그램을 기초로 인간의 의식, 판단, 추론, 문제해결 및 그 결과로 언어나 행동지령, 더 나아가 학습능력과 같은 인간의 두뇌작용을 컴퓨터를 통해 구현하는 기술을 말한다.

인공지능(AI)으로 지능화된 스마트머신 및 인지기술이 접목된 사물인터넷(IoT)은 미래 4차 산업혁명을 대변하는 핵심기술이다. 빅데이터와 인공지능은 폭발적으로 증가하는 데이터의 크기를 감당하며 실시간으로 분석하고 다양한 데이터를 복합적으로 다룰 수 있으므로 의사결정의 매 순간마다 도움을 줄 수 있게 된다. 즉, 다양하고 방대한 규모의 데이터는 미래사회에서 경쟁력의 우위를 좌우하는 중요한 자원으로 활용될 수 있다.

빅데이터의 확산은 정보처리기술, 데이터저장기술이 대부분 무료화되어 네트워크와 클라우드가 정보를 전 세계에 신속하게 무료로 제공하는 정보 보급 서비스를 확산시킨다. 또 IT를 기반으로 하는 솔루션은 시민들의 경제생산성의 효율에 최적화를 가져다주며 삶의 질을 높여주는 동시에 자원의 소비를 절감하고 환경오염을 막는 움직임으로도 이어진다.

이렇듯 대규모 데이터를 분석해 의미 있는 정보를 찾아내는 빅데이터와 인공지능, 뇌과학에 기반 한 의사결정은 개인, 조직, 국가에 이르기까지 많은 부분에서 리더들의 의사결정에 영향을 미치게 되었다.

리더의 의사결정은 조직의 성패를 좌우하는 중요한 요소이기 때문에 리더들은 많은 시간을 의사결정에 할애하고 있다. 컴퓨터와 인터넷을 통한 지식정보화 사회로의 진입은 다양한 정보를 접함으로 인해 리더의 합리적인 의사결정에 좋은 영향을 미친다. 하지만 너무 많은 정보와 데이터는 제한된 시간 안에 가장 합리적인 의사결정을 해야 하는 경우에 오히려 방해가 되기도 한다. 이러한 경우 리더가 개인적인 의견이나 자신의 경험과 획득된 정보를 가지고 독단적으로 의사결정을 하기에는 세상이 너무 빨리 변하고 있고 감당해야 할 위험성 또한 클 수밖에 없다.

넷째, 다양한 구성원이 존재하는 '초연결사회'이다.

제4차 산업혁명 시대는 초연결사회라고도 불린다. 초연결 네트워크는 연결대상의 확대, 상호작용, 풍부한 데이터 정보, 상시 기록보관 등을 가능하게 함으로써 사람과 사물, 자연, 사이버세계 등이 네트워크를 통해 밀접하게 연결된 생활환경이라 할 수 있다.

급속한 과학문명의 발달은 인간의 수명 연장에 크게 기여하였다. 통계청에 의하면 우리나라 전체 인구비율 중 65세 이상이 1970년대에는 5%였지만 2000년에는 7.2%로 증가하였고, 더 나아가 2018년에는 14.8%, 2026년에는 20.8%로

초고령화 사회가 될 것으로 예측하고 있다(통계청, 2016).

UN에서도 인간의 수명이 늘어남에 따라 1960년에 제정한 노인의 정의를 바꿀 것을 검토하고 있다. 2050년이 되면 인간의 평균수명을 100세로 보고 노년층의 정의를 71세부터 100세까지로 한다는 것이다. 인간의 DNA 재구성, 나노기술에 의한 초소형 로봇에 의한 면역체계 증강, 줄기세포의 연구, 인체조직 복제기술 등의 발달은 인간의 수명을 기대 이상으로 연장하게 될 것이다.

이러한 수명연장은 지금까지의 조직 내 구성원에도 변화를 가져오게 되어 50대의 은퇴 개념은 사라지게 될 것이며, 또 은퇴했다 하더라도 새로운 직장에 입사하거나 기존의 회사에 재입사하여 일하게 되는 일이 그리 특별하지 않게 될 것이다. 이러한 사회의 변화로 직장은 신규 직원, 기존의 핵심 직원, 퇴직 후 재입사한 직원, 로봇 등이 같이 일하는 초 연결사회가 될 것이다.

지금까지 미래 리더십의 주요 환경을 살펴본 것과 같이 앞으로의 미래사회는 정보, 권력의 이동은 물론 기술의 융합과 데이터가 힘을 갖는 초연결, 초지능사회로의 변화와 가상과 현실의 융합을 요구하는 시대라고 할 수 있다. 이러한 시대를 맞이하여 우리는 기존의 리더십 방식으로 미래사회에 대응하기에는 한계가 있기 때문에 새로운 방식의 혁신적 리더십이 필요하다. 기존의 것을 답습하고 외워서 적용하기보다, 새로운 것을 생각해 내고 그것을 다양한 기술과 융합시켜 나가는 창의력과 협치 그리고 상호 소통하는 리더십 발휘가 요구되는 시기이다.

2. 미래사회의 리더십 핵심역량

학자들은 향후 10년을 지배할 키워드로, 창조국가, 모바일커머스, SNS, 미래예측, 지속가능한 도시, 급격한 기후변화, 로봇귀환, 맞춤약제, 재능전쟁, 빅데이터, 3D프린트, 양자컴퓨터 등을 이야기한다. 이러한 현상이 최근 어떻게 변하고 있는지를 아는 것이 한발 앞서 기회를 잡는 일이 될 것이다(유엔보고서, 2014). 미래사회에서 살아남기 위해서는 조직사회에서 요구하는 새로운 리더십의 역량을 발휘해야 한다. 조직문화 창조에 있어서 구성원이 열정을 쏟고 의욕을 북돋울 수 있는 미래사회 리더십 역량은 조직의 성패를 좌우하는 중요한 열쇠가 되기 때문이다.

이러한 조직문화를 만들기 위해 리더는 네트워크 안에서 서로 소통하고 소셜미디어 전문가 집단으로 변해야 한다. 그렇지 않으면 살아남을 수 없다.

새로운 조직문화 창조 리더십은 시대와 사회적 배경에 따라 여러 가지 다양한 모습으로 변하고 있다. 급변하는 시대에 필요한 진정한 리더십 핵심역량은 무엇일까?

리더십은 조직의 목표를 달성하기 위하여 구성원들과 친밀한 관계를 가지고 지속적으로 상호작용을 하면서 구성원을 이끌어 나가는 능력으로 리더와 구성원 간의 영향력 행사과정이다. 이런 점에서 리더십의 구성요소는 영향력, 책임, 변화, 구성원, 공유목표 등을 들 수 있다(그림 1-2 참조). 영향력이란 사람들 사이의 관계가 수동적이 아닌 것을 의미한다. 영향력은 부하나 상사 모두에게 영향력을 끼친다. 리더십은 사람들 사이에 일어나며 사람들은 마음속으로 변화를 갈망하고 있고 이것이 공유된 목표를 달성하게 된다. 리더십은 단순히 구성원들에 대한 관리의 목적은 아니며 넓은 의미에서 상호작용 커뮤니케이션 인간 활동이다.

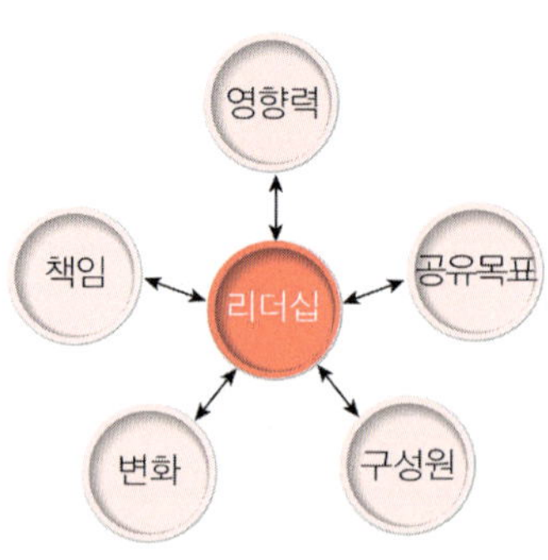

그림 1-2 리더십의 구성요소

따라서 조직의 리더는 구성원의 동기를 유발시켜 목표지향적 행동을 일으키고 그들로 하여금 내적 상태와 행동을 개발하고 창의적인 아이디어를 찾게 해주어야 한다. 조직의 비전을 제시해 주고, 구성원들이 이에 맞추어 좋은 생각을 할 수 있도록 새로운 변화와 선도적 역할을 해야 한다.

가장 이상적인 리더십은 구성원들과 리더가 서로 의사소통하고 공동으로 책임을 부담하면서 리더십을 공유하는 것이다. 유능한 구성원은 함께 몰입하고 스스로 신념과 주인의식을 갖는다.

그렇다면 미래사회 리더십의 패러다임은 어떻게 변화되어야 하는가?

지금 세계의 당면한 새로운 변화에는 글로벌화, 아웃소싱, 기술혁신 가상현실, e－비지니스 등이 있다. 조직구성원들은 지금과의 다른 변화 추세의 영향을 느끼며 새로운 방법에 적응하기 위해 노력한다. 패러다임의 이동은 바로 한 체계 내에서의 변화를 의미하는 것이 아니라 완전한 체계상의 대변혁을 의미하는 것으로 교육 패러다임은 이러한 관점에서 이동하지 않으면 안 된다.

패러다임의 변화는 체계 내에서의 대변혁을 의미하는 것으로 이러한 획기적인 변화를 교육지도자들이 이해하고 신념화하여 시대에 적합한 새로운 리더십을 창출해 나가는 의지가 요구된다. 새로운 교육 패러다임의 이동은 필연적이며 전통적인 리더십에서 변혁적인 리더십으로 변화하고 있는 추세이다.

역량이란 '어떤 일을 해낼 수 있는 힘'을 의미한다. 역량은 조직환경 속에서 탁월하고 효과적으로 자신에게 주어진 업무나 과제를 성공적으로 수행하기 위해 필요한 지식, 기술, 태도, 경험 등이다. 또한 핵심역량은 사회경쟁력을 지속시키기 위해서 조직구성원들이 공통적으로 구비해야 할 최소한의 필수역량을 말한다. 즉, 지식, 기술, 태도, 경험 등 내・외적 특성의 총체라고 할 수 있다.

리더십 핵심역량이란 리더가 리더십을 발휘하여 구성원 개개인들이 자신의 업무를 성공적으로 수행하도록 하는 능력을 의미한다. 즉, 구성원 개개인들이 주어진 어떤 일에 자신이 가지고 있는 다양한 방법을 동원하여 업무를 성공적으로 해결하는 힘이나 능력으로 재개념화한다. 최근 리더십 핵심역량 패러다임이 변화되고 있다. 따라서 4차 산업혁명 시대에 대응하는 리더십 역량 강화가 요구된다. 급변하는 새 시대의 사회적 변화에 대응하기 위해서는 이에 대응할 수 있는 능력을 지닌 사람이 요구되고 이러한 사람을 교육이나 훈련을 통해 양성해 내야 한다. 즉, 새로운 미래에 걸맞은 교육으로 우리 사회가 추구하는 가치나 비전을 달성할 수 있도록 해야 한다.

Tip 리더십이란?

리더십은 조직의 목표를 달성하기 위하여 구성원들과 친밀한 관계를 가지고 지속적으로 상호작용을 하면서 구성원을 이끌어 나가는 능력으로 정의할 수 있다.

즉, 리더십이란 조직 목표달성을 위한 리더와 구성원 간의 영향력 행사과정이다. 리더십의 구성요소는 영향력, 책임, 변화, 구성원, 공유목표 등을 들 수 있다

Tip 리더십 핵심역량이란?

리더십 핵심역량은 리더가 리더십을 발휘하여 구성원 개개인들이 자신의 업무를 성공적으로 수행하도록 하는 능력을 의미한다.

급격한 사회환경 변화는 조직에 근본적인 변화를 가져와 새로운 리더십의 도전과 혁신을 필요로 하고 있다(Richard L. Daft 저/정진철 · 최승준 공역, 2014). 이러한 변화는 전통적인 리더십 패러다임에서 새로운 패러다임으로 전환을 필요로 한다. 패러다임의 변화를 살펴보면 다음의 <표 1-1>과 같다.

〈표 1-1〉 패러다임의 변화

전통적 패러다임	새로운 패러다임
안정, 통제, 경쟁, 획일성, 이기적 목표, 영웅적 역할	변화, 권한위임(임파워먼트), 통합, 다양성, 윤리적 목표, 평범한 역할

출처 : Richard L. Daft 저/정진철 · 최승준 공역(2014).

Richard L. Daft는 현대조직의 변화와 미래사회 리더십에 대해 다음과 같이 설명하였다.

① 안정 ⇔ 변화

예전에는 조직의 안정을 유지하는 것을 성공한 것이라는 견해가 보편적이었지만 오늘날은 모든 것이 불확실하기 때문에 위기관리 리더십을 요구하고 있다.

오늘날의 리더는 변화와 위기에 대해 이를 인정하고 동기부여와 자기혁신의 계기로 인식해야 한다.

② 통제 ⇔ 임파워먼트

권한을 독점하기보다는 공유하고 조직 내 모든 사람의 몰입과 참여를 통한 브레인파워를 증대시키려 한다. 따라서 구성원들의 지적 능력을 최대한 활용할 수 있는 환경을 창출한다.

③ 경쟁 ⇔ 통합

새로운 형태의 글로벌 조직은 독립된 회사들 간의 네트워크 형태로 구성하며 우수한 리더를 공유한다. 팀워크와 협력을 중시하며 부서 간의 장벽을 무너뜨리고 정보를 확산한다.

④ 획일성 ⇔ 다양성

옛날에 일사불란하게 움직이는 조직이 목표를 도달하는 데 도움이 되었으나 다변화 사회에서는 리더 한 사람의 의견보다는 다양한 사람의 의견을 모아 변화하는 사회에 적응하는 다양성이 요구된다. 민주국가에서는 획일성보다는 다양성이 장점으로 작용하고 다양한 목소리를 반영하는 사회로 나아가고 있다.

⑤ 이기적 목표 ⇔ 윤리적 목표

과거의 기업은 방법이야 어떠하든지 기업 이윤 추구 제일주의였으나 지금은 기업의 이익 추구와 함께 사회적 기여도 함께 고려하고 사회적 가치를 반영하는 윤리적 경영이 점점 중요시되고 있다. 최근 미쓰비시 자동차 연비 조작, GM의 점화스위치 결함 은폐, 토요타 리콜 사태 등의 비리는 왜 윤리경영이 중요한지를 알 수 있게 해준다. 이제는 윤리적인 기업 경영과 조직문화가 없으면 기업의 존재 가치를 찾을 수 없으며 생존하기도 어려운 시대이다. 즉, 윤리경영이 중요하다는 것이다. Trevino, Weaver 등 윤리 경영학자들은 윤리경영이 성공하기 위해서는 프로그램도 중요하지만 경영진의 윤리 리더십과 조직문화가 더욱 중요하다고 했다.

⑥ 영웅적 역할 ⇔ 평범한 역활

과거의 리더는 외모가 잘생기고 많이 배우고 글을 잘 쓰거나 판단력이 우수한 사람이라고 생각했다. 한 사람의 리더가 모든 것을 판단하고 결정하면 조직구성원은 리더의 지시에 따르면 되었다. 그 결과 나폴레옹, 히틀러 같은 절대적 권력을 가진 영웅이 사회를 지배하였다. 그러나 현대사회는 한 사람의 의견에 모든 것을 맡기기에는 사회가 너무 복잡하고 급변한다. 따라서 리더는 조직구성원들에게 조직이 나아갈 비전과 이를 수행할 수 있는 동기를 제공하며 한 사람의 구성원으로서 동행하는 것을 요구하는 사회가 되었다.

3. 4차 산업혁명 시대! 어떻게 대응할까?

인류는 세 차례에 걸친 산업혁명 과정을 거쳐 오면서 어려움도 겪었지만 문명의 이기가 주는 편리함을 누리고 있다. 4차 산업혁명 시대는[2] 인공지능(AI), 빅테이터, 사물인터넷(IoT), 클라우드, 3D 프린팅, 자율주행 자동차, 융합형 신의료기술 등으로 불리는 급격한 소프트웨어와 데이터 기반의 지능 디지털 기술변환에 의한 혁명이다. 디지털 기술은 수학, 통계, 물리, 생물 등의 영역과 융합하면서 우리의 생각과 삶을 놀랍게 변화시키고 있다.

산업혁명의 기반은 새로운 에너지의 등장과 생산수단의 변화에서 비롯되었으며, 과학기술을 통한 기술혁명으로, 인류의 역사를 바꾼 혁명이다.

2) 출처 : 매일경제 최은수(2016. 1. 15). 핵폭탄급 '제4차 산업혁명'이 몰려온다.

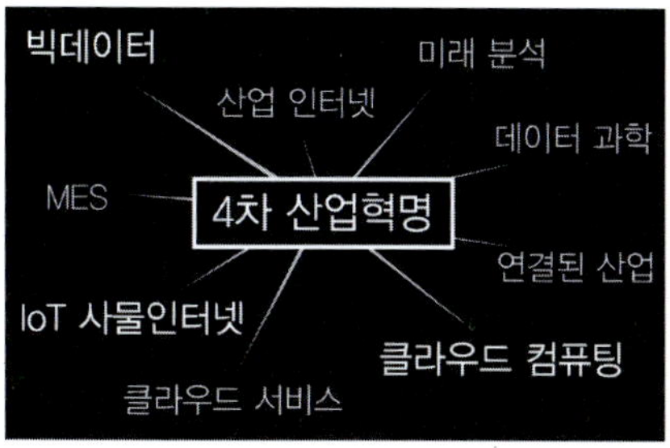

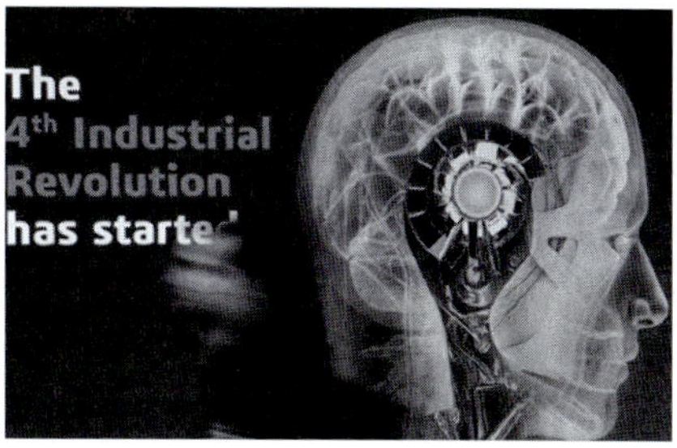

출처 : 앱스토리 매거진 임유빈(2017. 3. 22).

'사물인터넷(Internet of Thing)'이란 여러 사물들이 네트워크로 연결되어 서로 정보를 제공하거나 기기를 제어할 수 있는 통신을 지칭한다. 우리 생활 주변에 많이 활용되었고, 계속 진화하여 사람의 제어가 더 간소화되었다. 그 대표적인 예가 교통후불카드제와 음식물 정량제 시스템이다(www.oaasys.com).

빅데이터[3)]란 인터넷, 카카오톡, 페이스북, 트위터 등을 통해 오가는 모든 메시지, 이미지, 그리고 영상 등을 포괄하는 용어로, 이 세상에 존재하는 모든 정보를 의미한다고 볼 수 있다. SNS(Social Network Service)와 GPS를 기반으로 한 교통, 지도정보, 날씨, 도로정보처럼 현존하는 정보들을 '중요한 데이터'라는 개념으로 정의하고 주목하기 시작한 데서 '빅데이터'의 시대가 도래했다. 이와 같이 제4차 산업혁명은 생산, 경영, 산업 간 지배구조를 완전히 바꿔놓게 되며 모바일 기기로 전 세계인이 연결될 것이다.

로봇과 무인자동차, 드론, 가상 개인 비서와 같은 '지능형 기계'가 새로운 경험을 제공하고, 엔지니어, 디자이너, 건축가는 컴퓨터설계, 입체 가공, 소재 공학, 합성생물학 등의 기술을 융합해 우리가 소비하는 제품, 우리가 사는 집까지 탈바꿈시켜 놓게 된다.

사람이나 기업, 국가를 막론하고 생존하기 위해서는 주변 환경과의 경쟁에서 우위를 차지해야 한다. 산업중심의 사회를 거쳐 지식 · 정보화 사회를 거치는 동안 다양한 경쟁에서 우위를 차지하기 위한 가장 기본적인 요소는 인적자

3) 출처 : 매일경제 최은수(2016. 1. 15). 핵폭탄급 '제4차 산업혁명'이 몰려온다.

원이라 할 수 있다. 그래서 기업이나 국가는 능력 있는 사람을 채용하여 잘 관리하고, 능력을 개발하여 활용하는 것에 관심을 두고 있다.

리더십의 사전적 정의는 "무리를 다스리거나 이끌어 가는 지도자로서의 능력"을 뜻한다. 즉, 조직의 임무나 목표를 달성하기 위하여 구성원과 상호작용하면서 영향력을 행사하는 과정이다. 리더십의 정의는 학자들마다 조금씩 다르지만 공통된 의미는 대부분 한 집단에서 이루어지는 상호관계성이나 그들의 활동을 촉진시키며 인도하는 의도적인 행위임을 알 수 있다(김영춘, 2016).

역량(力量)은 1970년대 초 David McClleand에 의해 처음으로 소개되었으며, 사전적인 의미는 '주어진 일을 수행할 수 있는 힘'으로 정의하고 있다.

Dubois(1993)는 역량이란 "다양한 상황에서 자신에게 주어진 업무나 과제를 효과적이고 성공적으로 수행하기 위해 필요한 지식, 기술, 태도의 집합체"라고 하였으며, 조직구성원들이 공통적으로 반드시 구비해야 할 최소한의 필수역량을 '핵심역량(core competency)'으로 정의하였다. 또 Mirabile은 높은 수준의 성취와 연관되어 있는 지식, 기술, 능력 또는 특성이라고 정의하였다.

Signem Spencer와 Spencer(1993)는 McClleand의 역량 개념을 보다 구체화시켜 역량을 특정한 직무나 상황에서 효율적인 수행을 가능하게 하는 비교적 안정적이고 지속적인 개인의 내재적 특성으로 정의하고, 구체적인 기준에 따라 측정 가능하다고 주장하면서 내재적인 특성을 동기, 특질, 자아개념, 지식, 기술 다섯 가지로 구분하였다(성은모 외, 2016 재인용). 21세기 들어서는 개인의 보편적인 리더십 역량을 규명하기 위한 시도가 있었는데 그것이 DeSeCo 프로젝트이다. 이 프로젝트에서 의미하는 역량은 단순한 지식이나 기술을 의미하는 것이 아니라 복잡하고 다양한 사회적 요구에 효과적으로 대응할 수 있는 개인의 모든 자원을 포함한다. 핵심역량은 개인과 사회의 성공적인 성취에 기여할 수 있는 것으로 모든 개인에게 필요한 것이라고 명시하고 있다(Rychen & Salganik, 2001, 2002, 2003, 성은모 외, 2016 재인용). 교육과정 평가원은 역량을 업무수행자가 특정한 직무를 성공적으로 수행하기 위하여 지녀야 할 지식, 기술, 태도,

경험 등의 내・외적 특성으로 정의하였으며, 핵심역량은 사회경쟁력을 지속시키기 위해서 구성원들이 지녀야 할 핵심적인 지식, 기술, 태도, 경험 등 내・외적 특성의 총체라고 정의하였다(윤현진・김영준・이완우・전재철, 2007).

유엔미래보고서 2040에 의하면, 로봇이 일을 대신하게 됨에 따라 앞으로 700여만 개의 일자리가 없어질 것이라는 예측하고 있다. 따라서 이에 대비해야 한다는 것도 리더십 역량강화가 필요한 이유이다. 물론 지금까지의 사례를 보면 사라진 일자리만큼 새로운 일자리가 생기면서 이에 적응하기 위한 고통은 있었지만 사회가 유지되어 온 것을 보면 4차 산업혁명이 인간의 삶에 어떠한 영향을 미칠지에 대해 정확히 알 수는 없다. 다만, 지금부터라도 4차 산업혁명에 따라 사라질 위험 직종의 일자리를 분석해 해당 분야 종사자의 업무 역량을 높이거나 다른 일에 종사할 수 있도록 준비하는 데 도움을 주는 종합적인 프로그램을 마련해야 할 필요가 있다는 것이다.

Partnership for 21st Century Skills(P21)는 미래의 핵심역량을 학습과 혁신기술(비판적 사고, 의사소통, 창의성, 협동), 삶과 직업 기능(빠르게 변화에 적응하고 유연하게 대응해 나갈 수 있는 능력으로 융통성, 적응성, 주체성, 자기주도성, 사회성, 다문화 수용성, 생산성, 리더십, 책무성 포함), 정보, 미디어, 테크놀로지, 핵심 교과(3Rs 과 21st Century Themes)의 4개 영역으로 구분했다(이지연, 2014).

따라서 이를 반영하여 역량을 개발할 수 있는 프로그램을 만들고 4차 산업사회에 적응할 수 있는 인재 양성을 위해 노력해야 한다. 리더십 역량 개발은 선택이 아닌 필수이다. 새로운 시대를 미리 준비하면서 나가야 시대가 제공하는 편안함과 혜택을 누리면서 살아갈 수 있기 때문이다. 미래사회는 역량 있는 인재를 육성하고 각종 교육과 훈련으로 기업이나 국가에서 필요로 하는 인재를 양성하는 것이 리더십에 매우 중요한 과제가 되고 있다.

Tip 4차 혁명시대를 대표하는 4대 구성요소

- 사물인터넷이란 각종 사물들이 인터넷에 연결되고 스마트화하는 환경을 의미함. 즉, 책상, 자동차, 가방, 나무, 애완견 등 세상에 존재하는 모든 사물이 연결되어 구성된 인터넷
- 빅데이터란 디지털상에서 발생하는 다양한 정보들을 필요한 정보만 수집하고 분석해서 가치 있는 정보를 만들어 내는 것
- 인공지능이란 인간이 만든 프로그램을 베이스로 인간의 의식, 판단, 추론, 문제해결 및 그 결과로 언어나 행동지령, 더 나아가 학습능력과 같은 인간의 두뇌 작용을 컴퓨터를 통해 구현하는 기술
- SNS란 소셜 네트워크 서비스로 웹상에서 이용자들이 인적 네트워크를 형성할 수 있게 해주는 서비스를 의미함(카카오톡, 페이스북, 트위터 등)

4. 4차 산업혁명 시대의 성공적인 리더십 역량

요즈음 백만이 넘는 젊은이들은 자신의 적성에 맞는 일자리를 구하지 못하여 실업상태로 지내고 있다. 그러나 현 상황에서 젊은이들이 원하는 일자리가 대폭 늘어날 희망도 없는 것 같지는 않다. 따라서 역량을 개발할 수 있는 프로그램을 만들고 4차 산업사회에 적응할 수 있는 인재 양성을 위해 노력해야 한다. 이제 리더십 역량 개발은 선택이 아닌 필수이다. 새로운 시대에 미리 대처해 나가야 시대가 제공하는 편안함과 혜택을 누리면서 살아갈 수 있기 때문이다.

OECD는 미래를 살아가는 인간에게 필요한 핵심역량(core competencies)을 ① 주도적인 자기관리, 생애 계획 및 자율적 행동 능력, ② 다양한 도구를 활용한 상호작용 능력, ③ 다원화 사회에서 서로 협력하는 문제 해결 능력 세 가지로 제시했다. 또한 다니엘 핑크는 『새로운 미래가 온다』라는 책에서 미래를 지배하는 인재의 조건을 다음과 같이 여섯 가지로 제시했다.

첫째, 기능만으로는 안 된다. 디자인으로 승부하라. 둘째, 단순한 주장만으

로는 안 된다. 스토리를 겸비해야 한다. 셋째, 집중만으로는 안 된다. 조화를 이루어야 한다. 넷째, 논리만으로는 안 된다. 공감이 필요하다. 다섯째, 진지한 것만으로는 안 된다. 놀이도 필요하다. 여섯째, 물질 축적만으로는 부족하다. 의미를 찾아야 한다. 이와 같이 여섯 가지 재능은 미래사회에서 개인의 직업적 성공과 만족을 얻기 위한 필수 요소로 떠오를 것이라고 다니엘 핑크는 이야기하고 있다.

질풍노도 같은 4차 산업혁명의 대응과제는 OECD(2005)에서 주장한 미래의 인간에게 필요한 세 가지 핵심역량, Partnership for 21st Century Skills(P21)과 다니엘 핑크가 이야기한 여섯 가지의 역량을 갖춘 인재를 어떻게 양성할 것인가가 과제이다.

한 예로 인공지능 알파고와 이세돌 9단의 바둑경기에서 이세돌은 암기력으로 알파고를 상대할 수는 없었으나 상상하기 어려운 '창의적'인 한 수로 한 번의 승리를 얻었듯이 4차 산업혁명 시대에 필요한 진정한 리더십은 '암기형'이 아닌 '창의형'이라는 점이다.

종합해 보면 4차 산업혁명에서 요구하는 인재는 기존 지식을 외우는 것이 아니라 새로운 지식을 만들어 내는 '창의적, 융합적 인재'를 육성하는 쪽으로 이루어져야 한다는 것이 증명되고 있다. 미래사회는 기존의 리더십 방식으로 새로운 시대에 대응하기에는 한계가 있기 때문에 새로운 방식의 혁신적 리더십이 필요하다. 따라서 4차 산업에 역량을 발휘할 수 있는 리더십을 길러내기 위해서는 자기 스스로 변화를 주도하고 적응하며 기존의 다양한 지식을 바탕으로 서로 협력하여 새로운 것을 창조하는 인재를 양성하는 교육과 훈련이 이루어져야 한다. 4차 산업혁명 시대는 새로운 방식의 혁신적 리더십이 요구되고 있다. 미래사회의 리더는 내가 가장 잘 할 수 있고 또 행복할 수 있는 새로운 일을 창조적으로 만들어 낼 수 있는 전략! 그것이 미래의 진정한 리더십이다. 이것이 미래를 이끌어 가야 할 미래 주역들에게 꼭 필요한 핵심역량이라 할 수 있다.

5. 감성에세이

1) 스타벅스 CEO 하워드 슐츠의 진정성 리더십

1971년 시애틀의 작은 커피 매장으로 출발한 스타벅스의 성공은 그야말로 아메리칸 드림의 대표적인 케이스다. 1987년까지는 매장 11개에 100명의 직원들이 일하는 작은 회사에 불과했지만, 스타벅스는 20년 만에 업계의 공룡으로 성장하게 된다. 하지만 이후 맥도날드를 필두로 한 저가업체의 반격과 스타벅스 제품이 더 이상 특별하지 않게 느껴지는 제품의 범용화, 그리고 사업 다각화의 부진 등에 따라 회사는 끝없는 추락을 경험하게 된다. 이때 위기를 극복하기 위해 하워드 슐츠가 경영에 복귀하면서 스타벅스는 기사회생하게 된다. 2011년 매출액이 120억 달러를 돌파했고 수익과 마진이 크게 증가하게 된 것이다.

스타벅스가 기사회생할 수 있었던 데에는 첫째로 하워드 슐츠의 비전과 명확한 가치가 있었다. 이는 최악의 상황에서 정말 중요한 게 무엇인가를 고민할 수 있게 했고, 그가 과감한 결단을 내리는 데 도움이 되었다. 하워드 슐츠의 꿈은 스타벅스를 통해 사람과 사람을 연결시켜 주는 기업을 만드는 것이었고 그 중심에 커피가 있었다. 2008년 미국 전역에 있는 7,100개 스타벅스 매장을 3시간 동안 일제히 폐쇄했다. "최상의 에스프레소를 선사하기 위해 잠시 시간을 갖고자 한다"는 안내문이 걸렸고 바리스타들은 동영상을 통해 최고의 커피를 만드는 법을 다시 배우기 시작했다. 3시간의 매장 폐쇄는 무려 회사에 600만 달러의 손실을 가져왔지만 그 후 스타벅스에 대한 고객 만족도는 수직상승하기 시작했다. 과거의 실패를 극복하고 변화의 필요성을 강조하기 위해 과감하고 상징적인 일들을 실천함으로써 고객들과 소통하려 했던 그의 시도는 고객들에게 진정성 있게 느껴졌고 결국 소비자들의 발길을 다시 돌리게 하는 계기가 됐다.

두 번째 이유는 조직구성원에 대한 존중이었다. 언론과의 한 인터뷰에서

"마지막까지 지키고 싶은 게 무엇이냐"는 질문에 한 치의 주저함도 없이 "구성원들에게 제공하는 의료혜택"이라 답한 일화는 하워드 슐츠의 진정성을 여실히 보여주는 사례다. 이런 슐츠의 구성원에 대한 존중은 위기 시 무엇보다도 중요한 자산이 되었고 회사의 극적인 기사회생에 가장 중요한 역할을 했다. 현재까지도 하워드 슐츠는 진성리더의 대표적인 인물로 손꼽히고 있다. 이 사례를 통해 조직운영의 위기를 극복하는 데 있어서 리더의 진정성과 사람에 대한 존중이 얼마나 중요한지를 알 수 있다(위키백과; 네이버사전).

2) 유한양행의 유일한 박사

유일한 박사는 제약 업체인 유한양행의 창립자로 널리 알려져 있다. 그리고 유일한 박사는 단순한 기업가가 아니라 한국을 대표하는 진성리더로 꼽히고 있다. 그는 미국에서 유한양행을 설립하였다.

유일한 박사의 조국을 생각하는 마음이 드러난 한 일화이다. 유한양행이 크게 성장하고 있던 1930년대 후반에 다른 제약회사들은 이윤만을 생각해 마약 성분이 함유된 진통제 판매에 열을 올리고 있었다. 하지만 유한양행은 이윤이 아닌 국민의 건강을 선택하였다. 국민을 위해서 수요는 매우 적지만, 보관비가 매우 커서 모든 제약회사들이 취급하기를 꺼렸던 긴급 약품과 맹장염 혈청 등을 보관하기로 결정한 것이다. 그리고 전국 병원의 요청에 따라 신속히 전달할 수 있도록 철도와 특별협약을 맺기도 하였다. 이익보다 국민들을 먼저 생각하는 그의 이념이 잘 드러나 있다. 그리고 유일한 박사는 타인에게 윤리적 잣대를 들이대지 않았다. 오히려 본인이 모범이 되어 타인이 따를 수 있도록 하였다.

그리고 그가 죽은 지 20년 후에, 자식들이 200억 원을 아버지의 뜻에 따라 사회에 환원하였다. 기업에서 얻은 이익은 그 기업을 키워준 사회에 환원해야 하며, 만약 무엇이 더 중요한지 순위를 정해야 한다면 국가, 교육, 기업, 가정 순이라고 믿었던 유일한 박사의 정신적 이념을 실천한 것이다. 유일한 박사는 혼란스러운 상황 속에서도 확고한 이념을 가지고 있었으며, 타인에게 강요하지 않고 자신이 모범이 되는 진정성을 보였다. 그리고 평생을 사회적인 투자를 통해 자신의 이념을 실천하는 모습을 보였다는 점에서 우리나라의 대표적인 진성리더라고 할 수 있다.

9살의 나이로 홀로 미국 유학을 떠난 유일한은 31살에 미국에서 성공한 청년사업가가 되어 1926년 고국 땅을 밟는다. 하지만 꿈에 그리던 조국의 현실은 일제 식민 치하에 굶주림과 질병으로 고통받는 비참함 그 자체였다. 이런 조국의 비참한 현실은 그로 하여금 국민 건강을 지키는 제약업을 선택하게 하였다.

"건강한 국민만이 장차 교육도 받을 수 있고, 나라도 되찾을 수 있다"라는 신념은 1926년 12월 10일 제약회사 '유한양행' 설립을 통해 실현된다.

유일한은 타고난 사업가로서 뛰어난 경영 감각과 혁신적 아이디어로 유한양행을 굴지의 제약회사로 키웠다. 하지만 그가 회사를 키운 목적은 개인적 부의 축적이 아닌 사회 환원이었다.

1936년 개인기업을 법인으로 바꾸는 결단도, 1962년 제약업계 최초로 주식을 상장하며 자본과 경영을 분리한 것도, 1969년 경영 일선에서 은퇴하며 자식이 아닌 회사 임원에게 사장직을 물려줘 전문경영인 등장의 선구자 역할을 한 것도 유일한이 가진 기업 철학의 실천이다.

특히 투명경영과 성실납세는 기업 경영의 제1원칙이었다.

일제 강점기와 1960년대 권력과 타협하지 않는 유한양행을 향한 세무조사의 칼날은 1원도 탈세하지 않은 사실이 알려지며 오히려 모범납세기업으로 선정되는 계기가 되었다. 그래서 1968년 유한양행은 모범납세기업으로 선정되어 동탑산업훈장을 받기도 했다.

"기업의 존립 바탕인 국가에 성실하게 납세하는 것은 당연하지만 정치와 기업이 철저하게 분리되어 투명한 경영을 해야 한다"는 그의 신념이 유한양행의 기업 이미지에 또 하나의 큰 보탬을 준 셈이다. 유일한이 평생 기업가로서 펼쳐온 국익 사상, 혁신을 바탕으로 한 합리적 실용주의, 낭비를 절대 허용치 않는 근검절약의 정신과 청지기 정신은 한국 사회 기업사의 보기 드문 모범이 되고 있다.

> 기업에서 얻은 이익은 그 기업을 키워준 사회에 환원하여야 한다.
>
> —유일한 박사의 어록 중에서

회장님의 유언장(유한양행 유일한 회장의 에피소드)

> 눈으로 남을 볼 줄 아는 사람은 훌륭한 사람이다. 그러나 귀로는 남의 이야기를 들을 줄 알고 머리로는 남의 행복에 대해서 생각할 줄 아는 사람은 더욱 훌륭한 사람이다. 실패, 그것으로 해서 스스로 나의 존재가치를 깨닫는다면 실패 그것은 이미 나의 재산인 것이다. –유일한 박사의 어록 중에서

유일한 회장의 유언장은 다른 회장들과 사뭇 다른 내용이었다. 그가 세상에 남긴 여섯 장의 유언장은 세상의 무용담이 되었다.

첫 번째 유언장은 "아들은 대학까지 졸업시켰으니 앞으로 자립해서 살아가라"라는 내용이었고, 두 번째 유언장은 "손녀(7세)에겐 앞으로 대학졸업 때까지 필요한 학자금 1만 달러를 준다", 세 번째 유언장은 "내 소유 주식 14만 941주는 전부 한국사회 및 교육원조에 쓰이길 원한다", 네 번째 유언장은 "딸에게는 내 묘소의 주변 땅 5,000평을 물려준다(묘소와 주변 땅이 있는 곳은 회장직에 있으며 설립한 유일공업고등학교 교정임)", 그 외 다른 유언장 또한 사회에 기업을 환원하는 내용의 유언장이었다.

출처 : 양애경 · 장원동 · 최희양(2016). 창의인성론. 동문사.

토론주제

- 제4차 산업혁명 시대에 요구되는 리더십의 유형과 리더십 성공사례에 대해 토론해 봅시다.

02

함께하면 멀리 간다!!

대인관계 리더십

1. 관계를 잘 맺는 사람이 성공한다.
2. 무엇이 대인관계 리더십을 만드는가?
3. 매력적인 대인관계를 위한 노하우!
4. 효과적인 대인관계 스킬을 찾아라.
5. 감성에세이

Chapter 02

함께하면 멀리 간다!! 대인관계 리더십

재미있게 살고 싶은 것은 인간 누구나 가지고 있는 본성이다. 오랜만에 친구들을 만나면 "요즘 재미있어?"라고 묻는다. 재미있느냐는 질문 속에는 많은 의미가 있는데, 사는 것이 즐거운지, 일이 잘 풀리는지, 가족들과 화목한지, 지인들과 잘 지내는지, 몸의 건강은 어떠한지 등 대체적으로 대인관계에 대한 것들이 내재되어 있다.

대인관계는 인간관계, 의사소통 등과 관련이 있으며 리더십의 개발과 자존감의 향상으로 대인관계 리더십이 증진될 수 있다. 즐거운 기분이나 느낌을 표현하는 단어로 사용되는 '재미'는 결국 '사는 맛'이며 우리 인생에 가장 큰 의미를 차지하는 단어이기도 하다. 내가 노력하지 않으면 상대와 좋은 관계를 유지할 수 없다. 따라서 대인관계를 맺는 것도 기술이고 유지하는 것도 기술이다.

대인관계는 직장뿐만 아니라 사회적으로 관계를 맺는 곳이라면 어디서든 성립할 수 있다. 더욱이 유쾌하고 유머러스한 사람이라면 더할 나위 없이 좋은 조건을 갖추었다고 할 수 있다. 미래사회는 대인관계를 잘 유지하는 것이 성공의 열쇠가 된다.

1. 관계를 잘 맺는 사람이 성공한다.

대인관계란 '사람을 대하고 사귀는 일'을 의미한다. 또 다른 의미에서 대인관계(interpersonal relations)는 집단생활을 하는 과정에서 협력적 관계를 유지하고 구성원들에게 도움을 주며, 조직 내외부에서 일어나는 갈등을 해결하여 상대방의 욕구를 충족시켜 관계를 잘 유지하는 능력으로 정의할 수 있다. 즉, 사회적으로 규정되는 사람들 사이의 연결성 또는 사람이나 집단이 서로 사귀거나 영향을 주고받는 것이라 할 수 있다.

대인관계란 다른 사람과의 상호작용

개인의 성격 특성에 따라 선호하는 스타일이 다르고 접근하는 방식이 다르다.

미래가 요구하는 리더는 자기 자신을 잘 조절할 수 있는 셀프 리더십을 갖추고, 나아가 타인을 배려하고 섬기며, 함께 공유하고자 하는 대인관계 리더십을 가진 사람이다.

학교에서 또는 직장생활이나 사회생활에서 원만한 대인관계를 유지하기 위해서는 서로를 존중하는 자세가 필수적이다. 행복한 성공 이면에는 항상 행복한 관계가 있다. 미국의 카네기재단에서 사회적으로 성공했다는 사람 1만 명을 5년간 조사한 결과를 보면 성공에 있어 가장 중요한 요소는 인간관계로 나타났다. 전문성이 성공에 미친 영향은 15%에 불과했고 나머지 85%가 인간관계와 관련이 있었다(우문식, 2014).

재미가 그냥 얻어지는 것이라면 '기쁨'은 노력의 대가요, 성취결과로 획득되는 것이다. 그런 측면에서 재미는 기쁨의 원천이라 할 수 있다. 이처럼 재미는 삶의 본질에 해당한다. 주변 사람들과 잘 어울리고 팀원과 좋은 분위기를 만들어 나가는 지혜가 대인관계의 핵심 포인트라 할 수 있다. 대인관계 능력은 인생의 모든 면에 필요하다. 대인관계 능력은 학교 또는 직장이나 사회생활에서 성공하는 사람들이 갖는 공통적인 속성으로, 자신뿐만 아니라 타인과 관계를 맺고 타인을 배려하는 것을 통해 성숙한 인간으로 성장해 갈 수 있게 한다. 대인관계에 영향을 미치는 요인으로는 자아정체감, 자기효능감, 자존감, 의사소통 능력, 공감수준 등이 있다(Jeong, & Lee, 2012). 대인관계 능력은 건강하고 만족스러운 사회와 직장생활을 위한 필수 요소가 된다(Ju et al., 2010), 효과적인 대인관계 경험은 개인에게 건전한 인격발달과 정체감 형성에 긍정적인 영향을 주고 사회적응을 돕는다. 반면 대인관계에서 어려움은 자신감 저하, 열등감, 좌절감 등을 초래하고 개인의 삶을 위협하게 되며, 성인으로서의 사회적응에 어려움을 초래하게 된다.

인간은 사회적인 동물이다. 따라서 어울려 살아야 참 행복을 느낄 수 있다. 우리나라가 OECD 국가 중 12년째 세계 1위로 자살률이 높은데(통계청, 2017), 대인관계가 원만하지 않은 것이 그 원인으로 나타났다. “자신의 마음을 다 털어놓을 수 있는 친구가 한 명만 있어도 자살하지 않는다.”고 한다. 대인관계가 얼마나 중요한지를 설명하는 말이다. 또 직장에 절친한 친구가 있을 경우 회사 일에 대한 전반적인 참여도는 54%나 증가한다고 한다. 절친한 친구가 있다는 것은 친구가 도와줄 것이라는 신뢰, 협력적 결속, 스트레스 감소 등 다양한 이점이 있기 때문이다.

행복지수가 높기로 유명한 덴마크에서는 아이들에게 사람들과 좋은 관계를 맺고 함께 행복할 수 있는 방법을 가르친다고 한다. 학교에서 친구들과 잘 어울리는 사람, 직장에서 동료들과 잘 지내는 사람은 그만큼 사교성이 뛰어나고 관계를 잘 풀어내는 능력을 지니고 있기 때문일 것이다. 또한 관계를 잘 맺는다는 것은 새로운 도전을 두려워하지 않는 사람의 특성이다.

오늘날의 리더는 과거 리더의 개념과는 달리 사회적 관계를 형성하면서 살아가는 자기 자신이 리더이며, 리더십은 보다 대인관계 측면이 강조된 유기적이고 인간적인 리더십이 중심이 된다(박종주, 2000). 성공적인 리더십을 이루기 위해서는 자기 자신으로부터 리더십을 발휘하도록 해야 한다. 궁극적으로는 타인과의 대인관계 리더십에 속하는 상호의존을 이루기 위한 단계이다(Stephen

R. Covey, 2003).

현대사회가 요구하는 리더는 자기 자신을 잘 조절할 수 있는 능력을 갖추고, 나아가 타인을 배려하고 섬기며 함께 공유하고자 하는 대인관계 리더십을 가진 사람이다

타인과의 교류를 통해 심리적인 풍요로움을 느끼는 것이 행복의 중요한 조건으로 작용한다. 삶이란 여러 사람들과 함께 어울리는 것이다, 살아간다는 것은 기나긴 여행이다. 그러나 정작 떠나보지 않으면 이미 아는 것에 묻혀서 살게 될 뿐 새로운 시각을 얻을 수 없다. 우리는 여행을 할 때가 있다. 어디로 떠났다가도 원래 자리로 돌아오게 되지만 중요한 것은 떠났다 제자리로 돌아온 뒤에는 그 전과는 다른 느낌으로 그 자리를 바라보게 될 것이라는 사실이다(손대현, 2007).

일본의 철학자 미키 기요시는 『인생론 노트』에서 "독서도 여행도 모두 '새로운 발견'을 하게 해준다. 특히 여행은 단순히 전혀 새로운 것을 처음으로 보는 것에 있는 것이 아니고 오히려 평소에 이미 아는 것에 경이감을 느끼고 그것을 지금과는 전혀 '새로운 각도'에서 바라보게 하는 것"이라 했다. 여행은 새로운 관계를 맺어주는 또 하나의 가교(다리) 역할이라고 할 수 있다. 이처럼 행복한 성공을 위한 행복한 관계맺음은 대인관계에 있어 필수적인 요소가 아닐 수 없다.

2. 무엇이 대인관계 리더십을 만드는가?

현대사회는 '더불어 함께' 살아가는 사회이다. 이러한 사회변화 속에서 '인간다운 품위'를 지키며 '더불어 행복한 삶'을 영위할 수 있는 힘의 원천은 리더십을 지닌 지도자의 존재 여부와 상관성이 높다고 할 수 있다(박종주, 2000). 현 시점에서의 리더십은 개인에게 치중되어 있는 전통적인 리더십보다는 대인관계 측면을 고려한 새로운 '공유적 리더십'의 필요성이 제기되고 있다는 것을

알 수 있다(Senge, 1990; Kagan, 1994).

최근 인지적인 측면을 중요시하던 사회적인 상황에서의 인간관계 형성은 새롭게 재조명을 받기 시작하였고, 리더가 어떤 대인관계를 형성하고 유지할 수 있느냐가 리더의 평가 잣대가 되었다. 이러한 사회적 상황에서 비추어 볼 때 새롭게 이해되고 있는 리더십의 개념은 강력한 카리스마적 리더십보다는 좀 더 타인의 입장과 생각을 주의 깊게 관찰하고 그들과 단단한 인간관계를 형성할 수 있는 대인관계적 리더십이다. 또한 남을 섬기는 서번트 리더십이야말로 미래사회가 필요로 하는 리더십이라 결론짓고 있다(홍지연, 2003).

대인관계 리더십은 내면으로부터의 변화가 중요하다. 스스로가 자신의 감정과 정서를 조절할 수 있을 때에만 진정한 성품을 가진 리더로서 타인에게 인정받을 수 있기 때문이다. 즉, 대인관계 리더십은 성품을 바탕으로 한 내면으로부터의 긍정적인 인간관계를 이루며, 이러한 성품과 개인의 역량을 갖추어 타인으로부터 진정한 신뢰를 받아 영향력을 행사하는 과정을 의미한다.

그렇다면 대인관계 역량은 무엇일까? 구체적으로 살펴보면 다음과 같다.

대인관계 역량

1. 코칭 : 개인의 요구, 가치, 문제, 대안, 목표를 인식하고 이해할 수 있도록 돕는 것
2. 피드백 : 정보, 의견, 관찰, 결론을 의사소통하여 그 내용을 이해하고 행동할 수 있도록 돕는 것
3. 팀워크 : 그룹에 영향을 미쳐서 조직과업, 개인의 요구가 받아들여지도록 하는 것
4. 협상 및 설득력 : 업무처리 과정에서 관계자가 서로 '윈윈' 할 수 있도록 동의를 얻어내는 것
5. 프레젠테이션 : 자신이 의도한 목적이 달성될 수 있도록 의사를 표시하는 것
6. 의사소통 능력 : 상대방의 의견을 경청하여 정확하게 이해하고 자신의 의사를 정확히 전달하는 능력
7. 관계 형성 : 다양한 사람 및 타 그룹들과 관계를 통한 네트워크를 수립하는 것
8. 리더십 : 구성원들의 동기부여, 지도, 지원으로 목표를 달성하는 능력
9. 대인관계력 : 원만한 인간관계를 유지하며 상대방의 협조를 이끌어 낼 수 있는 능력

출처 : McLagan(1989)의 Models for HRD Practice. 친절한 HRD Fellow.

1) 대인관계! 왜 중요할까?

인간관계의 기술은 사교나 직업을 위한 개인적 목적일 뿐만 아니라 조직의 목표를 달성하는 데에도 큰 도움을 준다. 이러한 대인관계의 중요성에 대해서 기술하면 다음과 같다(박보식, 2012).

첫째, 대인관계는 인간을 인간답게 한다.

우리 인간을 인간답게 하는 것은 다른 사람과의 상호작용이다. 인간으로 태어났으면서도 인간과 상호작용 없이 인도의 늑대 굴에서 살았던 약 8세 정도의 아이가 있었다. 이 아이는 발견 당시 행동이 늑대와 비슷했다. 기어 다니며, 짐승의 생고기를 즐겨 뜯고, 늑대와 같은 자세로 소리를 지르는데 늑대 소리도 사람의 소리도 아니었다. 이 아이는 1년 반 정도 훈련을 받고서야 두 발로 걸어 다닐 수 있었고, 말도 하게 되었으며, 차츰 정서적으로 안정되어 갔다. 인간 본래의 모습을 되찾은 것이다. 이처럼 인간은 사회적 상호작용을 통해 교육이 이루어지고, 인간다워진다는 것이다.

둘째, 대인관계는 인간을 가치 있는 존재가 되게 한다. 인간은 각기 장점과 단점이 있으며, 삶의 과정에서 성공과 실패를 경험하게 된다. 또 마음에 드는 부분도 있고, 그렇지 않은 부분도 있을 수 있다. 그럼에도 불구하고, 우리는 서로를 소중하고 가치 있는 존재로 여길 때 서로를 수용할 수 있으며, 이런 과정을 통해 인간다운 존재가 되는 것이다.

셋째, 대인관계 속에서 개인의 정체성이 발달된다. 정체성이란 자신의 삶의 목표에 대한 분명한 인식으로서 자기 정의라 할 수 있다. 특히 청소년기는 자아정체감에 대한 위기의식을 해결하고, 자아정체감을 확립하는 중요한 시기이다. 성장 과정에서 마주치게 되는 부모 및 가족, 또래, 이웃, 그리고 교사, 친구 간의 상호작용을 포함하는 다양한 인간관계는 자아정체감의 발달 외에도 개인의 발달 영역에 중요한 매개 역할을 한다.

넷째, 좋은 대인관계는 효율성을 높인다. 성공적인 직장생활과 조직의 생산성 및 효율성을 높이는 중요한 요인이 좋은 대인관계이다. 훌륭한 기술과 재능이 생산성을 높이지만, 이에 못지않게 중요한 것은 높은 수준의 대인관계 능력이다. 특히 효율적인 대인관계의 발달이 구성원 개인의 욕구 충족은 물론 생산성 증대에도 크게 영향을 미친다.

다섯째, 대인관계는 신체 및 정신건강과 매우 밀접하게 관련되어 있다. 부모 혹은 양육자와 아기 간의 신체적 접촉의 결핍은 정신건강뿐만 아니라 신체건강과 성장에도 중요한 장애로 작용한다는 연구 결과가 있다. 긍정적이고 효율적인 대인관계는 정신건강과 적응에 밀접하게 관련되어 있다는 사실을 증명하고 있다.

여섯째, 자율적 대인관계의 형성 능력은 자아실현 및 삶의 질과 깊이 관련되어 있다. 친밀한 대인관계를 맺으면서 잘 적응하는 사람은 자율적이며, 자율적인 사람은 현실에 집중해서 시간을 충실하게 사용할 수 있고, 자신의 잠재 능력을 좀 더 효과적으로 계발하고 발휘할 수 있어서 자아를 실현할 가능성이 높다.

일곱째, 대인관계에 있어 설득은 중요한 요소이다. 타인을 설득하여 내 편으로 만드는 것이 개인의 삶에 중요한 부분을 차지하며 대인관계의 상호작용과도 깊은 관련이 있다. 『설득의 심리학』 저자 로버트 차알디니(2014)가 주장하는 설득의 기술 6가지 원칙에 대해 살펴보면 다음과 같다(네이버 블로그 https://blog.naver.com/willowtech 설득의 과학).

Tip 설득의 기술 6가지 원칙

① 상호성의 원칙(배려, 시너지효과)
② 희소성의 원칙(가치성, 차별화)
③ 권위(신뢰)의 원칙(전문성, 유니폼, 정복)
④ 일관성의 원칙(공개적 개입, 자발성, 일치성)
⑤ 호감의 원칙(긍정적 효과 : 유사, 칭찬, 협력)
⑥ 사회성의 원칙(검증 : 사회적 증거)

출처 : 네이버 블로그 https://blog.naver.com/willowtech 설득의 과학.

2) 대인관계에 영향을 주는 성격 특성

이심전심(以心傳心)이라는 말처럼 같은 성격의 사람과는 말이 필요 없이 마음으로 통하는 경우가 있다. 그러나 자신과 다른 성격의 사람들은 생각하는 것이 다르기 때문에 관계형성에 문제가 생길 수 있다. 따라서 성숙한 대인관계를 위해서는 자기 자신과 타인의 성격 특성을 이해하면서 관계를 형성하는 것이 중요하다.

특히 대인관계에 많은 영향을 줄 수 있는 성격 특성은 인식과 신뢰, 태도와 행동, 논리와 감정, 공감능력 등이다(김문겸 외, 2017). 이를 좀 더 구체적으로 살펴보면 다음과 같다.

① 자기인식과 신뢰

자기인식이란 자신에 대한 강점과 약점을 정확히 알아야 하고, 자신에게 동기를 부여하는 것이 무엇인지 아는 것이다. 즉, 자신의 가치체계는 어떻게 되어 있고, 나의 행동이 다른 사람에게 어떠한 영향을 끼칠 수 있는지에 대해 명확히 알아야 한다(다니엘 골먼, 2015). 신뢰란 일반적으로 위험을 감수하면서 타인에게 믿음을 주는 사회 심리적 상태이다. 즉, 상대방에 대한 감시나 감독 없이도 상대가 자신의 기대에 부응하는 행동을 하리라는 믿음하에 기꺼이 위험을 감수하겠다는 마음의 상태이다(Mayer, R. C., Davis, J. H., & Schoorman, F. D., 1995).

② 태도와 행동

태도란 개인이 환경 내의 대상들에 대해 호의적이거나 비호의적으로 반응하는 성향으로(Seers, R. M., 1981), 신념과 의견, 가치를 포함하고, 행동은 내적·외적인 자극에 의해 나타나는 반응으로 정의하고 있다. 이러한 태도와 행동은 개인이 타고난 기질적 성격 특성과 연관이 있다. 개인의 인지적 사고 유형이 어떻게 발달되었는지에 따라 자신에 대한 신념과 의견, 가치가 달라질 수 있으며, 이에 따라 행동에도 영향을 미치기 때문이다.

③ 논리와 감정

논리는 사고과정에서 말할 때의 이치, 생각할 때의 이치, 의논할 때의 이치 등을 말한다. 이에 비해 감정은 어떤 현상이나 일에 대하여 일어나는 마음이나 느끼는 기분이다. 논리와 감정은 개인 생각의 차이에 따라 많이 달라질 수 있다.

④ 공감능력

공감은 다른 사람의 마음을 이해할 수 있는 능력이다. 즉, 다른 사람의 감정, 의견, 주장에 대하여 자신도 그렇다고 느낄 수 있는 능력이다. 사람은 기본적으로 어느 정도의 공감능력을 가지고 태어난다. 과학자들의 연구에 의하면 공감능력과 유사한 감성지능은 뇌 변형계의 신경전달체의 작용으로, 이 전달체가 사람의 감정과 욕구, 충동 등을 관장한다. 그렇기 때문에 공감능력은 대인관계에서 매우 중요한 역할을 한다.

3. 매력적인 대인관계를 위한 노하우!

좋은 관계는 효율성을 높이고 대인관계의 기술은 사교나 직업을 위한 개인적 목적일 뿐만 아니라 조직 목표를 달성하는 데도 큰 도움을 준다. 유형별 대인관계를 잘 파악하여 적절하게 대응하면 매력적인 대인관계 리더십을 발휘할 수 있다. 유형별 성숙한 대인관계를 위해서는 개인의 성격 특성 차이를 잘 고려해야 한다.

1) 유형별 대인관계 전략

개인 차이를 잘 극복하여 좋은 관계를 갖기 위한 대인관계 전략을 소개하면 다음과 같다(김문겸 외, 2017).

① 성취형 사람과의 대인관계 전략

성취형 유형의 사람은 순차적 사고와 추상적 사고 능력이 발달해 이성적이며, 합리적으로 생각한다. 대인관계도 합리적으로 맺길 바란다. 즉, 자신에게 도움이 되지 않는 불필요한 행동은 하지 않으려고 한다. 따라서 성취형의 사람과 함께 대인관계를 맺고 함께 행동할 때는 명확한 계획을 수립해서 움직일 필요가 있다. 또한 성취형의 사람은 공감능력이 부족하기 때문에 자신의 입장에서 생각함으로 인해 이기적인 사람으로 보일 수도 있으므로 이에 대한 대처도 필요하다.

② 관리형 사람과의 대인관계 전략

관리형 유형의 사람은 순차적 사고와 구체적 사고를 가지고 있기 때문에 완벽주의 성향을 가지고 있다. 그리고 감성적이기보다는 이성적이기 때문에 매사에 원칙적이고 딱딱한 사람으로 보일 수 있다. 따라서 관리형의 사람과 관계를 형성하기 위해서는 한 번에 결정하기보다는 조금씩 만나면서 변화를 추구해야 한다. 관리형의 사람은 성실하고 근면하며 명료한 것을 선호한다. 그렇기 때문에 관리형 사람과의 약속은 반드시 지키는 것이 좋다. 또한 관리형 사람은 논리력이 뛰어나기 때문에 대충대충 이야기하는 사람은 신뢰를 얻지 못한다. 따라서 이야기할 때는 가급적 현실적이고 구체적인 사실에 입각하여 말할 필요가 있다.

③ 자율형 사람과의 대인관계 전략

자율형의 사람은 높은 변칙적 사고와 추상적 사고 능력을 가지고 있기 때문에 개방적으로 사유한다. 자율형의 사람은 감성적이고, 다양성을 가지고 있기 때문에 처음 만나는 사람과도 금방 친해진다. 그리고 처음 만난 사람한테도 자신의 속마음을 쉽게 털어놓는 성격이다. 자율형의 사람은 사람을 사귈 때도 특별한 목적이 있어 사귀는 것이 아니라 다양한 사람과 만나는 것을 즐긴다. 그리고 자율형의 사람은 동기가 없으면 행동하지 않는다. 개방적인 사고를 가지고 있기 때문에 처음 보는 사람에게도 경계심을 갖지 않는 편이다. 늘 여유롭게 행동하며 시시비비를 잘 가리지 않는다.

④ 관계형 사람과의 대인관계 전략

관계형의 사람은 변칙적이고 구체적인 사고를 가지고 있기 때문에 눈에 보이지 않는 부분까지도 찾아낼 수 있다. 다른 사람들을 바라볼 때 긍정적인 사고로 많이 생각하고 좋은 관계를 형성하려고 노력한다. 사람들이 좋든 싫든 그냥 사람이 좋아 만나는 것이다. 사람들로부터 관심받기를 원하고 관심을 받지 못하면 마음에 상처를 쉽게 받는 편이다. 그리고 관계형의 사람은 감정기복이 심해 틀에 박히지 않은 행동양식을 보일 때가 있다. 처음 보는 사람에게도 쉽게 친근감을 표현하고 일대일로 대화하는 것을 좋아하며, 한 번 만난 친구는 끝까지 간다는 심정으로 만난다. 하지만 동기부여가 되지 않으면 행동을 하지 않기 때문에 새로운 환경에서 주제를 자주 변화시켜 가면서 관계를 형성해 나갈 필요가 있다.

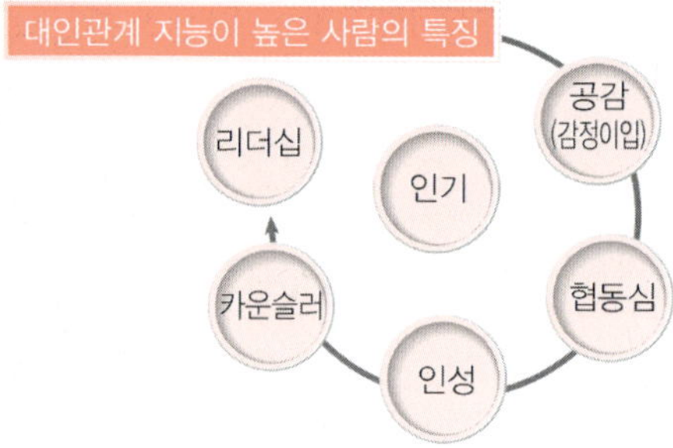

2) 매력적인 인간관계! 재미로 잡는다[1)]

영국인들은 오후에 티타임을 갖는 전통을 가지고 있다. 차를 마시는 풍습은 단순히 차를 마시는 행위에서 끝나는 것이 아니다. 그것은 휴식과 사교의 의미를 함께 지니고 있다. 영국에 차가 들어온 것은 크롬웰 치하였던 1650년대부터였고, 티타임은 3백년이 넘게 이어졌다. 18세기에는 상류사회에서 차를 '생명의 피'로 귀하게 여겼고, 19세기에 베드포드 공작부인이 처음으로 오후 4시에 홍차와 케이크, 스콘을 먹는 방식을 사교계에 퍼트리면서 그 유명한 '오후의 홍차'가 탄생했다(손대현, 2007).

평상시 바쁜 일과 중 휴식시간을 갖는 것이 쉽지 않으나, 잠시 여유를 가지면 더욱 효율적으로 일할 수 있다. 평상시 다양한 분야의 사람들을 많이 알고 있으면 쉽게 도움을 요청할 수 있지만, 다양한 친구를 가지지 못한 경우에는 도움을 요청하기 어렵다.

사람이 삶을 살아가는 데 있어 인맥(人脈)은 큰 재산이다. 사람이 살다 보면 자신의 전문분야 외에서는 다른 사람의 도움을 필요로 할 때가 많다. 대인관계를 잘하지 못하는 사람일수록 자기 자신에 대해서는 인정하지 못하면서 다른 사람이 자기를 알아주기를 바란다. 성숙한 대인관계 형성은 개인의 성격 특성과 많은 관계가 있기 때문이다.

여행도 가본 사람이 더 가려고 하고, 노는 것도 놀아본 사람이 더 놀려고

---

1) 손대현(2007). 재미학콘서트 일부 발췌.

하고, 고기도 먹어본 사람이 그 맛을 즐긴다. 일만 알고 여유와 힐링의 시간을 갖지 못하는 사람은 아무리 귀한 시간이 주어져도 그것을 누리지 못한다. 결국 지금 일에 사로잡혀 살다 보면 앞으로도 평생 그렇게 살아갈 수밖에 없다는 말이 된다. 마크 트웨인은 "인생의 전반부는 즐길 능력이 있는데 기회가 없고, 후반부는 기회는 있는데 능력이 없다"고 말했다. 오늘 즐길 수 있는 기회를 내일로 미루지 말라. 이것이 유일한 결론이 아닐까?

> 가장 큰 신체장애는 두려움이다. 가장 쉬운 일은 실수하는 것이다. 가장 두드러진 결점은 이기주의이다. 가장 큰 잘못은 포기이다. 가장 큰 실패는 절망이다. 가장 좋은 선생님은 어린이들이다. 가장 멋진 선물은 용서이다. 가장 높은 지식은 하나님이다. 가장 아름다운 것은 사랑이다. 가장 즐거운 날은 바로 오늘이다.
>
> –작자 미상의 글

다음에 소개되는 예화는 바로 '즐거운 경영'의 대표적인 사례이다.

> 미국 사우스웨스트 항공사는 세계에서 가장 즐거운 직장으로 소문나 있다. '놀 듯이 일하고, 일하듯이 논다'는 슬로건을 내세워 '즐거운 경영'을 하고 있다. 이 항공사 경영스타일이 재미를 내세우는 항공회사이니만큼 기장의 방송도 독특했다. "흡연을 원하시는 분은 비행기 날개 위에 있는 라운지를 이용하기 바랍니다. 그곳에서는 지금 '바람과 함께 사라지다'가 상영되고 있습니다."
>
> 이런 방송을 들으면 아무리 비행공포증으로 떨고 있는 승객이라도 웃음을 터트리지 않을 수 없을 것이다. 사우스웨스트 항공사가 신입사원들에게 하는 말은 우리에게 시사하는 바가 크다. "여러분에게 좋은 소식과 나쁜 소식이 있다. 좋은 소식이란 여러분이 우리 회사에 들어오면 엄청나게 즐거우리라는 것이고, 나쁜 소식은 여러분이 X나게 일해야 한다는 것이다." 재미와 일, 놀이와 일이 결코 상반된 논리가 아니라는 것을 이 사회는 알고 있는 것이다.
>
> –손대현(2007)의 '재미있는 콘서트' 중에서

4. 효과적인 대인관계 스킬을 찾아라.

우리는 이제까지 대인관계의 의미와 유형별 노하우에 대해 살펴보았다. 그렇다면 효과적인 대인관계를 위한 방법은 어떠한 것이 있을까? 현대사회에서 가장 필요한 것은 '더불어 함께' 살아가는 대인관계 기술이라 해도 과언이 아닐 것이다. 이러한 사회 변화 속에서 힘의 원천은 무엇보다도 리더십을 지닌 지도자의 롤모델과 상관성이 높다고 할 수 있겠다. 효과적인 대인관계를 유지하기 위한 스킬을 구체적으로 살펴보면 다음과 같다.

첫째, 경청의 묘미이다.

사람들은 자신의 이야기를 그냥 들어줄 사람을 원한다. 타인과의 관계 속에서 자신을 나타내고 표출하고 싶어 하기 때문이다. 나의 이야기를 더 들어주길 원하고 나에게 좀 더 주목해 주길 원한다. 따라서 대인관계를 위해서는 남의 말에 귀를 기울이는 경청의 묘미를 발휘하여야 한다.

둘째, 다른 사람의 좋은 점만 얘기하고 나쁜 점을 말하지 말아라.

넓은 대인관계를 위해 남들과 어울리는 방법은 많다. 그중에서 말은 대단히 중요한 역할을 한다. '말 한마디로 천 냥 빚을 갚는다.'는 우리 속담이 있듯이 다른 사람의 이야기를 할 때는 더욱 조심해야 한다. 사람의 말은 돌고 돌기 때문에 나쁜 말은 다시 부메랑이 되어 나에게 돌아온다. 늘 좋은 말만 하는 습관을 들여야 한다. 그것은 인생을 살아가면서 매 순간 새겨두어야 할 과제이다.

셋째, 절대 후회하지 말아라. 좋았다면 추억이고 나빴다면 경험이다.

작가 캐롤 헤밍턴의 명언이다. 누군가로 인해 힘들었거나 상처를 받았던 경험이 있더라도 그것을 나를 성장시키고 많은 것을 알게 해준 경험으로 생각하는 것이다.

넷째, 대인관계에서는 '시작'보다 '끝'이 더 중요하다.

베스트셀러 작가 혜민 스님의 『멈추면 비로소 보이는 것들』에 나오는 명언이기도 하다. 우리는 살아가면서 많은 만남과 이별을 경험하게 된다. 그 대상은 부모일 수도 있고, 가족일 수도 있고, 친구 혹은 연인이 될 수도 있다. 대인관계에서도 이와 같이 시작과 끝이 존재한다면 '유종의 미'를 거둔다는 것과 같이 끝을 아름답게 맺는 것이 중요하다.

다섯째, 긍정적 소통은 서로 친밀한 긍정관계로 이어진다.

친밀한 관계를 만들려면 따듯한 어조로 말하는 것이 좋다. 격양되거나 냉정한 어조로 말하면 내용과 상관없이 상대방을 긴장시킨다. 또한 어떤 주제로 소통하는가도 중요하다. 공통의 관심사는 쉽게 친해질 수 있는 공감의 키워드를 제공한다. 공통의 관심사를 주제로 말하게 될 때는 정보를 교류하는 장으로 발전하게 되고 서로 신뢰할 수 있는 좋은 관계를 구축할 수 있기 때문이다.

미국의 제2대 대통령인 존 애덤스는 이렇게 말했다. "당신의 행동으로 다른 사람들이 더 많이 꿈꾸고, 더 많이 배우고, 더 많이 실천하고, 더 많은 무엇인가를 이루게 됐다면 당신은 이미 리더이다." 밀레니엄 세대에게 영감을 주고 그들의 잠재력을 촉발시키기 위해 자신들의 통찰력과 효과적인 대인관계를 '함축성' 있게 표현한 것이다.

세계는 '인재전쟁'이 진행 중이다. 모든 분야의 경영자들은 젊은 인력의 생산성을 향상시키고 오래 살아남는 리더로서의 역량을 제고하기 위한 전략을 모색하고 있다. "위대한 리더들은 자신의 요구와 기회를 생각하기 전에 조직의 요구와 기회를 먼저 생각한다."라고 피터 드러커는 말했다. '대인관계 리더십'은 어느 환경, 어느 부문에서든 여러 세대가 모인 팀 내에서 아이디어와 전략을 수립하기 위한 보편적인 '협업 플랫폼'이 될 수 있다. 이런 점에서 진정한 리더는 팀을 하나로 묶고, 서로 다른 세대들 간의 의사소통 문제를 해결하기 위한 대화를 촉진할 수 있다. 이것이 대인관계 리더십 역량이다.

5. 감성에세이

Tip

1. 대인관계 리더십

1) 대인관계 리더십 개념

대인관계(interpersonal relations)는 집단생활을 하는 과정에서 협력적 관계를 유지하고 구성원들에게 도움을 주며, 조직 내외부에서 일어나는 갈등을 해결하여 상대방의 욕구를 충족시켜 관계를 잘 유지하는 능력으로 정의. 즉, 미래가 요구하는 리더는 자기 자신을 잘 조절할 수 있는 셀프 리더십을 갖추고, 나아가 타인을 배려하고 섬기며, 함께 공유하고자 하는 대인관계 리더십을 의미함

2) 대인관계에 영향을 주는 성격 특성

① 자기인식과 신뢰　② 태도와 행동
③ 논리와 감정　④ 공감능력

3) 성격 특성별 대인관계 유형 및 전략

① 성취형 : 순차적 사고와 추상적 사고가 높아 이성적이며 합리적인 대인관계를 선호
② 관리형 : 순차적 사고와 구체적 사고를 가지고 있기 때문에 대인관계에서 감성보다는 이성적 행동을 보임
③ 자율형 : 변칙적 사고와 추상적 사고를 가지고 있어 개방적인 대인관계를 갖지만 진지하지 못함
④ 관계형 : 변칙적 사고와 추상적 사고를 가지고 있어 사람들로부터 관심받기를 원함

2. '피터 드러커'의 다섯 가지 질문 이야기

① 미션은 무엇인가?
왜 무엇을 위해 존재하는가?
② 고객은 누구인가?
반드시 만족시켜야 할 대상은 누구인가?
③ 고객가치는 무엇인가?
그들이 무엇을 가치 있게 생각하는가?
④ 결과는 무엇인가?
어떤 결과가 필요하며, 그것은 무엇을 의미하는가?
⑤ 계획은 무엇인가?
앞으로 무엇을 어떻게 할 것인가?

단순해 보이지만 필수적이고 유의미한 이 다섯 가지 질문들은 현존하는 모든 조직에서 발생한다.

1) 이순신 장군의 대인관계(소통) 리더십

영화 '명량'을 통해서 본 '이순신 장군의 소통 리더십' 6가지를 살펴보면 다음과 같다(http://www.insight.co.kr/newsRead. 2014. 8. 10).

(1) 솔선수범하는 '용기'

요즘 구성원이 리더를 따르지 않는 것은 리더 자신은 지시만 할 뿐 먼저 솔선수범하지 않기 때문이다. "죽고자 하면 살 것이요, 살고자 하면 죽을 것이다." 이순신 장군은 해전을 앞두고 극심한 공포와 불안에 떨고 있는 조선 수군들에게 외치며 자신이 먼저 적진에 나가 싸웠다. 그의 솔선수범하는 모습에 함께 싸우다 죽기를 결심한 장수들은 그를 따라 나섰고, 전쟁은 결국 승리로 끝났다. 높은 책상에 앉아서 "일벌백계[2] 할 것"이라고 외치기만 해서는 진정한 리더가 아닐 것이다.

(2) 날카로운 '통찰력'

이순신 장군은 명량해전에서 단 13척의 배만으로 10배가 넘는 왜선 133척을 격파했다. 전쟁 전 불안한 상황에서도 이순신 장군은 부하와 함께 울둘목을 순찰하며 침착하게 해전을 준비한다. 이후 조류가 빠르고, 물살이 암초에 부딪혀 소용돌이를 치는 울둘목의 특성을 이용했고 마침내는 10배가 넘는 왜선과 맞붙어 승전고를 올렸다.

리더는 판세를 정확히 관찰하고 이를 바탕으로 통찰력을 발휘해야 한다. 이순신 장군은 철저한 관찰을 통해 정보를 종합해 놀라운 통찰력을 보였다. 오늘날 리더에게 가장 필요한 덕목 또한 통찰력이다.

---

2) 한 사람을 벌주어 백 사람을 경계한다는 뜻으로 한 가지 죄와 한 사람을 벌줌으로써 여러 사람에게 경각심을 불러일으킴.

(3) 읽고, 기록하는 '지식'

이순신 장군은 꾸준히 독서하는 것을 게을리하지 않았다. 독서를 통해 아이디어를 얻고, 이를 기록으로 남겨놓았다. 그렇게 독서의 힘으로 그는 비장의 무기인 거북선을 탄생시켰다.

오늘날 리더들은 바쁘다는 이유로 정보를 습득하고 지식을 쌓는 데 게을리하는 경우가 많다. 성공한 리더의 공통적 특성은 책을 많이 읽고 늘 '메모'하는 습관을 가지고 있다. 신간 도서는 물론이고 고전에서도 지혜를 배우는 데 게을리하지 않는다.

(4) 불굴의 '희생' 정신

"장수된 자의 의리는 충을 좇아야 하고, 충은 백성을 향해야 한다."

이렇게 말했던 이순신 장군은 백성이 우선이고, 그 다음이 나라이며, 마지막이 임금이라고 여겼다. 이후 그는 무시무시한 왜군의 공격에도 기꺼이 몸을 던졌고, 위기에 빠진 백성과 나라를 구해냈다.

많은 리더들은 희생정신이야말로 지도자에게 가장 필요한 신념이고 끝까지 지켜야 할 철학이라고 조언한다. 희생이 없는 리더십처럼 공허한 것은 없기 때문이다.

(5) 정면 돌파하는 '단호함'

12척으로 300여 척이 넘는 왜군의 압력을 막아야 하는 역부족에도 이순신 장군은 흔들리지 않았다. 명량해전을 앞둔 그는 임금에게 보내는 편지에 '신에게는 아직도 12척의 전선이 있습니다.'라는 말을 남겼고, 냉철한 낙관주의와 자기 확신으로 죽을 힘을 다해 왜군에 맞섰다. 리더는 절체절명의 순간에도 냉철한 이성과 의지로 단호한 결정을 내려야 한다. 이러한 단호함이 없다면, 위기의 순간에 조직을 구해낼 수 없을 것이다.

(6) '소통'의 리더십

전쟁 상황에서 이순신 장군은 매 순간 부하들에게 현재의 상황을 알려주며 지시했다. 이처럼 그는 부하의 입장에서 소통하는 리더였지만, 위급한 상황인 만큼 부하들이 정신을 똑바로 차리고 상황을 직시하도록 엄격하게 통솔했다. 그러나 소통을 할 때에는 현장이라는 키워드를 잊어서는 안 된다. 현장 상황이 반영되지 않은 소통은 공허한 구호에 불과할 뿐이다. 이순신 장군을 흠모하고 그를 배우려는 움직임은 한국 사회에 새로운 희망과 비전을 주고 있다.

2) 워크시트지 활동

당신은 상대방을 설득하는 데에 자신이 있는가? 여기에서 자신의 설득 역량은 어느 정도나 되는지 점검해 보자.

항상 그렇다 : 5점	자주 그렇다 : 4점	
보통이다 : 3점	가끔 그렇다 : 2점	거의 그렇지 않다 : 1점

출처 : 한서대학교(2017). 다중지능적 사고와 표현활동.

■ 설득 역량 점검표

번호	문 항	평 가
1	상대방의 기준과 근거를 무너뜨리기 위하여 객관적 근거를 제시한다.	
2	전문가 혹은 유명인사의 말을 인용하거나 동원한다.	
3	숫자 등 구체적인 자료를 제시하여 상대방의 데이터를 변화시키려는 시도를 한다.	
4	상대방이 마음의 문을 열도록 먼저 친밀한 대화를 시도한다.	
5	상대방의 말에 공감하면서 적극적으로 경청한다.	
6	상대방의 욕망과 동기를 파악하고 자극한다.	
7	다양한 대안을 평가하고 선택하도록 독려한다.	
8	상대방의 확신을 형성하도록 도와주고 촉구한다.	
9	긍정적 방향으로 행동을 변화하도록 동기와 의지를 강화한다.	
	합 계	

평가가 끝났으면 점수를 합산해 보자. 결과는 다음과 같다.

- 합계 점수가 40점 이상 : 설득 달인
- 합계 점수가 36점 이상 : 설득 전문가
- 합계 점수가 27점 이상 : 지속적인 노력 필요
- 합계 점수가 26점 이하 : 설득 전문가의 구체적인 지도가 필요

■ 나 다움에 대해 생각해 보자. 나 다움을 설명할 수 있는 요소들을 사진으로 촬영하여 기록에 남겨보자. 이를 자료 삼아 나에 대한 소개 글을 적어보자. 아래의 S.W.O.T 분석표를 작성하면서 나의 현재 모습을 찾아보자.

Strength(강점)	Weakness(약점)
Opportunities(기회)	**Threats(위협)**

03

공감 안에서 감성이 자란다!!

감성 리더십

1. 도대체 '감성지능'이 뭐길래?
2. 감성 리더십! 서로의 마음이 통하게 한다.
3. 감성지능의 핵심은 공감능력이다.
4. 감성지능! 이렇게 키운다.
5. 감성에세이

Chapter 03

공감 안에서 감성이 자란다!! 감성 리더십

세상을 움직이는 건 결국 사람의 의지로 인간의 감성지능에 따라 좌우되는 감성적 능력이다. 우리가 살면서 마무리되지 않는 일들이 많다고 느끼는 이유는 감성지능이 부족하기 때문이다. 즉, IQ가 낮아서가 아니라 강인한 정신력이 뒷받침되지 않아 항상 결정적인 순간에 중도 포기를 하기 때문이다. 또한 힘을 발휘해야 할 때 나약함을 드러내며 어려움 앞에서 후퇴하거나 포기하게 되기 때문이다. 자신의 앞날을 기대하지만 동시에 초조함을 느끼고 이성적이지만 충동적이며, 꿈을 갈망하지만 경솔한 사람들에게 꿈을 실현하는 데 결정적으로 꼭 필요한 자질이 바로 감성지능이다.

사람의 지위는 그 사람이 지닌 감성지능의 정도에 따라 달라질 수 있다.

업무 능력이 뛰어나도 관리자적 감성지능이 부족하다면 좋은 평가를 받기 힘들다.

리더는 집단과 조직구성원들의 감정을 좌우할 수 있는 영향력을 가지고 있어야 한다. 감성지능이 높은 리더는 조직을 좀 더 효과적으로 이끌어 갈 수 있기 때문이다. 훌륭한 리더는 모든 분야에서 뛰어나야 한다. 하지만 기본적으로 지적 능력이 뛰어난 것뿐만 아니라 진정한 리더가 갖추어야 할 능력은 감성 리더십이다.

이런 점에서 감성 리더십을 소유한 리더가 미래사회를 잘 이끌어 갈 수 있다. 그러한 리더가 되기 위해 어떻게 해야 할까?

1. 도대체 '감성지능'이 뭐길래?

감성적 리더십은 리더의 감성지능과 함께 2000년 이후 주목받았고 감성지능의 효과를 리더십 성공의 지표로 접근하게 되었다. 감성지능을 개발함으로써 인간이 더욱 행복하고 풍부한 삶을 살 수 있다는 연구결과가 있을 정도로 감성지능을 개발시키는 것은 개인의 행복한 삶과 직결된다. 감성지능은 타고난 천재가 아니어도 배우고 개발할 수 있는 능력이라는 연구결과로 널리 확산되었다.

감성지능은 흔히 감성리더, 감성역량, 감성경영 등 여러 가지 의미로 쓰이고 있다. 감성이란 내 마음을 이해하고 다른 사람을 배려하는 능력이다. 이를 바탕으로 감성과 리더십의 의미를 결합해 본다면 감성 리더십은 직원들의 감정과 심리상태를 파악하고 그로부터 공감대를 형성함으로써 직원들로부터 호응을 얻는 리더십을 의미한다. 이런 감성리더가 되기 위해서는 마음과 마음을 연결하여 휴먼네트워크를 구축할 수 있어야 한다. 또한 상대방의 이야기를 주의 깊게 경청해 주고 공감대가 형성되도록 의사소통이 원활히 이루어져야 할 뿐 아니라 자신의 의견을 내세우기보다는 조직의 결정에도 잘 따라주어야 한다.

신재흡(2015 재인용)은 유능한 리더들은 높은 수준의 감성능력을 갖추고 있다는 공통점이 있으며, 리더십 발휘에 있어 지능과 특성도 중요하지만 무엇보다 감성능력이 더 중요하다고 주장했다. 조직구성원 간의 상호작용에 이성보다는 감성적 요인이 더 중요하다는 의미에서 조직연구에서도 감성에 대한 관심이 높아지고 있다.

훌륭한 리더는 모든 분야에서 뛰어나야 하지만 기본적으로 지적 능력이 뛰어나야 한다. 그러나 진정한 리더가 갖추어야 할 능력은 지적 능력보다 바로 감성지능이다. 감성지능은 감정조절, 동기부여, 타인의 감정 인식, 원만한 대인관계와 같은 능력이며, 성공적인 조직생활에 매우 중요한 요소이다(박보식, 2012). 감성지능이 높은 리더는 조직을 좀 더 효과적으로 이끌어 갈 수 있기 때문이다.

감성 리더는 자신의 감성을 바탕으로 자신이 맺고 있는 여러 관계를 조직 목적을 달성하는 방향으로 집결시킬 수 있기 때문이다.

다니엘 골먼(Daniel Golman)은 감성을 "좌절 상황에서도 개인을 동기화시키고, 자신을 지켜낼 수 있게 하고, 충동의 통제를 가능하게 하며, 기분상태나 스트레스로 인해 합리적인 사고를 억누르지 않게 하고, 타인에 대해 공감할 수 있으며 희망을 버리지 않는 능력"이라고 정의했다(Daniel Golman, 2015). 메이어(John D. Mayer)와 셀로비(Peter Salovey)는 감성지능을 "감정을 정확히 지각하고 인식해 표현하는 능력, 감정을 생성하거나 이용해 사고를 촉진시키는 능력, 감정을 생성하거나 이용해 사고를 촉진시키는 능력, 감정 발달과 지적 발달을 촉진시키기 위해 감정을 조절하는 능력"이라고 정의했다.

미국 하버드대학교의 교수이며 행동심리학자인 골먼 박사는 감성지수를 마음의 지능지수라고 했다. 그는 인간의 총명함을 결정하는 것은 IQ가 아니라 EQ(Emotional Quotient)라고 주장했다. 최근 우리 인간에게 중요한 것은 IQ가 높은 것이 아니라 감성지수인 EQ를 높이는 것이다. 연구결과에 의하면 IQ가 높은 것이 그 사람의 성공적인 삶과 행복을 누리는 삶에 기여하는 정도는 불과 20%에 불과하며, 나머지 80%는 EQ가 결정한다는 것이다. 중요한 것은 IQ는 부모로부터 물려받는 것이기에 본인이 바꾸거나 더 발전시켜 나갈 수 없다. 그러나 EQ는 자신의 노력과 주위 사람들의 도움으로 개선, 발전시켜 나갈 수 있다는 점이다(변상우, 2011).

2. 감성 리더십! 서로의 마음이 통하게 한다.

감성 리더십은 조직 성과에 커다란 영향을 미친다. 감성과 관련한 용어로 감성역량, 감성 리더십, 조직 감성 등이 조직에서 연구되기 시작했다, 특히 감성 리더십은 조직의 성격과 과정을 결정하는 데 중요한 요인이다.

신재흡(2015)이 감성적 리더십에 대한 학자들의 견해를 정리한 것을 보면 다음 표와 같다.

〈표 3-1〉 감성적 리더십에 대한 견해

번호	학 자	내용(개념)
1	Citrin과 Brown(1999)	미국에서 가장 성공적으로 기업을 이끌고 있는 최고경영자 50명의 분석 결과, 15가지 공통자질을 제시한 후 세 가지 요인만이 지적·기술적 능력과 관련, 나머지는 감성지능으로 되어 있음을 주목할 필요가 있다고 제시하였다.
2	Goleman, Boyatzis와 McKcc(2002)	리더가 자신의 내면을 스스로 이해하고, 구성원의 감성이나 필요를 배려할 뿐 아니라 조직구성원들과의 관계를 부드럽게 유지해 나감으로써 조직구성원의 감성역량을 높이는 것이라고 정의하였다.
3	이미라(2007)	리더 자신에게 있는 감성적인 것으로 사회적 능력을 개발하고 구성원들의 감성을 이해하며 배려해 줄 뿐 아니라 비전을 바라보게 하므로 자연스러운 영향력을 조직구성원들에게 미치는 것으로 규정하였다.
4	Rafacli와 Worline(2001)	조직구성원들에게 영향력을 행사하고 감독하기 위해서 가장 강력한 방법의 하나인 감성적 역동을 사용하는 능력으로 정의했다.
6	신동한(2009)	리더 스스로가 자기의 존재가치와 능력을 생각하고 자신을 통제하고 관리하는 능력이 있을 뿐만 아니라 타인의 감정을 이해하고 배려하는 감성이 있음과 동시에 새로운 방향과 비전을 제시하여 타인에게 영향력을 행사하고 목표를 이루게 하는 감성능력이라고 했다.
7	전용환(2010)	리더가 자신의 내면을 잘 이해하고 구성원의 감성과 구성원의 요구를 알고, 배려할 뿐 아니라 조직구성원 모두의 비전을 제시하고 자연스럽게 조직의 구성원들을 리드할 수 있는 능력을 의미한다고 본다.

출처 : 신재흡(2015). 21세기 다양한 교육리더십.

감성 리더십은 리더 스스로 자기인식과 자기관리를 통해 조직구성원들의 감성을 명확하게 이해한다. 동시에 비전을 제시할 뿐 아니라 조직구성원들에게 자연스럽게 영향력을 행사함으로써 목표를 이루게 하는 능력이다. 또한 조직구성원들과의 관계를 부드럽게 이끌어 감으로써 조직의 감성역량을 강화하는 능력을 의미하기도 한다.

3. 감성지능의 핵심은 공감능력이다.

다니엘 골먼은 '감성지능(Emotional Intelligence)'이라는 용어를 1995년 논문 「What Makes a Leader?」에서 처음 소개하였다. 그 후 다니엘 골먼의 「What Makes a Leader?」는 1998년 Harvard Business Review지에 게재되어, 최고논문(Best of HBR)으로 채택되었다. 이 논문은 2004년 1월 리더십(Leadership) 특집호에 다시 게재되었다. 다니엘 골먼은 188개의 글로벌 기업을 대상으로 개인적인 어떤 능력이 조직의 성과에 어느 정도로 기여하는가를 조사하였는데, 이 조사를 위해 개인적 능력을 회계나 사업 기획 같은 기술적인 능력(technical skills), 분석적 추론과 같은 인지적인 능력(cognitive abilities), 다른 사람들과 공동으로 일하거나, 변화를 이끄는 데 효과적인 감성지능(emotional intelligence) 등 세 가지로 분류하였다. 연구에서는 조직의 간부들에게 조직의 뛰어난 리더들은 어떠한 능력을 가지고 있는가를 조사하였으며, 심층적인 인터뷰와 비교연구를 실행하였다. 연구 분석 결과 확실히 지능은 괄목할 만한 성과를 내는 데 중요한 요인이었다. 그리고, 인지적 능력, 즉 전체 모습을 그려내거나 장기 비전 등이 중요한 요인이 되었다. 또한 감성지능이 성과에 미치는 영향도를 연구한 결과 모든 업무 영역에서 다른 개인적 능력보다 약 2배 이상 높았다. 특히 감성지능은 레벨이 높은 리더일수록 성과 차이에서 90% 이상의 영향을 주는 것으로 조사되었다. 개성과 특성이 다른 여러 개인들이 모여 한 목표를 향해 협력하고 조화를 이루어 가며 성과를 내는 모습은 아름다움과 감동을 전해주기도 한다.

그렇다면 조직이 하나가 되도록 연합하게 하는 리더십의 핵심은 무엇일까? 그것은 바로 조직원들이 스스로 비전과 목표를 바라보고 조직의 비전이 본인의 비전과 얼마나 직렬로 연결되도록 하는가의 여부라고 할 수 있다. 사람이 자발적으로 움직이는 요소들은 목표가 이루어졌을 때의 '쾌감'과 '성취감', 그것에 적정한 '정신적 · 금전적 보상', 그리고 목표를 이루어 나감으로써 조직원들의 미래 위상이나 역할의 변화가 구체적으로 그려질 수 있느냐의 문제이다. 조직원들이 자신의 미래 모습을 구체적으로 그려나갈 수 있고, 그것의 실현 가능성이 크다고 판단되면, 조직은 자발적이고 열정적으로 움직이기 시작한다. 감정이 움직이지 않으면 행동을 아무리 해도 그곳에 열정이 생기기 어렵기 때문이다. 그러므로 마음을 움직이는 감성 리더십이 중요하다.

『CEO가 되는 길(Lessons from the Top)』이라는 책에서 토마스 J. 네프와 제임스 M. 시트린은 시장에서 사업을 1등으로 운영하고 있는 경영자 50인을 대상으로 공통적인 자질 15가지를 선정하였다. 이 자질 중 세 가지만 기술적 능력과 관련된 이성적인 것이었고, 나머지는 모두 감성지능에 대한 것들이었다.

뛰어난 리더로서 이성적 능력은 '지적 능력'으로 폭넓고 해박한 지식 정도였고, 나머지 핵심 능력이라고 지적한 능력, 즉 '열정', '넘치는 에너지', '동기부여', '내적 평화', '긍정적 태도' 등은 모두 감성적인 능력이었다. 훌륭한 리더의 자질은 뛰어난 지적 능력보다 공감대를 형성할 줄 알고 열정적으로 일하며 주변에 동기를 부여하는 감성적 능력이 중요함을 일깨워 주고 있다.

다니엘 골먼은 세계적인 심리학자이자 경영컨설턴트로 감성지능에 대해 다양한 사례를 통해 감성지능의 중요성을 증명했는데, 『감성지능』이라는 책에서 성공하는 사람들의 공통점이 분석력이나 기술력보다는 감정에 대한 높은 수준의 이해력이라고 말했다.

그는 감성지능의 핵심요소로 자기인식, 자기규제, 동기부여, 공감능력, 사교

능력 다섯 가지 요소를 다음과 같이 제시했다(다니엘 골먼, 2015).

첫째, 자기인식(self-awareness)은 자신의 감정, 강점, 약점, 욕구, 동기유발 요인에 대해 깊은 이해도를 가지는 것을 의미한다. 자신을 아는 사람은 스스로 자신이 처한 상황에 대해 비관적이 되거나 비현실적인 희망을 추구하지 않는다. 또한 자신과 타인을 보이는 그대로 솔직하게 판단할 수 있는 능력을 갖추고 있다. 그리고 자신의 감정이 스스로에게 어떤 영향을 미치고, 타인과 업무성과에 어떤 영향을 주는지를 알고 있다. 자기인식은 한 사람의 가치와 목표에도 중요한 영향을 끼친다. 자신에 대해서 잘 아는 사람은 자신의 원칙이나 장기적인 목표와 맞지 않는 직업이라면 보수가 높아도 선택하지 않을 것이다. 그러나 자기인식이 약한 사람은 어떤 선택을 하더라도 포기한 것들 때문에 끊임없이 내적인 갈등을 겪게 된다. 한 마디로 자기인식 능력은 자신을 현실적으로 평가할 수 있는 능력이며, 면접이나 성과 평가에서 보여진다.

둘째, 자기규제(self-regulation)는 자신의 감정에 치우치지 않도록 이끌어 주는 감성지능이다. 이는 마치 자신과의 대화와 같은 것이다. 자신과의 대화를 통해 자신에게 당면한 문제를 객관화시켜 관찰할 수 있는 능력이다. 자기통제 능력이란 감정에 치우치지 않고 언제나 합리적인 사고로 문제를 해결함으로써 신뢰와 공정함을 보여주는 것을 말한다. 그러므로 자기통제 능력은 개인뿐만 아니라 조직에 강점으로 영향을 미치게 된다. 물론 자기 자신과 대화를 할 줄 아는 사람도 불안정한 감정에 빠지기도 하고 강력한 충동에 휩싸이기도 한다. 하지만 이런 사람들은 감정을 조절해서 이를 유용한 방향으로 승화시킨다. 그러면 왜 리더에게 자기규제 능력이 중요할까? 자신의 감정과 충동을 조정할 수 있는 사람은 신뢰할 수 있고 공정한 환경을 만들 수 있기 때문이다. 이러한 환경에서 사내 정치와 다툼이 줄어들고 생산성이 높아진다.

셋째, 동기부여(motivation)로, 모든 능력 있는 리더가 가지고 있는 단 하나의 자질이 있다면 그것은 동기부여이다. 모든 리더들에게 나타나는 공통적인 것으로 돈이나 명예 등과 같은 외적 요인보다는 자신의 내적 욕구에 의해 현재 일들을 진행해 나갈 수 있는 능력이다. 많은 사람들은 일 이외의 외부요소를 통해 동기가 부여된다. 예를 들면, 높은 연봉이나 이름 있는 직책이 주는 과시 효과, 좋은 회사에 다닌다는 자부심 같은 것이다. 리더들은 항상 기대치 이상의 성과를 내고자 한다. 자신과 타인의 기대치를 모두 넘어서려는 것이다. 여기서 중요한 단어는 성과이다. 반면 리더의 자질을 가진 사람은 일 자체를 통해 달성하고자 성과를 추구한다.

넷째, 공감능력(empathy)으로 지적인 의사결정 과정에서 다른 직원들의 감정에 대해 신중하게 생각할 수 있는 능력이다. 이러한 공감능력은 '좋은 게 좋은 거'와 같은 흐리멍덩한 자세가 아니다. 다른 사람들과의 관계를 원만하게 이끌어 가는 능력이다. 즉, 직원들의 감정을 이해와 배려로 이해해 줄 수 있는 능력이다. 리더에게 공감능력이란 다른 사람의 감정을 느껴서 그 사람을 기쁘게 하는 것이 아니다. 다른 사람의 기분을 맞추려고만 하면 오히려 아무런 의사결정도 할 수 없다. 하지만 팀 업무 형태가 늘어나면서 다른 사람의 관점을 이해해야 할 상황이 점점 많아지고 있기 때문에 공감 형성 능력은 점점 더 중요해지고 있다. 서로 다른 문화를 가진 직원들이 일하는 글로벌 환경이 증가하는 추세이기 때문이다. 또한 뛰어난 인재를 원하는 현재 조직환경 속에서 코칭과 멘토링 등을 통한 관계 및 공감대 형성은 직무 만족도를 높이고, 이직률을 낮출 수 있어 중요하다.

다섯째, 사교적인 기술(social skill), 즉 사교적 능력이다. 모든 조직의 리더들에게 반드시 필요한 요건으로 다른 사람들과의 관계를 원만하게 유지할 수 있는 능력을 말한다. 단순히 친목 도모만이 아닌 자신이 희망하는 방향으로 다른 사람을 움직일 수 있는 능력이다. 사교능력이 뛰어난 사람은 마구 섞이는 천박함을 가지고 있지 않다. 사교능력이란 목적을 가지고 친해지는 것이다. 어떤 사람을 내가 원하는 방향으로 움직이게 하는 것이다. 그것은 새로운 마케팅 전략일 수도 있고, 새로운 상품에 대한 긍정적인 반응일 수도 있다.

정리하면 지적 능력, 결정력이나 비전 등은 전통적인 리더십의 요소라고 볼 수 있는 필요 요소라고 할 수 있다. 그러나 훌륭한 성과를 이끌어 내는 조직의 리더로 성장하고 발전해 나가는 데는 부족하다. 따라서 감성지능의 능력이 더욱 중요하고, 이러한 감성지능은 선천적인 측면도 있지만 후천적으로도 얼마든지 학습될 수 있다.

4. 감성지능! 이렇게 키운다.

골먼은 앞서 감성지능 핵심요소를 자기인식 능력, 자기통제 능력, 동기부여 능력, 공감대 형성 능력, 사교적인 기술 등 다섯 가지로 분류했다. 각각의 능력에 대한 이해를 토대로 감성지능을 개발시킬 수 있는 방법을 알아보자.

1) 골먼의 감성지능 개발법

(1) 자기인식 능력(Self-awareness)으로 깊은 이해도를 가진다.

자기인식 능력이란 자신의 감정이나 욕구, 장단점에 대한 이해도를 의미함을 이미 밝혔다. 자기인식 능력을 갖춘 사람은 비판적이거나 비현실적인 것을 추구하지 않으며, 자신과 타인을 진솔하게 판단할 수 있는 능력을 갖추고 있다. 자신의 감정과 타인의 업무성과에 미치는 영향을 인지하고 있을 때 궁극적으로 개인의 가치체계나 목표에 대한 이해도 할 수 있다. 자기인식 능력이 높은 사람들은 두려움보다는 자신감을 가지고 있어, 자신의 한계나 부족한 점에 대해 어려워하지 않을 뿐 아니라 언제 도움을 요청해야 할지를 알고 있다.

(2) 자기통제 능력(Self-regulation)으로 신뢰와 공명정대함을 갖는다.

자기통제 능력이란 자기 자신과의 대화를 통해 자신에게 봉착한 문제를 객관화시켜 관찰할 수 있는 능력을 의미한다. 자기통제 능력은 합리적인 사고에 입각하여 문제를 치우치지 않게 해결할 수 있게 되고, 신뢰와 공정함을 갖게 된다. 또한 반성과 사려 깊은 경향이 있고, 변화와 불확실한 상황에 대해 동요하지 않으며, 충동적인 유혹에 소신 있는 응답을 펼칠 수 있는 특징을 가지고 있다.

(3) 동기부여 능력(Motivation)으로 긍정적인 태도와 열정을 갖는다.

동기부여 능력은 공통적으로 모든 리더에게 나타나는 요소로 돈이나 명예 등과 같은 외적 요인보다는 자신의 내적 욕구에 의해 현재 자신의 일을 추진해 나갈 수 있는 능력이다. 동기부여 능력을 갖춘 사람은 성과 향상을 끊임없이 추구하며, 현재의 성과가 미진할지라도 긍정적인 태도로 업무에 열정을 보여준다. 또 조직에 대한 몰입이나 관심도 강하다.

(4) 공감대 형성 능력(Empathy)으로 직무만족도를 높인다.

공감대 형성 능력은 감성지능의 요소 중 가장 쉽게 인식될 수 있는 요소로 타인과의 관계를 유지할 수 있는 능력이다. 즉, 직원들의 감정을 사려 깊게 이해해 줄 수 있는 능력을 말한다. 요즈음에는 팀 업무 형태가 늘어나면서 다른 사람들의 관점을 이해해야 할 상황이 점점 많아지고 있기 때문에 공감대 형성 능력이 중요해지고 있다. 특히 뛰어난 인재를 지속적으로 보유해야만 하는 현재 조직환경 속에서 코칭과 멘토링 등을 통한 관계 및 공감대 형성은 직무 만족도를 높이고, 이직률을 낮출 수 있다는 점에서 매우 중요하다.

(5) 사교적인 기술(Social Skill)로 본인이 원하는 방향으로 사람들을 움직인다.

사교적 능력이란 모든 조직의 리더들에게 필수적인 요건으로 다른 사람과의 관계를 유지할 수 있는 능력을 말한다. 사교적 능력은 친목 도모 수단을 의미하는 것이 아니라 본인이 원하는 방향으로 사람들을 움직일 수 있는 능력을 의미한다. 고립되어 있는 리더는 존재하지 않는다는 원칙을 상기할 때 이 덕목은 중요하다.

감성지능을 개발할 수 있는 방법은 전통적인 리더십의 요소라고 볼 수 있는 지적 능력, 결정력, 비전 등은 리더십의 필요 요소라고 볼 수 있으나, 조직을 훌륭한 성과로 이끌어 내는 리더로 성장해 나가는 데는 충분하지 못하기에 감성지능의 능력을 성장시키는 것이 중요하다. 감성지능은 선천적일 수도 있지만 학습될 수도 있다는 점에서 후천적일 수도 있다.

2) 감성지능을 높이려면?

(1) 자신이 스트레스를 받는 요인이 무엇인지를 이해한다.

감성지능은 자신에 대한 인식에서부터 출발한다. 자신이 이성적인 상황에서 벗어난 경우를 언제든지 생각해 보는 것이 도움이 될 수 있다. 그리고 자신에게 스트레스가 되는 환경을 피하거나 그 환경이나 상황을 다른 관점에서 이해하고 받아들이는 것이 중요하다.

(2) 차이를 인정한다.

자기가 자신을 바라보는 시각과 타인이 자신을 보는 모습이나 선입견 등에는 차이가 존재할 수밖에 없다는 것을 받아들이는 노력이 필요하다.

(3) 경청의 기술을 개발한다.

다른 사람들의 말에 귀 기울이는 사람을 보면 다음과 같은 특징이 있다.

첫째, 다른 사람의 말을 들을 때 경청한다. 단답형이 아닌 개인의 생각을 물어보는 확산적인 질문을 하고 상대방의 언어나 행동 표현에 주의를 기울일 뿐 아니라 대화에 적극적으로 참여한다.

둘째, 자신이 상대방의 말을 정확하게 이해하고 있다는 것을 확인시켜 준다.

언어와 비언어를 사용하여 행동함으로써 다시 확인하는 질문을 하고 상대방이 한 이야기를 다른 표현으로 바꾸어 이야기하거나 상대방이 던진 아이디어를 대화로 풀어 발전시키려고 한다.

셋째, 대화를 잘하는 사람들은 다른 사람의 말을 듣고 핵심을 요약하면서 행동으로 실행하고자 하는 의지를 보여준다.

넷째, 정서적인 유대감을 형성하는 기술을 배운다.

정서적인 유대감을 형성하기 위해서는 다른 사람과 대화할 때 정서적인 분위기를 형성할 필요가 있는데, 이때 가장 중요한 것이 상대방에 대한 공감을 표현하는 것이다. 언어로도 표현하지만 손동작이나 고개를 끄덕이는 등의 비언어를 사용하여 집중하여 듣고 있음을 보여준다.

다섯째, 다른 사람으로부터 적극적으로 피드백을 받는다.

자신을 지지하지만 솔직한 피드백도 줄 수 있는 진정한 멘토, 상사, 직원, 친구를 찾아 자신에 대한 솔직한 피드백을 요청할 필요가 있다. 이러한 과정을 통해 자신이 아는 자기와 다른 사람이 아는 자기의 간극을 좁혀 나갈 수 있다.

출처 : http://psychologynews.tistory.com/152 [심리학뉴스]

3) 감성교육 프로그램의 실제

〈표 3-2〉 감성교육 프로그램

목 표	• 감정을 표현하는 다양한 단어와 그 단어의 의미에 대해 안다. • 특별한 감정들과 연관된 얼굴표정과 다른 비언어적인 행동들을 알아본다. • 다양한 감정들을 알고 이 감정들을 감정에 대한 단어들과 결합시킨다. • 알게 된 단어와 표현방법으로 자신의 감정을 적절하게 표현할 수 있도록 한다.
프로그램	이런 감정도 있어요(다음 페이지 Tip 활동내용 참조)
감정 읽기	• 이런 감정도 있어요 • 감정단어 만들기 • 내 감정을 맞혀봐
감정 표현하기	• 표정으로 말해요 • 신체언어를 배워요 • 현명하게 말해요

Tip **감정읽기 : 이런 감정도 있어요**

활동 : 감정을 설명하는 단어들은 어떤 것이 있을까요? 예를 들어, "격분했던"이라는 단어가 있다면 어떤 상황으로 설명할 수 있을지 생각해 보세요.
나누어 준 단어목록을 보고 그 감정에 맞는 상황이 있었다면 나의 경험을 이야기해 보세요.

감정을 표현하는 많은 방법들 : 경험 알아보기 자료				
		ㄱ		
가난한 감동하여 겁먹은 격분한 고상한 광란의 기념하는 긴장된	가득 찬 감소된 겁에 질린 경감한 고정된 괴롭힌 기만적인 긴장한	가련한 거절당한 겁이 많은 경외심을 갖고 있는 고정된 교묘한 기쁜	갈망하는 걱정스러운 게으른 고립된 공포스러운 굳게 결심한 기절한	감동된 걱정하는 격렬한 고민하는 공황의 급변하는 김빠진
		ㄴ		
나머지의 낮은 느린	나쁜 내려다보는 느슨한	낙심한 냉담한	낙천주의의 놀라운	남겨진 높은
		ㄷ		
다른 도약성의 뒤얽힌	단호한 도움을 주지 않는 들뜬	당황한 도움 주는	대담한 독립적인	더없이 행복한 두려운
		ㅁ		
마음이 찬란한 몹시 놀란	만족한 몹시 슬픈 물리치는	매혹적인 무기력한 미안한	멋진 무능한	몰두한 무서운
		ㅂ		
반가운 부끄러운 불안정한	반대되는 부적당한 불안한	방해받은 분리된 불안해하는	배반당한 불만스러운 불확실한	변하기 쉬운 불법의 빼앗긴
		ㅅ		
사람의 마음을 끄는 삼가는 성 잘 내는	사랑스러움 상극인 성실한	사랑하는 상처 입기 쉬운 성의 없는	수용된 상쾌한 소모된	산만한 서투른 소유의

수심쩍은 시시한 쓰라린	술에 취한 신경질의	쉽지 않은 실망한	슬픈 심판의	시기심이 강한 싸우기 좋아하는
		ㅇ		
아름다운 애정이 깊은 어색한 오해받은 우유부단한 유혹받은 인정된	아양 떠는 약오른 억제된 ~와 같은 실패자 우쭐대는 의기소침한 인정받은	아주 기뻐하는 얕은 얼빠진 의로운 위기에 직면한 의존하는 일관된	압도하는 어려움을 당한 영감을 받은 욕심 많은 위압적인 이간하는	압박감의 어리석은 영적인 용감한 유죄의 이성을 잃은
		ㅈ		
자신 없는 적대하는 좋은 진가를 인정받지 못한	자신만만한 절망적인 즐거운 질투가 많은	자유로운 절연한 지루한 짐스러운	자포자기한 정신이 혼란하여 지배당한 찢긴	잘 속는 조용한 지친
		ㅊ		
참을성 없는 충분한	창조적인 친구 없는	책임을 회피하는 친근한	천박한 침착하지 못한	충격받은
		ㅌ		
텅 빈				
		ㅍ		
파괴적인 평화로운	패배 당한 피해를 끼치는	패배한 필요한	편안한	편집성의
		ㅎ		
함정에 빠진 호기심이 강한 활기찬 희망 없는	행복한 홀린 황홀한 희망찬	향수를 느끼는 화난 회피적인	헐뜯는 확신한 후회하는	협박하는 활기 있는 흥미로운

출처 : 양애경(2010). 학업성취도를 높이는 감동학습플랜. 동문사.

5. 감성에세이

1) 다산 정약용의 리더십

① 일하는 것이 힘들다고 말하지 마라.
나는 글을 하도 많이 써서 복숭아뼈가 세 번이나 보였지만 멈추지 않고 서서 글을 썼다.

② 사는 것이 힘들다고 말하지 마라.
나는 정조대왕의 총애를 받던 조선 최고의 관리에서 죽음이 엄습해 오는 유배생활을 18년이나 했다.

③ 절망이 있다고 말하지 마라.
나의 동생은 사형을 당했고 형은 흑산도로 유배를 가서 죽었지만 나는 꿈을 이루기 위해 노력했다.

④ 되는 일이 없다고 말하지 마라.
나는 많은 지식을 가졌지만 현실적으로 인정해 주는 사람이 없어서 글로만 표현했다.

2) 아름답게 사는 사람

감성이 풍부하여 정이 많은 사람!!
모든 사물을 사랑의 눈으로 보는 사람!!

아름다운 시와 음악을 사랑하는 사람!!
자신을 알고 겸손해 할 줄 아는 사람!!

마음을 아무에게나
주지 않는 심지가 굳은 사람!!
모든 행위의 근본인 효를 실행하는 사람!!

나이가 들수록 철이 든다고 생각하는 사람!!
인정이 많아 남의 불행을
보고도 마음 아파하는 사람!!

지나간 삶을 되돌아 보고
남은 삶을 진지하게 사는 사람!!
유년시절의 꿈을 잊지 않고
아름다운 삶을 사는 사람!!

때론 어디론지 홀로 여행을 떠나
혼자만의 여유를 즐기는
마음의 여유를 갖는 사람!!

멜이나 전화를 할 때
자상함과 상냥한
목소리가 듣기 좋은 사람!!

그대가 바로 아름다운 사람입니다.

—좋은 글 중에서

3) 공감능력 테스트 : 나의 공감능력은?

• 나는 다른 사람에게 얼마나 공감하는 사람인지 알아보자.

1. 아래의 문항에 대하여 나는 어떠한지 해당하는 칸에 ○표 해보자.

공감능력이 뛰어난 사람의 특성	나의 공감 정도				
	항상	자주	때때로	가끔	전혀 없음
	5	4	3	2	1
다른 사람의 입장을 생각하면서 그 사람을 많이 배려한다.					
다른 사람의 마음이나 감정을 잘 살핀다.					
다른 사람이 말하지 않아도 그 사람의 감정을 알아낸다.					
타인의 표정을 보고 그 사람이 원하는 것이 무엇인지 쉽게 파악한다.					
다른 사람이 고통스러워할 경우 그 이유를 물어보고 잘 대응한다.					
누군가가 고통스러워할 경우 옆에서 같이 슬퍼하거나 마음을 나눈다.					
누군가가 부당하게 차별대우를 받으면 그 사람에 대해 걱정하게 된다.					
다른 사람이 생각하는 것이나 말하는 것을 그 사람의 입장에서 이해한다.					
다른 사람의 기분을 이해하고 말로 표현할 수 있다.					
점수 합계					

2. 여러분의 공감능력을 알아보자. 각 문항에서 ○표 한 내용을 다음 기준을 보고 채점하여 총점을 적어보자.

▣ 항상 : 5점 ▣ 자주 : 4점 ▣ 때때로 : 3점
▣ 가끔 : 2점 ▣ 전혀 없음 : 1점

나의 총점은? ( )점

3. 총점을 보고 자신의 공감능력을 살펴보자.
⇒ 36~45점 : 공감능력이 매우 우수한 학생이군요. 지금처럼 남에게 잘 공감해 주면 됩니다.
⇒ 26~35점 : 공감능력이 보통 이상입니다. 지금도 좋지만, 공감능력을 조금만 더 기르면 좋겠습니다.
⇒ 16~25점 : 당신은 남에게 공감할 기본 능력을 갖추고 있습니다. 좀 더 노력해서 공감능력을 길러보세요.
⇒ 15점 이하 : 당신은 공감능력이 부족한 편입니다. 공감능력을 길러 다른 사람과 잘 지낼 수 있도록 노력해 보세요.

출처 : 교육과학기술부 · 인천광역시교육청(2012). 프로젝트형 인성교육교재 내용을 수정.

04

권한을 나누면 배가 된다!!

임파워링 리더십

1. 임파워먼트(Empowerment)와 임파워링 리더십의 관계는?
2. 조직의 권한은 어떻게 나누는 것이 좋을까?
3. 임파워먼트 리더십은 어떻게 활용해야 하나?
4. 임파워먼트 리더십으로 조직의 구조를 바꾸자.
5. 감성에세이

Chapter 04

권한을 나누면 배가 된다!! 임파워링 리더십

조직이 생존하기 위해서는 지향할 비전과 합당한 목표를 세우고 이를 달성하기 위하여 모든 역량, 즉 인적·물적 자원을 효율적으로 투입하여야 한다. 그중에서도 인적자원을 적재적소에 배치하여 효과적으로 관리하는 것이 무엇보다 중요하다. 변화의 속도가 느리고 작업 방법이 단순하던 때는 리더 한 사람이 주변 환경을 파악하고 스스로 결론을 내려 지시하면 구성원들은 업무를 수동적으로 수행해도 큰 문제 없이 조직이 운영되고 목표에 도달할 수 있었다.

그러나 과학기술의 발달은 새로운 정보를 빠르게 많은 사람이 공유할 수 있게 됨에 따라 누가, 얼마나, 빠르게 새로운 정보를 획득하느냐가 경영의 성공 여부를 가늠하는 매우 중요한 요소가 되고 있다. 하루가 다르게 늘어나는 정보를 어떻게 취사선택하여 경영에 반영하느냐가 매우 중요한 사회가 되었다. 이러한 사회는 리더가 정보를 독점하여 구성원에게 업무를 지시하고, 구성원들이 수동적으로 참여하는 조직으로는 생존할 수 없다. 따라서 구성원들이 능동적으로 경영에 참여할 수 있는 방안을 찾아야 한다. 그 방법이 리더가 가지고 있는 권한을 구성원에게 부여하는 것이다.

IT업계의 대부 빌 게이츠는 미래사회는 다른 사람에게 권한을 위임하는 사람이 뛰어난 리더로 성공할 것이라고 하면서 리더는 권한을 내려놓아야 한다고 했다. 이와 같이 자신의 권한을 내려놓는 것을 바탕으로 등장한 이론이 임파워링 리더십이다. 임파워링 리더십은 구성원들이 의사결정에 적극 참여할 수 있도록 권한을 위임하여 조직의 성과를 끌어내는 것이다. 구성원에게 '권한 부여', '권한 분산', '권한을 하부 이양'하는 것이다. 개인에게 의사결정에 필요한 정보와 권한을 부여하여 자기결정권을 주는 것이다. 요즈음에는 대기업이나 공무원 사회에서도 직위에 합당한 권한을 부여하여 빠르게 변화하는 사회에 대응하도록 노력하고 있다. 이와 관련하여 이 장에서는 임파워링 리더십의 개괄적인 이해와 활용 방법을 습득하여 시대에 걸맞은 리더십 역량을 기르는 데 도움을 주고자 한다.

1. 임파워먼트(Empowerment)와 임파워링 리더십의 관계는?

급변하는 사회에서 생존하려면 시대에 걸맞게 조직 문화도 달라져야 하고 리더의 역할도 달라져야 한다. 특히 창의성이 중요시되는 시기에는 리더와 구성원들은 수직적인 관계보다는 수평적인 관계를 유지하며 상호작용이 이루어져야 한다. 수평적인 관계가 이루어질 때 수동적 조직에서 구성원이 힘을 합쳐 조직이 나아갈 방향과 목표를 정하고 이를 달성하기 위해 리더와 구성원이 힘을 합치는 능동적 조직으로 변할 수 있다. 능동적 조직에서 리더는 구성원들 각자가 지닌 잠재적 역량을 최대한 발휘하도록 조직환경을 조성할 뿐만 아니라 개개인이 역량을 강화할 수 있도록 지원하며, 의사소통이 활발하게 이루어질 수 있도록 노력한다. 이런 목적에서 구성원들에게 임파워먼트를 촉진시키는 이론을 바탕으로 출발한 리더십이 임파워링 리더십이다. 임파워먼트(empowerment)는 1970년대 후반부터 조직의 활성화 방안으로 연구가 이루어지기 시작했으며, 1980년대에 이르러서는 기업을 혁신하기 위한 방법으로 조직에 활력을 불어넣고 조직구성원 모두에게 권한을 부여하여 능동적인 활동을 끌어내기 위하여 연구되었다. 1990년대 들어 정보기술의 발달로 정보를 많은 사람들이 공유하게 되었다. 이로 인해 기업들은 고객의 요구에 더욱 민감하게 반응할 수밖에 없게 되었고, 조직구성원들은 정보와 지식을 지닌 지식인이 되었으며 기업들은 이러한 구성원들의 동기를 부여하기 위해 자율성을 부여하게 되었다(박원우, 1988).

임파워먼트의 사전적 의미는 권한 부여, 권한 분산, 권한의 하부 이양이다. 권한 부여란 조직구성원에게 권한을 주어 조직의 목표를 달성하는 행동을 하도록 하는 것이며(Potterfield, 1999), 조직 목표달성을 위해 자신의 지식, 경험 등을 활용할 수 있도록 해주는 것이다. 즉, 권한을 부여받은 사람은 주어진 권한 내에서 책임감을 가지고 업무를 주도적으로 처리할 수 있도록 하는 방법이다. 다시 말하면 리더가 가지고 있는 권한을 실무자에게 이양해 책임 범위를 확대해 줌으로써 실무자가 자신의 능력과 창의력을 최대한 발휘하여 업무를 신속하게 처리할 수 있도록 한다는 것이다. 반면에 리더는 구성원들이 업무에 능동적으로 참여하고 높은 생산성을 달성하도록 지금까지와는 다르게 자신의 권한이나 통제를 포기해야 한다. 이렇게 접근하는 것이 임파워먼트이고, 모든 구성원들의 협력을 모색하는 새로운 방법이다. 임파워먼트 조직에서는 구성원들의 관계가 전통적 수직관계가 아니라 권한・책임・의사소통 및 보상을 공유하는 하나의 새로운 관계, 즉 수평적 관계를 형성하게 된다.

또 임파워먼트(Spreitzer & Quinn, 2001; 조태준 외, 2011)를 조직의 비전에 대한 정책수립 및 의사결정 과정에서 상위직 구성원의 전유물로만 여기고 소유했던 권한과 책임을 구성원에게 위임 또는 위양하고 그 결과에 대한 책임감을 부여하는 과정에서 출발한다고 했다. Canger와 Kanungo(1988)는 "Leader나 관리자가 하급자와 힘을 공유하는 과정"이라고 했으며, Bandura(1989)는 "하급자에게 잘 할 수 있다는 믿음을 심어주어 자신의 하는 일에 대해 일에 자긍심을 기를 수 있는 경험과 기회를 제공하는 과정"이라고 했다. Sims와 Lorenzi(1992)는 "조직구성원과 구성원의 관계를 이용하여 구성원의 효능감을 증진시키는 과정”이라고 했고, Wanger(1995)는 “경영자와 조직원이 의견을 공유하는 것”이라고 했다. Hartline과 Ferrell(1996)은 “리더가 직무와 관련하여 구성원 스스로 의사결정을 할 수 있도록 재량권을 나누어 주는 것”이라 했다. 최충식(2007)은 “리더가 권한을 조직구성원에게 위임하고 구성원들은 스스로 파워를 얻고 증대시키는 과정”이라고 했다. 이와 같이 임파워먼트에 대한 학자들의 의견은 다양한 것 같지만 거의 대동소이하다. 이를 정리해 보면 임파워먼트란 리더가 구성원들과 정보를 공유하고, 직위에 합당한 권한을 구성원에게 이양하여 자율적 결정권을 높이는 활동이며, 조직구성원들의 수동적인 역할을 능동적으로 바꾸어 경영이 효율적으로 이루어지게 하는 것이다. 즉, 하급자와 상급자 간에 신뢰관계를 구축하고 권한 위임을 통하여 하급자는 상급자를 통해서 힘을 얻으며 상급자는 하급자가 자신의 능력을 최대한 발휘할 수 있도록 지원하는 과정이라 할 수 있다. 이러한 활동이 잘 이루어지기 위해서는 리더의 역할이 중요한데, Stewort(1994)는 리더가 구성원들을 임파워먼트 시키기 위해서는 역량부여(enabling), 촉진(facilitating), 지원(supporting), 상담(consulting), 멘토(mentoring), 협동(collaborating) 등 여섯 가지 역할이 필요하다고 했고 Vogto와 Murrel은 정보제공, 의사결정, 계획 수립, 동기부여, 역량개발, 평가를 들었다.

이영희와 박혜윤(2005)은 임파워먼트의 중요성에 관하여 네 가지로 제시하였다. 첫째, 조직구성원들에게 자신이 하고 있는 일이 기업에 매우 중요하다는 것을 인식하도록 하여 사명감을 갖도록 하며 구성원 각자가 관리하고 있는 일에 책임감을 갖도록 해야 한다. 둘째, 우수한 인재를 양성 확보하는 것에 중점을 두며, 직무를 수행하는 개인의 기능 향상에 중점을 둔다. 셋째, 자신의 일에 의사결정권을 갖게 함으로써 통제감을 높이고, 무력감과 스트레스를 해소하고 성취감을 준다. 넷째, 고객에 대하여 서비스를 향상시키고 환경적 변화에 빠르게 대응한다. 이와 같은 점에서 임파워먼트는 시대적 요구와 함께 효과적인 경영을 위해 조직개발 및 경영방법에서 이론이 되고 있다.

2. 조직의 권한은 어떻게 나누는 것이 좋을까?

조직이 지속적으로 생산성을 향상시켜 나가기 위해서는 구성원들이 자신이 맡고 있는 업무에 능동적으로 참여하고 책임감 있는 마음가짐이 있어야 한다. 리더는 구성원들의 동기 유발을 통하여 일할 마음을 갖도록 하여 조직에서 요구하는 목표에 도달할 수 있도록 리더십을 발휘하여야 한다. 리더가 구성원들의 참여를 높이기 위해서는 다양한 방법의 채찍과 당근이 필요하다. 구성원들은 변화를 위한 개혁에 참여하기를 주저하거나 때로는 저항하기도 하기 때문이다. 따라서 임파워먼트를 통한 리더십이 조직의 요구에 부응하는 역할이 되려면 전 구성원들이 참여하여 수차례의 토론을 통한 의사결정이 이루어진 이후에야 성공적인 결과를 얻을 수 있다.

1) 권한위임의 의미

임파워먼트는 권한을 부여하여 자율적 결정권을 주는 동시에 책임감도 주어진다. 권한위임을 통해 상급자와 하급자가 신뢰관계를 유지하고 조직을 활성화시키기 위해서는 권한위임이 잘 이루어져야 한다. 권한위임을 실천하는 것은 다음과 같은 의미를 가진다(케네스 머렐 & 미미 메레디스, 2004).

첫째, 권한위임은 조직구성원 서로에게 상호 영향을 준다. 상호 영향이란 권한을 위임하는 상위직 관리자가 하위직 구성원에게 영향을 주고 지원해 주며, 그들을 가치 있게 여기는 것이다. 동시에 하급자도 상위직 관리자가 그러한 태도로 대하는 것을 받아들이는 것이다. 정보, 지식, 감정을 서로 공유하는 것이다.

둘째, 권한위임은 권한의 창조적 분배다. 창조적 분배는 리더의 통제력과 힘(power) 그리고 다른 사람에게서 얻는 이익을 감소시킨다. 반면에 권한은 개인에 의해서 창조되고 확장된다. 두 사람이 그들의 권한을 결합하면 결과는 단순 계산에 의한 권한의 합보다 크다. 즉, 권한위임이 실천되는 조직에서는 1 더하기 1은 2가 아니라 3도 될 수 있고 4도 될 수 있다는 것이다.

셋째, 권한위임은 연대이며, 책임을 공유하는 것이다. 그 이유를 책임을 나누기 전과 책임을 나눈 후로 비교해 정리하여 보면 다음과 같다.

〈표 4-1〉 책임을 나누기 전과 후의 비교

구 분	책임을 나누기 전	책임을 나눈 후
의사결정	의사결정의 전 과정이 관리자의 어깨에 존재하며, 신용과 비난이 관리자 문 밖에 나란히 서 있다.	의사결정은 전문성을 가진 직원과 공유한다. 업무를 완수하는 것은 칭찬받고 실수는 비난받는 것이 아니라 학습과 전문성 향상을 위한 기회가 된다.
정보소유	정보는 상급자에게 귀속되어 있다.	정보를 전 구성원이 공유한다. 최고의 의사결정과 행동은 구성원 모두가 필요한 정보에 접근할 때 이루어진다.
책임감	상급자는 중·하위직 직원들이 신뢰할 만한 유일한 사람이 되어야 한다는 점 때문에 부담을 느낀다.	상급자의 부담이 줄어들고, 관리자와 중·하위직 직원들 간의 신뢰는 커간다.
문제해결과정	상급자는 항상 현장에 있기를 강요받고, 문제 해결사로 존재해야 하며 어느 때라도 문제에 대한 해답이 준비되어 있어야 한다.	상급자는 문제에 대한 해결책을 찾는 직원들의 능력에 확신이 있으며, 그들의 파트너이고 컨설턴트로 존재한다.

2) 임파워먼트의 구성요소

임파워먼트를 이해하는 데 있어 임파워먼트 구성 요소를 알아보는 것은 중요한 의미를 가진다. 학자들은 임파워먼트 구성요소를 다양하게 제시하고 있다. Thomas와 Velthouse는 임파워먼트의 구성요소를 영향, 능력, 의미, 선택으로 구분하였다. 영향은 과업달성에 자신의 힘이 미치는 정도이고, 능력은 직무를 수행하는 데 대한 자신의 믿음이다. 의미는 자신이 느끼는 직무의 가치로 요구사항이나 가치·행위 등과 적합성을 포함하며, 선택은 직무행동을 결정하는 개인의 인식을 말하는 것으로 직무행위 과정에서 자율성을 주는 것을 뜻한다.[1)]

---

1) Thomas, Kenneth, W., & Velthouse, Betty, A., OP.cit: 주리에 「전게논문」: 김희경, 경기대학원 논문에서 재인용.

Bowen과 Lowler는 임파워먼트 시킬 수 있는 네 가지 요인을 정보, 보상, 지식, 의사결정권으로 구분하였으며, Corsun과 Enz는 개인의 역량, 자기효능감, 의미성으로, Kirkman과 Rosen은 우월성, 의미성, 자율성, 영향력으로 제시하였다. 이 외에도 학자마다 구성요인을 조금은 다르게 제시하고 있는데 이를 표로 정리해 보면 다음과 같다.

〈표 4-2〉 임파워먼트에 영향을 주는 구성요소[2)]

학 자	임파워먼트 구성요소
Conger & Kanungo(1988)	능력, 동기 부여, 수행능력
Thomas & Velthouse(1990)	영향력, 능력, 의미감, 선택
Meyer(1991)	의미성, 자신감, 자기 결정, 자기 통제
Bower & Lawler(1992)	조직행동에 대한 정보와 보상 조직행동을 이해하고 수행할 수 있는 지식, 조직에 영향을 끼치는 의사결정권
Arad(1994)	자율성, 영향력, 책임감, 자신감
Spreitzer(1995)	의미성, 영향력, 역량, 자기결정력
Liden & Arad(1996)	능력, 선택, 영향력
Corsun & Enz(1999)	개인의 영향, 효능감, 의미성
Kirkman & Rosen(2000)	우월성, 자율성, 의미성, 영향력

위의 학자들 중 특히 Conger와 Kanungo(1988)의 연구는 개인수준에서 임파워먼트 과정을 알아볼 수 있는 이론이며 임파워먼트의 의미를 이해하는 데 도움을 준다. Thomas와 Velthouse(1990)는 연구 구성원들의 동기를 임파워먼트의 인지적 요소로 설정하고 구성원들이 임파워먼트 되어가는 과정에서 인지 부분을 확대해 간다. Spreitzer(1995)는 임파워먼트의 차원을 관계적 차원과 동기적 차원으로 구분하였다. 관계적 차원은 리더와 하급자 간의 상호작용을 말하며 동기적 차원은 조직구성원들의 심리적 경험에 관심을 두고 있다. Spreitzer가 동기적 차원에서 제시한 구성요소는 의미성, 과업을 수행하는 역량, 과업에 미치는 영향력, 업무처리 과정에서의 자기 결정력으로 네 가지 구성요소가 잘 결합되어야 임파워먼트 효과가 높아지게 된다고 하였다.

2) 김광수(2003); 최철수(2001), 김희경(2014) 재인용.

3) 임파워먼트 실천 방법

임파워먼트 실천과정에서 이론적으로는 정보를 공유하고 자율적인 결정력을 높이며, 책임감을 길러 구성원들 간의 신뢰감을 키우기 위해서는 권한을 위임해야 한다고 하나 실제로 실천하기는 쉽지 않다. 잘못하면 조직의 응집력을 더 떨어뜨릴 수 있기 때문이다. 임파워먼트에서 조직의 응집력을 높일 수 있는 권한위임 방법을 살펴보면 다음과 같다.

첫째, 작게 시작해라. 처음부터 많은 부분을 시작하기보다는 책임감을 공유할 수 있는 하나의 업무를 고르고 그 업무의 요구 조건에 맞는 기술을 가진 사람을 골라야 한다.

둘째, 이해가 되었는지 확인하라. 선택한 사람과 업무, 업무를 성취하는 데 필요한 정보, 사용할 자원에 대해 알아야 한다.

셋째, 누가, 언제, 무엇을, 어떻게 할 것인지를 결정하라. 업무 · 정보 · 자원 등 각자가 업무에 공헌할 수 있는 기술을 파악하여 구성해야 한다. 어떤 것이 다른 무언가에 선행하여 완료되어야 한다면 누가 그것을 언제 할지 확인해야 한다.

넷째, 적어 내려가라. 리더가 '이해'한 사항들을 바라는 결과와 함께 적어 내려간다. 너무 길게 쓰지 말고 명확하고 완결된 형태로 적어 내려가야 한다.

다섯째, 이정표를 만들어라. 각자가 다른 사람과 접촉하고, 리더의 임무가 잘 진행되고 있음을 보장할 시간과 사건에 대해 동의하라.

여섯째, 계획을 재검토하는 것을 두려워 말아라. 정보와 의무를 공유하면 리더의 프로젝트에 새로운 기회를 제공하게 된다. 정보와 의무를 공유하면 가지 않은 길이 적당해 보이든 모험처럼 보이든 그 길을 탐험할 수 있는 결합된 힘을 사용할 수 있다.

일곱째, 계획을 수정하지 않는 것에 대해 두려워 말라. 기존의 계획을 수정하지 않고 만족스럽게 완수할 수 있고, 공유된 책임감이 두렵게 느껴진다면 기존 계획을 밀고 가라. 모험은 다음번에도 할 수 있기 때문이다.

여덟째, 업무가 마무리되면 과정을 반복하라, 그리고 자신이 한 일에 대하여 자축한다. 업무가 끝나면 리더가 한 것, 그 일을 한 이유, 그 일에 미친 영향을 되돌아본다. 업무 자체가 아니라 업무 수행 중 공유된 역할과 책임을 되돌아보는 것이다. 리더가 배운 점, 특별히 잘 된 점, 다음번에는 바꾸고 싶은 것을 서로 공유하고 자축해서 다음 업무를 추진하는 계기로 삼으라는 것이다.

4) 임파워먼트 과정

임파워먼트가 이루어지는 과정을 보면 학자들에 따라 차이를 보인다. 임파워먼트 과정을 소개하는 모델을 살펴보면 개인수준에 중점을 둔 연구로 임파워먼트의 이해에 도움을 준 Conger와 Kanungo의 모델, 조직구성원들이 인지적으로 임파워먼트 되어가는 과정을 알아볼 수 있는 Thomas와 Velthouse 모델, 기존의 연구를 바탕으로 임파워먼트의 심리적인 요소가 무엇인지를 규명한 Spreitzer 모델이 있다. 모델마다 특징이 있으나 이 장에서는 임파워먼트가 어떻게 이루어지는가에 대한 이해를 돕기 위하여 Spreitzer가 제시한 심리적 임파워먼트 과정을 살펴보면 다음 그림과 같다.

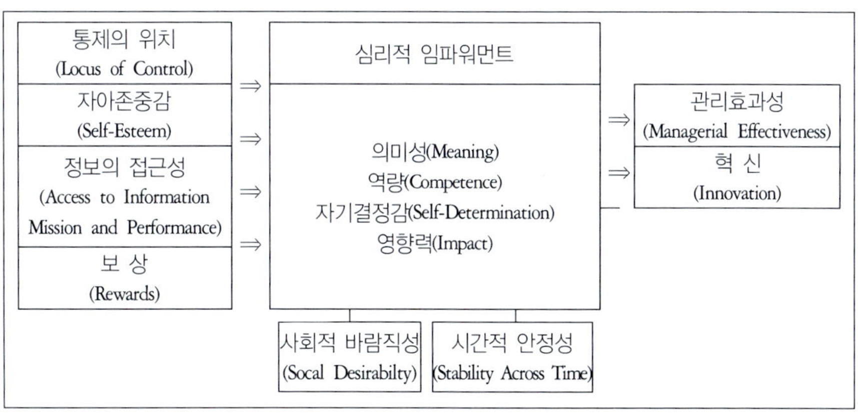

| 그림 4-1 | Spreitzer의 심리적 임파워먼트 과정

출처 : Spreiter, G. M.(1995a). Psychological empowerment in the workplace. Academy of Management Journal, 38(5), 왕준, 충남대학교 대학원 박사학위논문 재인용.

3. 임파워먼트 리더십은 어떻게 활용해야 하나?

전통적인 산업사회에서의 수직적 구조가 현대사회의 수평화된 조직으로 바뀌는 과정에서 발생하는 혼란을 적게 하기 위해서 리더십 확장으로 생기는 권한, 리더십을 발휘해야 하는 시점과 리더십에 따라야 하는 시점의 결정은 어떻게 해야 할까? 리더십을 건설적으로 발휘하는 방법은 무엇일까? 또 리더가 기초적 관리 역량인 의사결정 과정에서 제1세대 혹은 제2세대에 권한을 위임하기 위해 리더십을 발휘하고, 타인과 환경을 변화시키는 역량으로 발전시킬 수 있는 방법은 무엇일까? 이러한 문제를 해결하기 위한 방법을 정리해 보면 다음과 같다(케네스 머렐 & 미미 메레디스, 2004).

첫째, 임파워먼트 리더십 책임자는 누구인가?

권한을 위임하는 조직은 리더십이 어떤 특정한 사람에게 귀속되어 있는 것이 아니다. 오늘날처럼 빠른 속도로 변하는 사회의 요구에 부응하기 위해서는 업무에 참여하는 구성원들이 바뀌듯이 리더십을 발휘하는 사람들 또한 바뀌어야 한다.

둘째, 임파워먼트 리더십은 공식적인가 비공식적인가?

일의 시작 과정에서 권한을 위임하는 리더는 공식적이든지 비공식적이든지 여러 가지 역할을 맡게 된다. 그 가운데 몇 가지만 예로 들면 다른 리더들의 트레이너로서, 새로운 리더들의 조언자로서, 팀의 컨설턴트로서, 잠재적 리더들의 역할 모델로서, 리더십의 자질을 가진 인물의 발굴자로서 역할을 하게 된다.

셋째, 세상은 평평하다는 것이다.

아직도 많은 조직은 전통적인 산업 시대의 모델인 계층적 스타일을 가지고 있다. 이로 인해 리더의 역할에 많은 기대를 걸고 있으며 조직문화도 리더의 스타일에 따라 다르게 나타나고 있다. 그러나 리더의 힘에 의존하는 산업화 시대의 모델인 수직적 구조로는 급변하는 사회에 적응할 수 없다. 많은 정보가 범람하고 정보를 공유하는 사람이 많아지는 사회로의 변화는 조직구조를 수평구조로 바꿀 수밖에 없도록 만들고 있다. 이와 같이 조직의 계층 구조가 수평구조로 바뀌어 감에 따라 조직구성원들은 일상 업무수행에서 더 많은 권한과 책임을 갖게 되었다.

무엇이 차이 나기에 이러한 상황 변화가 일어나는 것일까?

먼저 계층적 구조에서는 커뮤니케이션 라인이 비교적 단순하며, 일방통행처럼 고정되어 있다. 모호함이나 불확실성을 싫어하는 사람에게 더 잘 맞는 구조이다. 그러나 이런 구조는 의사결정 속도를 느리게 만들고 조직이 고객의 니즈(needs)나 새로운 시장의 변화에 재빨리 반응하도록 좀처럼 허락하지 않는다. 이 계층 구조의 최고위 리더는 의사결정과 정보를 조직의 명령체계로 하달할 수 있다. 피드백도 원하지 않으면 피드백을 할 필요도 없다. 그리고 의사결정을 잘해서 일이 잘 되었을 경우 그 공은 리더의 것이 된다. 그러나 일이 잘못되면 비난을 받아들이거나 조직의 하부로 비난을 전가시킨다.

중간계층의 리더는 의사결정이나 정보 공유에 꼭 참여할 필요가 없으며 의사결정과 정보를 계층 하부에 전달하는 통로 역할을 한다. 그리고 최고위 리더가 너그럽다면 잘 내린 의사결정이 가져온 성공의 일부를 향유할 수 있을지 모른다. 그러나 일이 잘못되었을 경우에 전혀 관여하지 않았다 해도 비난을 받을 수 있다.

계층구조의 하부에 있다면 조금씩 전달되는 의사결정의 이유나 정보의 근거를 항상 알고 있을 필요가 없다. 상부에서 지시하는 업무에 대해서만 기대를 충족시키면 된다. 그리고 상사가 알려주지 않는 이상 의사결정의 결과조차 모르고 있을 수도 있다.

반대로 탈관료제에서는 커뮤니케이션 라인이 모든 사람에게 뻗쳐 있으며 전 방향으로 움직인다. 커뮤니케이션 라인은 커뮤니케이션해야 하는 사람의 숫자에서만 본다면 놀라울 정도로 방대할 수도 있다. 리더의 자리도 필요나 자질에 따라 이동하기 때문에 리더가 원하건 원하지 않건 리더의 역할을 회피할 수 없을지도 모른다. 탈관료제는 매우 유동적이어서 리더의 역할이 어렵다. 이러한 어려움을 넘어 리더가 권한을 위임하는 조직을 수립해 감에 따라 전통적 계층구조에서 탈관료제 구조로 변모해 간다. 즉, 리더와 조직이 권한을 위임하는 탈관료제 구조로 바뀌어 갈수록 구성원은 이 계층 구조에서 어떤 위치에 있다 하더라도 조직에 적응해 갈 것이라는 점이다.

넷째, 리더의 위치에서 의사결정은 매우 중요하다. 하지만 권한을 위임하는 리더는 혼자서 의사결정을 하는 법이 거의 없다. 다른 사람들과 공유한다. 권한을 위임하는 리더들은 하급자들에게 자원을 지원해 주고, 경험이나 직관력을 제시하며, 시의 적절한 질문을 던진다. 또 나타날 결과를 생각해 보며 의사결정에 관련이 있거나 영향을 받을 만한 모든 사람과 대화하며 세세하게 업무에 초점을 맞춘다. 간단히 말하면 권한을 위임하는 리더는 조직 내 위치에 관계없이 조직의 믿음과 가치관의 모범적 모델이 된다. 그리고 비전을 제시하고 열정이 있으며 그룹의 성과를 위해 책임을 공유하면서 자신의 성과에 대한 책임을 진다.

다섯째, 권한위임이 실천되는 조직 수립을 위해 유의할 점은 다음과 같다. ① 발표된 내용에 대하여 그것이 밤사이 일어날 것이라고 기대하지 말아야 한다. 리더는 새로운 지시사항에 대한 정보를 제공하고 훈련하며 대화를 해야 하기 때문이다. ② 그룹이나 팀 미팅에서 이루어질 바람직한 결과에 대해 미리 짐작하려 하지 말아야 한다. 리더가 듣고 싶은 답을 얻기 위한 질문을 하는 습관으로 빠져들기 쉽기 때문이다. ③ 리더로 새로 부임하게 되면, 현재의 조직문화를 살펴보고 존중할 시간을 갖도록 해야 한다. 조직이 과거 가졌던 가치에 대해 질문하고 인정하며 미래에 대한 그들의 비전과 꿈을 면밀히 알아보아야 한다. 조직의 중요한 여러 가지를 알아내는 것은 리더가 권한위임으로 가는 여정에서 돌부리에 걸려 넘어지지 않도록 막아줄 것이기 때문이다. ④ 리더는 권한위임으로 가는 여정에서 조직을 변화시키기 위해서 기본적 관리역량인 의사결정 역량을 적용해야 한다. 모든 사람들이 권한위임으로 가고 싶어 하지는 않는다. 변화가 항상 환영받는 것은 아니기 때문이다. 특히 변화가 누군가를 타깃으로 해서 행해질 때는 더욱 그렇다. 따라서 리더는 권한위임으로 변화해야 하는 이유를 확고히 다져놓을 필요가 있다. 구성원들과 정보를 공유하면서 그들의 지식을 신장시키고 그들이 권한을 위임하는 조직의 일부가 됨으로써 모든 사람이 누릴 혜택을 알도록 하게 할 필요가 있다. ⑤ 종종 문제가 발생할 수도 있음을 예상해야 한다. 리드하는 역할과 따르는 역할이 바뀔 때, 직원들이 새로운 리더십 기술을 연마할 때나 그룹 혹은 팀이 어떤 책임을 시험적으로 운영해 볼 때 종종 문제가 발생하게 되어 있다. 따라서 리더는 문제를 권한위임의 자연스러운 결과로 받아들이고 구성원들도 그렇게 받아들이도록 도와주는 것이 권한위임으로 바르게 인도해 주는 길이다.

4. 임파워먼트 리더십으로 조직의 구조를 바꾸자.

임파워먼트는 목표의 명확성과 구성원들의 사기, 공정심, 인정과 팀워크, 그리고 적극적인 참여와 의사소통으로 건전한 업무환경을 구성할 때 효과적이다.

이를 위해서는 조직구성원들과 의사소통이 잘 이루어지도록 해야 하는데 그 과정에 언어가 있다. 한마디 말을 하기 전에 세 마디의 긍정적인 말을 하도록 노력하는 것이 중요한 이유이다. 또한 일터에서 많은 시간을 보내는 구성원들이 자신의 일터에 대한 자부심을 갖게 하는 것이야말로 매우 중요한 일이다. 결국 임파워먼트는 의사소통을 통해 자신의 일터에 자부심을 심어줌으로써 일에 대한 효율성을 증대시켜 주는 것이라고 할 수 있다. 자신에 대해 긍정적이고 적극적인 마음을 가질수록 회사에 더 많은 기여를 할 수 있으며 육체도 더욱 건강해진다. 건전한 신체가 있는 곳에 건전한 정신이 있듯이 건강한 일터에 건강한 사람이 있다. 사기와 건강, 생산성의 관계를 그림으로 나타내 보면 다음과 같다.

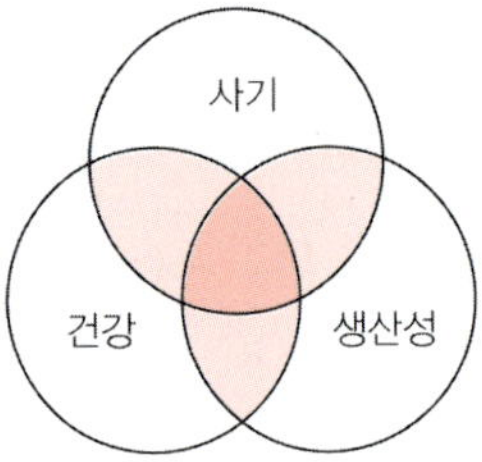

그림에서 보는 바와 같이 조직에 대한 만족도는 사기, 건강, 생산성을 통해서 알아볼 수 있으며, 직원들의 사기와 건강은 생산성에 영향을 미치며 결국 직무에 대한 만족도로 나타난다.

임파워먼트로 직원들 사기와 건강을 보호하는 것이 생산성에 미치는 영향이 많으므로 조직 리더들은 이 점을 간과해서는 안 된다.

그러면 잘 임파워먼트 된 현장의 모습은 어떨까?

첫째, 목표가 명확하다.

둘째, 구성원들의 사기가 높아 팀워크가 좋으며 적극적인 참여, 그리고 의사소통이 잘 된다.

셋째, 건전한 업무환경으로 공정성과 인정을 받는다.

직원들의 사기를 높이고 생산성을 향상시키기 위해서 임파워먼트가 활성화되려면 어떻게 해야 할까? 임파워먼트의 전도사인 마르티네즈 박사가 권한을 분배하라면서 제시한 임파워먼트 10계명은 다음과 같다.

① 임파워먼트를 통해 조직의 생산성과 웰니스(wellness)를 동시에 해결할 수 있다.

② 지혜는 내부에서 나온다. 위기 시 기존 자원과 자신의 노력으로 무엇을 할 수 있는지 먼저 고민하라.

③ 문제에 직면했을 때 통제보다는 창의성이 발휘되도록 자원을 제공하라.

④ 인센티브가 많아도 임파워먼트 없이는 직원들의 웰니스를 유지할 수 없다.

⑤ 직업의 만족도는 금전적인 이익과 승진보다 임파워먼트에 달려 있다.

⑥ 임파워먼트는 내재적인 특성이 아니라 훈련을 통해 배우는 것이다.

⑦ 임파워먼트에 따르는 권한과 자율은 점진적으로 도입되어야 한다.

⑧ 변화가 힘든 것은 능력 부족이 아니라 두려움 때문이다.

⑨ 임파워먼트를 위해서는 고위 임원들의 의지가 확고해야 한다.

⑩ 수치심과 비난의 문화가 아닌 긍정과 존중의 문화를 만들어라.

정리해 보면 미래사회는 한 사람의 권한 집중보다는 권한을 분배하여 모든 구성원이 함께할 때 상하 간의 신뢰도 이루어지고 창조적인 경영으로 생산성이 배가되는 조직으로 변화될 것이다.

5. 감성에세이

팀 리더를 위한 10가지 성공전략

팀의 성과는 팀원들이 협력하여 성취했을 때 의미가 있다.

1. 목표가 같은 인재를 채용하라.
   - 성과를 중심으로 직무설명서를 작성하라.
   - 성과에 따른 필수적인 업무능력을 파악하라.
   - 업무요건을 명확히 규정하라.
   - 시스템 또는 근무환경을 파악하라.
   - 채용할 때 개인의 특성을 고용하라.
   - 까다롭게 채용하고 쉽게 관리하라.

2. 모든 팀원이 같은 생각을 하게 하라.
   - 팀의 특성이 비전임을 알게 하라.
   - 팀의 특성에 목적을 명시하라.
   - 팀의 가치와 기본 원칙을 파악하라.
   - SMART(명확한, 측정 가능한, 달성 가능한, 타당한, 시간제한적인) 전략을 적용하라.

3. 학습 분위기를 만들어라.
   - 학습은 교육과 다르다는 것을 인식하라.
   - 학습 환경에서 새로운 리더십을 발휘하라.
   - 행동훈련 프로그램을 활용하라.

- 경험을 통해 학습이 이루어지게 하라.
- 새로운 비즈니스 마인드를 찾아라.

4. 이익과 손실에 대해 모든 팀원이 공유하라.
- 팀워크를 통해 성공을 창조하라.
- 지위는 특권이 아니라는 것을 명심하라.
- 이윤배분에 대해 선택하라.
- 이윤을 나누듯 손실을 배분하라.
- 팀원들 스스로 중요한 사람이라고 여기게 하라.

5. 부실한 성과를 회복하라.
- 기대성과를 확실히 전하라.
- 피그말리온 효과와 갈라테아 효과를 활용하라.
- 가능성을 능력으로 착각하지 말라.
- 잘못된 태도를 바로잡아라.

6. 리더는 팀원들과 조화를 이루라.
- 프랜차이즈 플레이어와 팀 플레이어를 경계하라.
- 멘토링 프로그램을 만들라.
- 다른 사람에게 운전대를 맡겨라.

7. 성공하기 위해 일하라.
- 회의론자들을 극복하라.
- 전진하는 실패를 통해 배워라.

8. 역경을 통해 성장하라.
- 투쟁을 위해 고군분투하라.
- 효율적인 팀워크를 위해 시간이 필요하다.
- 난국을 돌파하라.
- 사소한 것에 목숨 거는 미팅을 하라.

9. 즐겁게 일하라.
- 창의력을 활성화하라.

- 내부규칙을 실천하라.
- 즐거워지기 위해 노력해 보라.

10. 더 넓게 더 멀리 보라.
    - 특별한 일이 아닌 것처럼 행동하라.
    - 올바른 일을 하라.
    - 지금 씨앗을 뿌려라.

—톰 매시 저, 조은경 역(2007). 효과적인 리더십의 기본. 가람문학사

05

나 자신을 이끈다!!

셀프 리더십

1. 스스로 움직인다. 셀프 리더십!
2. 셀프 리더십! 왜 필요할까?
3. 성취와 행복을 이루는 셀프 리더십의 핵심역량
4. 셀프 리더십의 핵심역량! 이렇게 키우자.
5. 감성에세이

Chapter 05

나 자신을 이끈다!! 셀프 리더십

스스로를 리드하는 데 필요한 행동이나 사고에 관련된 일단의 전략을 '셀프 리더십(self-leadership)'이라고 한다. 현대사회는 전통적 리더십인 조직의 성과 향상을 위해 영향력에만 초점을 맞추는 것이 아니라 각 구성원들이 스스로 영향력을 발휘하여 바람직한 사고와 행동을 이끌어 내기 위한 능력이 필요하므로 셀프 리더십을 강조하고 있다. 리더의 지시나 통제에만 의존하지 않고 구성원 스스로가 자신을 관리하고 조직에 영향력을 확대하며 조직을 이끌어 가는 것은 조직의 이익에 매우 중요하다. 셀프 리더십은 개인 스스로 자신의 생각과 행동을 변화시켜서 자신에게 영향력을 행사하는 리더십을 말한다. 즉, 조직 내에서 리더만이 조직원들을 관리하고 통제하는 것이 아니라 구성원들 모두가 스스로를 자율적으로 관리하여 조직을 이끌어 나가는 리더십이다.

셀프 리더십은 외부의 통제나 지시와 관계없이 내적 동기유발을 자신에게 확대하는 데 초점을 둔다. 이러한 셀프 리더십의 발달과정을 살펴보면 리더는 타고나는 것이 아니라 학습을 통해 성장하며 모든 사람들은 학습을 통해 셀프 리더십을 갖추어야 한다는 방향으로 개념이 발전하며 진행되고 있다.

또한 그룹이나 조직을 이끌어 갈 리더들에게 셀프리더가 되도록 교육시키고 조직구성원의 셀프리더화를 지원할 수 있는 시스템을 구축하는 역할을 하는 사람을 '슈퍼 리더'라고 한다.

셀프리더를 육성하는 것이 바로 슈퍼 리더십이다. 이 리더십은 그룹이나 조직을 이끌어 갈 리더들에게 주로 적용되는 것이다.

1. 스스로 움직인다. 셀프 리더십!

1) 셀프 리더십의 정의

셀프 리더십은 1980년에 Charles C. Manz와 Henry P. Sims, Jr.에 의해 리더십 대체이론의 관점에서 셀프 매니지먼트 이론부터 시작하였다. 주로 외부관찰이나 직무할당, 문제해결 등 외부로부터의 지시나 비판, 통제 등에 의해 많은 영향을 받는 전통적 리더십과 다르게 셀프 리더십은 스스로 성취할 목표를 설정하여 성취하므로 보상이나 비판 등에 자율성을 갖고 자기관찰이나 자기설정 목표를 통해 스스로 문제해결이 가능하다. 구성원 스스로의 자율통제가 가능하여 셀프 매니지먼트는 리더의 근접한 감독의 필요성을 감소시킨다는 것을 제시하였다.

이후 Manz와 Sims는 셀프 매니지먼트의 개념을 확장시켜 구성원들의 자기통제 시스템을 더욱 강조하는 셀프 리더십으로 발전시켰다. 셀프 리더십(self leadership)은 Manz(1986)에 의해 처음 사용된 개념이다.

셀프 리더십은 개인 스스로 자신의 생각과 행동을 변화시켜서 자신에게 영향력을 행사하는 리더십을 말한다. 즉, 조직 내에서 리더만이 조직원들을 관리하고 통제하는 것이 아니라 구성원 모두가 자율적으로 스스로를 관리하여 조직을 이끌어 나가는 리더십이다.

셀프 리더십은 외부의 통제나 지시와 관계없이 내적 동기유발을 자신에게 확대하는 데 초점을 둔다. 이러한 셀프 리더십의 발달과정을 살펴보면 리더는 타고나는 것이 아니라 학습을 통해 성장하며 모든 사람들은 학습을 통해 셀프 리더십을 갖추어야 한다는 방향으로 개념이 발전하며 진행되고 있다.

셀프 리더십의 사전적 정의는 무리의 지도자로서 갖추어야 할 자질로서 일을 결정하는 능력을 말한다. 즉, 사람들에게 존경과 신뢰를 얻는 능력이다.

어떻게 하면 나를 잘 이끌 것인가? 학자들이 주장한 셀프 리더십을 정리해 보면 다음 표와 같다.

〈표 5-1〉 셀프 리더십의 정의

Manz(1986)	자아발견과 자기만족을 지향하고, 스스로에게 영향력을 행사하는 방법이다. 자기효능감을 위한 기술이고 행동 통제의 기초일 뿐 아니라 자아완성의 학습과정이다.
Neck, Stewart, & Manz(1995)	개인의 성장을 위한 자기방향 설정과 스스로 동기부여를 하기 위해 자신에게 영향력을 행사하는 과정이다.
Pearce & Manz(2005)	자기영향력에 대한 확장된 견해와 권한위임에 기초한 리더십이다.
Multer(2006)	자기목표설정과 열정으로 접근하는 행동이나 인지적 과정에 대한 의도적인 활동이다.
Yun, Cox, & Sims (2006)	스스로 자신의 행동을 통제하려는 의도와 자신의 효율성을 제고시키기 위해 노력하는 영향력이다.
유대원(2003)	스스로 자신에게 영향력을 행사하기 위해 사용하는 사고와 행동전략, 즉 자기 자신을 스스로 이끌어 가기 위해 책임 있는 행동을 하는 것이다.
송영수(2011)	조직이 비전과 자신의 가치체계를 연계한 목표를 바탕으로 필요한 역량의 지속적이고 체계적인 개발과 관리를 통해 조직의 성과창출에 이바지한다. 또한 자신의 바람직한 변화를 이끌어 가는 사고전략이다.

조직의 목표를 달성하기 위해서는 구성원들과 친밀한 관계를 가지고 지속적으로 상호작용을 하면서 구성원을 이끌어 가는 능력이 요구된다. 사회가 변화하면서 자발적인 노력과 조직에 대한 열정을 이끌어 내기 위해서는 다른 사람뿐만 아니라 자기 자신에게도 영향을 줄 수 있다는 새로운 관점을

생각해야 하며 이것이 바로 셀프 리더십(self leadership)이다. 여기서 셀프(self)는 '자아'의 개념으로 이해할 수 있는데, 이는 인간 내부의 기본적 성향인 '자율성'을 강조한 것으로 타율적인 성향의 리더십이 아니라는 점을 강조한다(박보식, 2012).

2) 셀프 리더십의 원리

(1) 자신을 아는 능력

자신을 알기 위해서는 스스로 잘 할 수 있는 것, 좋아하는 것 등 자신의 약점뿐만 아니라 강점을 아는 것이 요구된다. 따라서 자신의 성격적 특성을 비롯하여 인생철학이나 성격유형과 행동 특성을 이해하고 아는 것이 중요하다.

(2) 자기조절 능력

부정적 정서나 잘못된 행동일 경우 모든 사람들은 반드시 자기가 원하는 대로 행동하지는 않는다. 올바른 방향으로 나아가기 위해서는 자신을 통제하거나 조절하는 능력이 필요하다. 스스로 주인의식과 책임능력을 가지고 행동하는 자기주도적인 자세와 태도가 중요하다.

(3) 자기효능감

자신을 믿는 신뢰감은 성취했던 경험으로 인한 자신감에서 비롯된다. 스스로 잘 할 수 있다는 자신감과 자신의 능력을 믿는 유능감을 가질 수 있어야 한다. 이러한 자신감과 효능감은 힘들고 어려운 환경 속에서도 당당하게 대처할 수 있게 하는 힘을 가지게 하므로 매우 중요하다.

2. 셀프 리더십! 왜 필요할까?

리더는 조직구성원들을 이끌어 나가면서 조직의 효율성을 높이기 위한 역할을 해야 한다. 그러나 현대사회에서는 리더의 역할이나 권한이 축소되고 있다. 이러한 추세는 다른 사람에게 영향력을 끼치는 것보다는 스스로 그들 자신들에게 영향력이 미치도록 하는 것이라는 변화를 가져왔다. 셀프 리더십은 스스로 자신의 리더십을 만들 뿐 아니라 차별화된 경쟁력을 갖추어 나가기 위한 조건으로서 무엇보다 리더십의 중요성을 강조한다. 조직과 조직원에게 인정받기 위한 노력이 셀프 리더십이다.

셀프 리더십이 중요해지는 이유는 조직사회가 점점 더 개인화되어 각 개인이 결정해야 할 부분이 늘어나는 시대적 반영의 결과라고 할 수 있다. 기존의 조직은 상하관계로 수직적 구조 및 피라미드형 구조였다면 현대는 수평적 조직 및 네트워크형 조직이다. 조직구성원 개인이 결정하고 스스로를 관리하는 셀프 리더십의 중요성은 앞으로 더욱 강조될 것이다. 따라서 자긍심과 자부심을 갖고 실패를 두려워하지 않는 것이 중요하다. 모든 능력 있는 리더가 가지고 있는 큰 특징은 동기부여이다. 셀프 리더십은 주어진 과업과 맡은 직무를 이루기 위해 필요한 자기 주도와 동기부여를 위해 스스로 자신에게 영향력을 미치는 것이다. 개인적으로 자신이 목적한 것을 이루기 위해 스스로 동기를 부여하도록 훈련하는 것이 중요하다.

셀프리더의 주요 특징은 일 자체에 대한 열정이다. 이런 사람들은 창조적인 도전을 추구한다. 배우는 것을 좋아하고 일을 멋지게 해내는 것에 대한 자부심을 갖는다. 또한 어떤 일이든 더 잘해내기 위해 꾸준히 에너지를 쏟는다. 이런 열정을 가진 사람들은 옛 방식으로 일하는 것을 좋아하지 않는다. 이들은 끊임없이 다른 방법으로 일하는 것을 고민한다(다니엘 골먼, 2015).

현대사회의 조직은 조직구성원들이 더 높은 지식수준과 기술수준뿐만 아니라 높은 수준의 독립성, 자기 의존, 자아 신뢰와 주도권을 행사할 수 있는 능력,

즉 자존심을 갖추기를 원한다. 따라서 리더십을 바라보는 관점도 시대에 맞는 새로운 패러다임이 필요하게 되었다. 그 결과 인간 내부, 즉 자기 자신으로부터 리더십을 발휘하도록 하는 셀프 리더십이 등장하게 된 것이다. 셀프 리더십은 우리가 정말로 하고 싶은 일을 하는 데에 자발적으로 스스로 투입할 수 있도록 하는 것이다(박보식, 2012).

3. 성취와 행복을 이루는 셀프 리더십의 핵심역량

셀프 리더십은 개인이 스스로 자신에게 영향력을 행사하는 방법에 대한 행동적·인지적 부분 모두를 포괄하는 개념이다(Sims & Manz, 1996). 개인 유효성에 긍정적인 영향을 줄 수 있도록 설계된 셀프 리더십은 구체적인 행동적·인지적 전략들로 구성되어 있다(Houghton & Neck, 2002; Neck & Houghlton, 2006).

행동중심적 전략은 인간이 살아가면서 만나는 환경 속에서 영향을 주고받으며 살아가고 있음을 전제하고 의사결정 시 이것을 관리하고 통제하는 능력이다(Manz, 1990). 행동중심적 전략은 자기목표 설정, 자기보상, 자기관찰, 자기단서, 자기처벌 등으로 구성된다. 자기목표 설정은 수행수준 향상을 위해 도전적이고 구체적인 목표를 세우고 스스로 이행하도록 지시하는 행동전략이다. 자기보상은 자기 스스로에게 가치 있고 의미 있는 보상을 하는 것이며, 어렵고 힘든 일에 대해서 지속적인 노력을 할 수 있도록 자기 스스로에게 동기를 부여하는 전략이다(Manz, 1990).

자기관찰은 목표한 바에 따라 행동할 수 있도록 자신에 대한 구체적인 행동과 관련된 정보를 수집하는 것(Kahn, 2000)으로, 이를 통해서 과거 자신의 비효율적이고 비생산적인 행동을 제거하고 앞으로 자신의 행동변화를 위해 어떻게 해야 할지에 대한 이해를 높이는 전략이다(Manz & Neck, 2004).

자기단서 전략은 최상의 환경에서 행동하도록 부정적인 요인들을 없애고 긍정적인 요인을 확대하는 것이다. 즉, 스스로 해야 할 일에 대한 목록을 작성하여 관리하는 것이다. 자기처벌은 자신에게 객관적이고 올바른 피드백을 주는 것이다. 즉, 자신의 옳지 않은 태도나 행동에 대한 반성적 전략이다. 그러나 자기처벌 전략의 과도한 사용은 자기비관성이 강해지고 개인들이 수행을 함에 있어서 부정적인 영향을 미치거나 수행이나 행동 자체를 피하게 될 수 있다. 인지적 전략은 상징적 메커니즘이나 간접적 경험을 통하여 학습하고 경험하는 능력(관찰과 상상을 통하여)으로 정의하는 건설적 사고전략과 내재적 동기이론 관점에서 자연적 보상 전략을 들 수 있다(Manz & Sims, 2001).

Manz(1986)에 의해서 셀프 리더십이 처음 개념화되었을 때에는 행동적, 인지적 전략 2개로 제시되었으나 이후 인지적 전략 개념이 건설적 사고 전략과 자연적 보상 전략으로 세분화되었다(Neck & Manz, 1996).

자연적 보상 전략은 자신이 하는 일과 활동의 즐거운 측면으로 동기화되고, 그러한 일과 행동 그 자체가 주는 보상으로 강화하는 것이다. 구체적으로 자신에게 기쁨이나 즐거움을 주는 활동이나 내용을 자신의 일에 도입하거나, 일을 하면서 일의 좋은 측면에 초점을 맞추는 것을 의미한다(Manz & Neck, 2004).

셀프 리더십은 긍정적인 사고와 태도를 변화시키는 것과 스스로 영향력을 행사하기 위해 효과적인 행동에 초점을 둔 인지적 전략으로 구성되어 있다.

셀프 리더십의 행동중심적 전략, 자연적 보상전략, 건설적 사고전략 등 세 가지 전략은 총 9가지 하위 구성요소로 이루어진다(Houghton & Neck, 2002). 각 전략의 하위 구성요소를 살펴보면 행동중심적 전략은 자기보상, 자기목표설정, 자기처벌, 자기관찰, 자기단서로 구성된다. 이는 자신의 과업에 적극적으로 임하고 스스로 행동을 관리하는 전략으로 자신의 행동을 바람직한 방향으로 이끌기 위해 스스로 자신을 통제하는 것을 의미한다. 자연적 보상전략은 내적 보상이 포함된다. 이는 자신이 좋아하는 행동이나 직무를 수행함으로써 그 자체에서 즐거움을 얻는 것을 의미한다(Houghton & Neck, 2002). 자신에게 기쁨이나 만족감을 주어진 일에서 찾고, 일을 하면서 긍정적인 방향으로 가고자 하는 것이다. 건설적 사고전략(인지적 전략)은 자기 자신과의 대화, 자신의 신념관리, 상상적 경험, 자신과의 대화 등을 들 수 있다. 실패에 대한 두려움을 극복하고 잘 할 수 있다는 확신을 갖게 되고 자신이 세운 목표를 성공적으로 수행할 수 있다.

〈표 5-2〉 셀프 리더십 전략 구성요소와 세부내용

구성요소		내 용
행동중심적 전략	자기목표 설정	• 직접 스스로 목표를 설정한다. • 업무결과에 대한 목표를 스스로 세운다. • 도전적이며 달성 가능하고 구체적으로 설정한다.
	자기관찰	• 자신이 바꾸고자 하는 구체적인 행동을 관찰하고 행동에 관한 효과적인 정보를 수집하여 업무에 효율성을 높인다.
	자기보상	• 바람직한 행동을 해냈을 때 자신이 가치 있게 여기는 보상을 스스로에게 제공함으로써 동기를 부여한다.
	자기비관	• 바람직하지 못한 방법으로 행동했을 때 스스로에게 비판함으로써 실수를 반복하지 않는다. 스스로 교정할 수 있는 건설적인 피드백을 한다. 지나친 비판은 의욕을 저하시키므로 조심한다.
	단서관리	• 자신의 바람직한 행동을 촉진하기 위해 작업환경 주변에 단서를 설치하고 변경한다.
자연적 보상전략	내적 보상	• 내적 보상은 과업 그 자체의 일부이다. • 내적 보상 수준을 높이기 위해 무슨 일을 어떻게 할지 스스로 설계한다. • 유능감, 자기통제감, 목적의식에 대한 감정을 증진시킨다.
건설적 사고전략	상상하기	• 실제 수행을 하기 전에 경험할 행동에 대해 긍정적으로 상상한다.
	자기대화	• 사건과 경험을 평가하고 구성하고 반응하면서 생각으로 자신과 대화한다.
	신념, 가정 평가하기	• 비합리적인 신념과 가정들을 점검하고 재평가하며, 합리적인 것으로 대처한다.

출처 : Manz, C. C., & Sims, H. P.(2002), p. 152; Houghton, J. D., & Neck, C. P.(2002), p. 677 재구성.

1) 셀프 리더십의 핵심역량! 이렇게 하자.

자신의 삶의 목표에 맞춰 성과를 올릴 수 있도록 이끌 수 있는 자는 바로 자신이다. 셀프 리더십은 자신에게 영향을 미치는 지속적인 과정으로 성취와 행복을 이루는 셀프리더가 되기 위한 핵심요건을 살펴보고자 한다(박보식, 2012).

첫째, 자기 관찰을 통한 목표설정이다.

셀프리더는 행동가다. 즉, 실행하는 사람이다. 지식은 실천으로 이행되지 않는다면 아무런 쓸모가 없다. 하지만 실행에 뛰어들기 전 계획을 짜야 한다. 원하는 목표는 무엇이고, 발생할 수 있는 제약사항은 무엇인지, 향후 수정할 만한 사항은 무엇인지, 점검해야 할 포인트는 무엇인지, 또 일하기 위해 시간 배분을 어떻게 해야 하는지 등이다(피터 드러커, 2015). 맥케이(Harvey Mackay)는 "당신에게 목표 지점이 없다면, 결코 그곳에 이르지 못한다."고 말했다. 성공적인 셀프리더들이 매우 구체적인 목표를 가지고 있는 이유가 바로 여기에 있다.

둘째, 자신의 목표를 매 순간 상기하는 것이다.

목표를 정한 후 중요한 것은 자신이 세운 목표에 대해 잊어서는 안 된다는 점이다. 셀프리더는 자신이 원하는 무언가에 늘 관심을 기울인다. 작심삼일이 걱정된다면 언제든 기억을 떠올릴 수 있게 장치를 해둘 필요가 있다. 우선 일의 우선순위를 매길 자신의 하루 일정표를 관리한다. 그리고 목표를 되새길 수 있는 것들, 즉 문구나 물건을 두는 것도 매우 효과적이다.

셋째, 자신의 환경을 관리할 수 있어야 한다.

셀프리더는 자신의 계획을 행동으로 옮길 수 있도록 주변을 긍정적인 환경으로 조성해야 한다. 예를 들어, 스스로를 관리하고 조절할 수 있는 능력은 바로 자신이 설정한 규칙을 철저히 지키는 것에서 비롯된다. 그러므로 셀프리더는 자신의 환경을 통제하기 위해 자기조절과 자기관리를 할 때 큰 효과를 거두는 것이다.

넷째, 인생의 목적에 부합하는 목표설정이다.

목표는 자신의 삶에서 이루고자 하는 좀 더 추상적이고 근본적인 삶의 형태이다. 자신이 원하는 삶의 목적에 적합한 목표를 수립하는 것은 셀프리더에게 신념과 확신을 갖게 한다.

다섯째, 반복 연습이다.

우리의 행동을 개선하는 가장 확실한 방법 중 하나가 바로 연습이다. 전 헤비급 세계복싱 챔피언인 무하마드 알리(Muhammad Ali)는 "경기의 승부는 눈에 보이지 않는 데서 결정된다. 조명 아래 내가 춤추기 전, 이미 링 밖에서, 체육관에서, 그리고 로드 연습에서 결정되는 것이다."라고 말했다. 그러므로 연습은 자신의 한계 극복을 위해 도전하는 어려운 시간이다. 하지만 자신의 능력과 가능성을 키워나가는 가치 있는 시간이다.

여섯째, 보상과 벌칙을 활용하는 것이다.

셀프리더는 목표 성취를 위해 당근과 채찍(보상과 벌칙)이 필요하다. 본인의 행동이 좀 더 의미 있게 개선되기를 희망한다면 자신이 원하는 바람직한 보상과 벌칙이 필요하다. 자신의 바람직한 행동에 대한 보상은 바람직한 행동을 유발할 수 있고, 처벌은 자신에게 가혹한 것이 되어야 한다. 셀프리더는 자신과의 약속에 대해 그 누구보다도 철저한 사람이어야 한다.

일곱째, 긍정적인 셀프 토크 이용이다.

심리학자 버틀러(P. E. Butler)는 "우리 모두는 자신에게 말을 한다. 우리가 하는 말은 우리 삶의 방향과 질을 형성한다."라고 했다. 힘들고 어려운 일이라도 긍정적으로 자신 있게 말하라. 이런 말이 부정적 사고를 없애는 데 매우 중요하며, 일의 성과를 크게 발휘할 수 있을 것이다. 늘 자신과 대화하는 것이 필요하다. 셀프리더는 자신과의 대화 속에서 무력한 본인에게 힘을 주고, 자신감을 잃은 본인에게 누구도 해줄 수 없는 값진 충고를 던져준다.

여덟째, 기회적 사고를 가져야 한다.

기회적 사고는 환경에 도전할 수 있는 기회에 초점을 두는 사고패턴이다.

반대로 장애적 사고란 새로운 모험을 수행하는 데 걸림돌이 되는 장애물과 결점들에 초점을 맞춘다. 우리는 자신의 약점 때문에 자신의 강점을 생각하지 못하는 경향이 있다. 셀프리더는 기회적 사고를 통해 자신만의 독특한 세계를 창조하며 세계를 변화시키는 것이다.

2) 셀프리더의 육성… 슈퍼 리더십

셀프리더를 성장시키는 것이 슈퍼 리더십이다. 그룹이나 조직을 이끌어 갈 리더들에게 주로 적용되는 것이 슈퍼 리더십이다. 조직구성원 스스로가 리드하고 구성원 각자가 셀프리더가 되도록 교육시키고 조직구성원의 셀프리더화를 지원할 수 있는 시스템을 구축하는 역할이 바로 슈퍼리더의 몫이다. 슈퍼리더십의 주된 목적은 셀프 리더십의 역량이나 잠재력을 자극하고 촉진하는 것이다. 슈퍼리더십은 성과를 이루기 위한 효율적인 노력이다. 리더가 높은 성과를 내도록 하기 위해서는 조직구성원을 임파워먼트시켜 자신과 자신의 일에 자발적인 몰입과 더불어 책임감을 부여하도록 하는 것이 무엇보다 중요하다.

전통적인 리더십에서는 리더가 인정받았지만 슈퍼 리더십의 경우에는 부하가 인정받는다. 그래서 조직구성원은 주인의식에 입각한 몰입을 하게 된다. 슈퍼 리더십은 영웅을 만드는 리더라고 볼 수 있다. 권한을 위임하는 임파워먼트에 중점을 두어 조직구성원이 자신감을 가지고 지식과 정보를 갖도록 하기 때문이다.

슈퍼 리더십은 자유방임이 아니다. 슈퍼 리더십은 다른 사람들이 스스로 자신들의 행동이나 업적에 영향을 미치도록 리드하는 것이다. 슈퍼 리더십의 기본적 목적은 조직구성원의 역량을 계발하고 멘토링하며 이끌어 내는 것이다. 따라서 슈퍼 리더십은 조직구성원들을 자극하고 촉진하는 적극적인 리더십이다.

3) 슈퍼 리더십의 사례

짐 캐리

짐 캐리는 캐나다 출신 미국 배우이자 코미디언이다. 그는 '에이스 벤투라', '마스크' 등의 코미디물로 많은 호응을 얻었지만 '트루먼 쇼'를 통해 대중들에게 더 많은 호평을 받았다. 캐리는 회계사이자 음악가인 아버지의 영향을 받아 일찍이 배우로서의 재능을 나타냈고 그는 15세에 코미디 클럽에서 연기를 시작하다가 19세에 할리우드로 진출하여 연기 활동을 시작한다.

지금의 유명세와 달리 초창기에 그는 경제적인 어려움 때문에 폐차장에 버려진 차에서 잠을 자고 맥도날드 햄버거 한 개로 하루를 버티기도 했다.

이러한 상황에도 불구하고 짐 캐리는 가짜 천만 달러 수표를 만들어 언젠가는 진짜 천만 달러로 만들겠다는 목표를 설정하였고, 자신이 세운 천만 달러의 약속을 지키기 위해 항상 종이 위에 적혀 있는 천만 달러라는 숫자를 보며 마음을 다지면서 차근차근 목표를 이루어 나갔다. 영화 '배트맨 포에버'를 통해 천만 달러의 출연료를 받게 됨으로써 그가 세웠던 목표는 결국 달성되었다.

마틴 루터 킹

또다른 사람 마틴 루터 킹은 미국 애틀란타에서 출생한 성직자요 시민운동가이다.

침례교 목사이자 미국 내 흑인 인권운동을 주도했고, 비폭력을 주장했으며, 1964년 노벨 평화상을 받았다. 1963년 "나에게는 꿈이 있습니다(I have a Dream)"라는 연설에서 인종차별의 철폐와 인종 간의 공존을 호소했다.

"나에게는 꿈이 있습니다. 언젠가 이 나라가 깨어나서, '우리는 모든 사람이 공평하게 창조되었다는 명백한 이념을 신봉한다'는 미국의 신조 안에 깃든 참뜻 속에서 살아가는 것이 그 꿈입니다."로 시작하는 세계적인 연설의 주인공 마틴 루터 킹. 그는 인종차별이 심각했던 1950~1960

년대에 흑인의 인권운동을 이끌었던 개신교 목사이다.

그는 1929년 조지아 주 애틀랜타 시에서 마이클 루터 킹의 아들로 태어났다. 그는 크로저 신학교에서 신학자들의 사상을 공부했고, 1955년 보스턴 대학교 신학부에서 박사학위를 취득했다. 이때 기독교 근본주의적 신앙에서 점차 기독교적인 사회참여를 강조하는 진보적인 신앙으로 변화를 겪었다. 서른아홉 평생을 흑인 형제들의 인권을 위해 헌신했던 킹. 사후 그의 몸을 검시한 부검의는 그의 심장 상태가 예순 살 노인과 같다고 말했다. 치열했던 13년의 인권운동이 마틴 루터 킹 개인에게 남긴 흔적이었다. 하지만 그의 인권운동으로 가난과 괴로움, 차별의 고통에서 벗어난 많은 사람들의 가슴속에 더욱 깊은 흔적으로 남아 있을 것이다.

4. 셀프 리더십의 핵심역량! 이렇게 키우자.

사람을 얻는 섬김의 리더십과 관계적 능력이 탁월한 리더십이야말로 나 자신을 어떻게 다스리고 방향성을 가지고 나아가느냐에 따라 달렸다. 리더십은 영향력이다. 그래서 내 자신을 컨트롤하기 어려울 때 나를 제한하는 것은 어렵다.

셀프 리더십을 키우기 위한 방법을 살펴보면,

첫째, 긍정적인 셀프 이미지를 개발하여야 한다.

리더는 모든 것을 긍정적으로 받아들이며, 조직구성원에게 관심과 신뢰를 받아야 한다.

둘째, 자발적으로 동기부여 할 수 있는 능력을 개발하여야 한다.

자신이 세운 목표를 이루기 위해 자기 스스로 동기를 부여하고 높은 성과를 이룰 수 있는 역량강화가 필요하다.

셋째, 결과에 대해 책임지는 능력을 개발하여야 한다.

약속을 지키고 식언하지 않으며 배신하지 말아야 한다. 스스로 약속한 기본 원칙을 지키고 지킬 수 없다면 그 자리를 떠나야 한다. 리더는 자신의 말과 행동에 책임을 져야 한다. 책임지려는 태도를 보일 때 신뢰를 얻게 된다.

넷째, 내면의 자질을 개발하여야 한다.

무한한 내면의 가능성을 개발할 때 자신의 삶과 조직사회에 큰 공헌을 할 수 있다. 잠재된 능력의 가능성을 인식하고 자기인식을 통해 자아상을 개발하여 자발적인 동기부여를 지속시킬 수 있어야 한다. 나 자신뿐 아니라 다른 사람을 사랑하고 존중하며 인간다운 행동을 하기 위해서는 내면의 자질이 개발되어야 한다.

다섯째, 언제나 스스로 앞장서서 선도하는 태도의 개발이다.

리더 스스로 노력을 통해 구성원을 변화시키고, 전체적으로 감성의 고양과 일체화를 이루어 커다란 목표를 달성하게 하는 자기변용의 리더십을 구현하여야 한다.

출처 : 셀프 리더십의 개발

리더십을 개발하기 위해 업무 프로세스와 인간관계의 두 가지 측면으로 나누어 살펴보면 다음과 같다.

1) 업무 프로세스 측면

① 조직구성원에게 과제수행 시 업무를 활성화하기 위해 권한을 위임한다.
② 조직구성원은 정기적으로 회의를 실시하며, 교육 훈련 기회를 제공한다.
③ 조직 명령계통의 핵심 당사자에게 직접적인 커뮤니케이션 창구를 개설한다.
④ 팀의 리더는 지목하여 임명하지 않고 팀 구성원의 의견에 따라 정한다.

2) 인간관계 측면

① 리더는 조직구성원의 의견을 경청하고 상호적 관계를 갖는다.
② 수직적으로 지시하거나 명령하기보다는 수평적인 관계에서 조직구성원

이 바람직한 방향으로 생각할 수 있도록 한다.
③ 구성원 개개인의 목표에 대해 질문한다.
④ 특정 목표의 달성이나 업무 성공 등에 대하여 긍정적 확신을 심어준다.

5. 감성에세이

셀프 리더십의 10계명

1. 자신의 구상과 상상하는 결과를 글로 적어 이유를 만들어라.
2. 내 인생의 소중한 우선순위를 정하라.
3. 목표를 자신이 정한 영역별로 분명하게 하고 구체적으로 글로 적어라.
4. 정해진 목표를 이루어 낼 기간을 명시하고, 열 가지 이상으로 잘게 나누어 실행 계획을 세우라.
5. 시간을 정해서 연습하고 반복하라.
6. 주변 사람들에게 시간과 기회가 될 때마다 자신이 원하는 결과를 말하라.
7. 원하는 결과만을 생각하며 행동에 옮기라.
8. 결과를 보고 다시 시작하라.
9. 포기하지 마라.
10. 목표를 이루었다 상상하며 하루에 세 번 이상 10초씩 웃어라.

감사하며 살자

감사하면 할수록 감사할 일이 많아진다.
감사하는 마음, 그것은
자기 아닌 다른 사람을 향하는 감정이 아니라,
자기 자신의 평화를 위하는 감정이다.
감사하는 행위, 그것은
벽에다 던지는 공처럼 언제나 자기 자신에게로 돌아온다.

–이어령 교수

가나다 감사기도

가/는 길 험한 산도 거친 풍랑도 만나지만 하나님 함께 하심에 감사드립니다.

나/같이 부족한 사람도 하나님 자녀 삼아주시고 일꾼으로 사용하여 주심에 감사드립니다.

다/양한 사람들과의 만남 속에서 다름을 배우고 여러 가지를 도전하여 주심에 감사드립니다.

라/랄라 노래만 할 수 있는 상황들 아니지만 엎드려 기도할 수 있는 은혜 주심에 감사드립니다.

마/지못해서가 아니라 자원하는 마음으로 섬기고 사랑할 수 있는 마음 허락해 주심에 감사드립니다.

바/보처럼 사는 것이 손해 보는 듯하나 그 안에 더 큰 진리와 은혜 있음을 알기에 감사드립니다.

사/진빨~ 화장빨, 조명빨이라도 이뿌다~라는 소리 듣게 하심에 감사드립니다.

아/침을 매일매일 맞이함에 하루를 허락하시고 다시금 기회 주심에 감사드립니다.

자/연의 아름다움과 그 안에 담겨진 풍성한 의미들을 올 한 해 많이 경험케 하심에 감사드립니다.

차/마 말로 다 할 수 없는 만남의 축복 주셔서 나의 존재감을 확인시켜 주시고 새로운 도전들을 허락해 주심에 감사드립니다.

카/멜레온처럼 변신해 보고 싶은 욕심 있었지만 내 자리가 어딘지 다시 깨닫게 해주심에 감사드립니다.

타/지에 살고 있는 식구들과의 교제를 통해 나의 지경을 넓혀주심에 감사드립니다.

파/아란 하늘을 보며 넓고 푸르게, 파아란 바다를 보며 깊고 푸르게 살고 싶은 소망 주심에 감사드립니다.

하/루하루를 살아내는 것이 소중함을 깨닫게 해주시고 아침을 감사함으로 맞을 수 있는 마음 주심에 감사드립니다.

—남서울밀알교회. 가나다 신앙고백

감사일기 쓰기

매일 2~3가지씩 감사한 내용을 기록해 보자.

감사제목	감사한 이유

하루를 보내며 감사한 일을 적어보아요.

열매반 이름 : 지우

2015년 10월 8일 목요일

감사제목	감사한 이유
행복한 시간	엄마랑 미술 갔다가 친구 선물도 사주셨고 도장도 사주셔서 감사했어요.
엄마랑 같이 언니 학교 간 시간	엄마랑 나랑 같이 언니 학교 데리러 가다가 엄마가 음료수 사주셔서 감사했어요.

출처 : 구립 ○○어린이집.

'한계'라는 것

1970년 세계 역도 선수권 대회를 앞두고 역도의 전성기를 맞았습니다.
그런데 역도 선수들에겐 절대 넘지 못하는 벽이 존재했습니다.
그 어떤 선수도 500파운드, 약 227kg의 무게를 넘지 못했고, 사람들은 인간이 들어 올릴 수 없는 무게라고 불렀습니다.

대회 당일, 우승 후보였던 '바실리 알렉세예프'가 결승에 올랐습니다.
그는 자신 있게 외치며 역기를 들어 올리는 데 성공했지만 사람들의 입에선 아쉬운 탄성이 터져 나왔습니다. 500파운드에 부담감을 느낀 알렉세예프 선수가 499파운드를 들어 올렸기 때문입니다.

그런데 갑자기 장내에 안내 방송이 울려 퍼졌습니다.
주최 측의 실수로 역기의 무게가 잘못 측정되었고, 알렉세예프 선수가 힘들게 들어 올린 역기는 501.5파운드라고 정정한 것입니다.

순식간에 장내에 환호성이 울려 퍼졌습니다.
드디어 '인간의 한계'가 깨진 것입니다.

그리고 알렉세예프 선수 이후 놀라운 일이 벌어졌습니다.
'인간의 한계'로 여겨졌던 500파운드를 들어 올린 사람이 그 해에만 6명이 나왔습니다.
이것이 바로 '한계'라는 단어의 무서운 힘입니다.
알렉세예프 선수 이전에 500파운드를 들어 올린 사람이 없었던 이유는 500파운드가 진짜 인간의 한계여서가 아닙니다.
그것이 한계라는 잘못된 믿음 때문에 사람들을 도전할 수 없도록 만든 것입니다.
'땡벌'이라고 불리는 '땅벌'은 큰 덩치에 비해 작은 날개를 가지고 있어 공기역학적으로 날 수 없다고 합니다.
그런데 땅벌은 신기하게도 잘 날아다닙니다.
자신의 한계를 날 수 없는 존재라고 여기는 것이 아니라 당연히 날 수 있다고 강하게 믿었기 때문입니다.

세상이 정한 한계는 없습니다.
그저 한계라고 믿는 자기 자신과 사람들만이 있을 뿐입니다.

—따뜻한 하루(따뜻한 편지 869호)

자신의 강점을 높이기 위한 도서사전

덕 목	강 점	강점도서
지혜 및 지식	창의성	마법의 시간여행(메리 폽 어즈번) 나는 꿈이 너무 많아(김리리)
	호기심	환상모험(제로니모 스틸턴), 까불고 싶은 날(정유경) 로빈 훗의 모험(미상)
	개방성	세계를 하나로 묶어 주는 인터넷(한찬수)
	학구열	꿈꾸라(MBC), Happy Science(존 판든)
	통찰/지혜	지혜로운 거지(김진락), 대머리 사막(박경진) 지혜로운 거지소녀(김진락)
용기	용감성	팥쥐 일기(이향안), 임금님 귀는 당나귀 귀(에릭 매던)
	인내/끈기	천원은 너무해(전은지) 책 먹는 여유(프란치스카 비어만) 엄마는 파업 중(김희숙)
	진실성/정직성	피노키오(파를로 로렌치), 링컨이야기(이수정)
	활력	커다란 일을 하고 싶어요(실비니만) 달님 안녕(하야시 아키코)
인간애	사랑	엄마 돌보기(제클린 윌슨), 내 꿈은 방울토마토(허윤) 만년샤쓰(방정환)
	친절성	오늘발 왼발(토미드 파올라), 레미제라블(빅토르 위고) 샤롯의 거미줄(옐윈 브룩스)
	사회성/사회지능	사회예절배우기(박혜숙), 친구가 필요해(박정애)
정의	시민의식/협동심	마법의 시간여행(메리 폽 어즈반) 우리에게 희망을 보여주세요(서지원)
	공정성	어처구니 이야기(박민철), 솔로몬의 재판(미상)
	리더십/지도력	너는 특별하단다(맥스 루케이도) 간디 이야기(라제시 치이티아 반가드)
절제	용서/관대성	미안해 미안해(한나 쇼), 양파의 왕따 일기(문선아)
	겸손	세상에서 가장 힘센 수탉(이호백), 팥죽할멈과 호랑이(백희나)
	신중성	밤하늘 별자리 이야기(세가와 마사오) 화학레시피(로베르트)
	자기조절	세상에서 가장 맛있는 식사(글깨비) 스마트폰이 없으면 어때?(이민경)

출처 : 이윤정(2016). 현장교원연구보고서(인성교육분과).

자신을 리드하는 리더(Leader) 되기

잘 보자

본다는 건 이미, 그것만으로도 소통하는 것.
발터 벤야민이라는 독일의 철학자는
우리 시선에는 그 시선에 응답받고자 하는
기대가 담겨있다고 합니다.

–김남시. 본다는 것. 너머학교

나의 인생 그래프

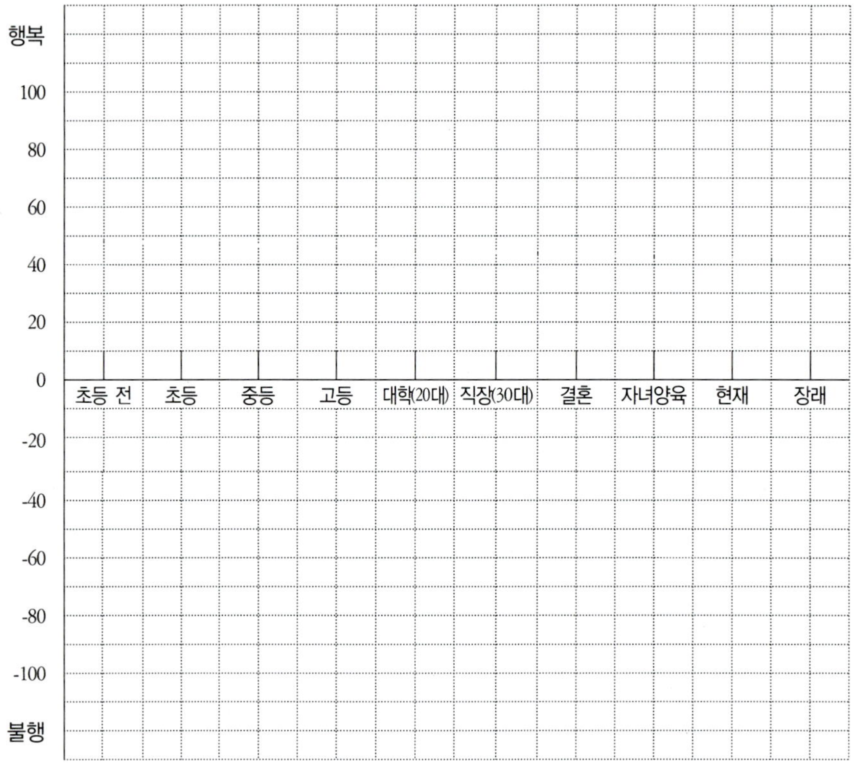

20 년 월 일 (요일)

작성자 : (인)

나는 나다

세상 어느 곳에도 나와 똑같은 사람은 존재하지 않는다.
어느 부분이 나와 비슷한 사람은 있겠으나
나와 완전히 똑같은 사람은 없다.
나로부터 나오는 모든 것은
나 혼자서 선택한 것이므로
진정 나의 것이다.

나는 나에 대한 모든 것을 소유한다.
내 몸과 내 몸이 하는 것을,
노여움이나 기쁨, 좌절, 사랑, 실망, 흥분....
내가 느끼는 모든 감정들.
내 입과 거기서 나오는
공손하거나 달콤하거나 거칠거나 옳거나 틀린 모든 말들.
나 자신과 다른 사람에 대한 나의 모든 행동들.

나는 나의 꿈과 희망과 공포심을 소유한다.
나는 나의 모든 업적과 성공, 실패와 잘못을 소유한다.
내가 나 자신을 친절하고 사랑스럽게 대하는 한
나는 용감하고 희망차다.
문제에 대한 해결책을 찾고
내 자신에 대해서도 좀 더 잘 알아낼 수 있을 것이다.

내가 다른 사람에게 어떻게 보이고 들리든,
무엇을 말하고 행동하든,
또 주어진 순간 무엇을 생각하고 느끼건 그 모든 것은 나다.

나는 나의 주인이며
나는 나를 조절할 수 있다.
나는 나이며 나는 괜찮다.

나는 누구입니까?

나의 성격, 기질, 취미, 장 · 단점, 하고 싶은 것… 내가 생각하는 나를 30가지 기록해 보자.

번호	내 용
1	
2	
3	
4	
5	
6	
7	
8	
9	
10	
11	
12	
13	
14	
15	
16	
17	
18	
19	
20	
21	
22	
23	
24	
25	
26	
27	
28	
29	
30	

06

함께 가면 성공한다!!

팀워크 리더십

1. 갈등! 왜 일어날까?
2. 팀워크! 함께 가면 성공한다.
3. 책임감을 즐기는 팀워크 ~ 굿워커
4. 감성에세이

Chapter 06

함께 가면 성공한다!! 팀워크 리더십

팀워크란 구성원의 정신적 유대감의 정도, 팀의 최종목표를 향해서 사심을 버리고 봉사한다는 마음이 이룬 조화를 말한다. 우리 사회는 매우 전통적 관점에서 팀워크를 관계중심적으로 이해한다. 일종의 '집단응집성'에 더 가깝다. 사람들은 팀워크를 위해 회식하거나 야유회 등을 기획한다. 이것이 잘못된 것은 아니지만 문제는 이런 활동들이 팀빌딩이라고 생각한다는 것이다. 그러나 이 집단 응집성은 조직의 목표와 맞지 않을 때 진정한 의미를 갖지 못하고 오히려 부정적인 결과를 초래하기도 한다. 그러므로 진정한 팀워크를 위한 노력이 필요하다.

팀워크의 장애요인으로 갈등을 들 수 있다. 갈등이란 개인이나 집단 사이에서 목표나 이해관계에 차이가 생겨 어떻게 해야 할지에 대한 어려움이 생기는 현상을 말한다. 상하 갈등이란 직장에서 상사−팀원 간에 서로 다른 의견, 목표 등의 차이로 인해 나타나는 현상이다. 상하 간의 갈등은 기업조직에서 매우 중요한 문제이다. 상하 간 갈등 표출은 업무의 효율성과 생산성, 팀워크, 이직 등에 직·간접적으로 영향을 미치기 때문이다. 따라서 조직에서 상하 간의 갈등을 예방하는 것이 최선이지만 모든 갈등의 원인을 사전에 제거할 수 없기 때문에 갈등상황 발생 시 신속한 대응전략이 필요하다.

개인 간 또는 부서 간 갈등의 원인을 제거하면 팀워크는 저절로 형성된다. 즉, 개인의 장점을 극대화하고 단점은 상호 보완함으로써 팀워크가 극대화된다.

팀워크를 이루는 리더십을 갖기 위해 필요한 것은 무엇일까?

어떻게 하면 갈등을 제거하고 보다 나은 팀워크를 이룰 수 있을까?

1. 갈등! 왜 일어날까?

갈등이란 라틴어의 '콘플리게레(Configere)'에서 나온 말로 '상대가 서로 맞선다', 즉 '칡(葛)과 등(藤)넝쿨이 서로 엉켜 경쟁하다'라는 뜻으로 일이나 사정이 서로 복잡하게 뒤얽혀 화합하지 못함을 의미한다.

갈등(conflict)은 적용분야에 따라 다양한 의미를 가지고 있지만 일반적으로 둘 이상의 행동주체 사이에서 발생되는 대립적, 적대적 상호작용을 말한다. 개인, 집단, 조직 단위부서 등의 행동주체가 서로 상호작용할 때 두 개 이상의 욕구나 동기가 동시에 존재하여 생각, 태도, 느낌, 행위에 차이가 있을 때 일어나는 대립과정이다(한성숙, 1992). 즉, 개인이나 집단 사이에서 목표나 이해관계가 달라서 어떻게 할지 몰라서 생기는 현상을 말하는데, 이러한 갈등은 조직 내에서 항상 존재한다. 그것은 개인적인 것일 수도 있고, 대인관계, 부서 간의 관계에서도 발생할 수 있다.

상하 갈등이란 직장에서 상사와 직원 사이에 서로 다른 의견, 목표 등의 차이로 인해 나타나는 현상이다. 상하 간의 갈등은 기업조직에서 매우 중요한 문제이다. 상하 간 갈등 표출은 업무의 효율성과 생산성, 팀워크, 이직 등에 직·간접적으로 영향을 미치기 때문이다. 따라서 조직 차원에서 상하 간의 갈등을 예방하는 것이 최선이지만 모든 갈등의 원인을 사전에 제거할 수 없기 때문에 갈등상황 발생 시 신속한 대응전략이 필요하다. 인간은 다른 주변 사람들과의 관계 속에서 성장하고 변화되어 간다. 그 속에서 서로에게 영향을 주고받으며 갈등을 겪게 된다. 또한 갈등을 통해 타인과의 관계 속에서 한 인간으로 성장 발전하게 된다. 그러므로 갈등을 이해하고 해소하는 것은 인간관계 속에서 중요한 일이다.

상하 간의 갈등이 생겼을 때 조직 차원에서 중재에 의해 갈등을 해결할 수 있지만 근본적인 해결방안은 아니다. 상하 간의 갈등이 생겼을 때는 갈등의 당사자가 해결하는 것이 가장 바람직하다. 상하 간의 갈등은 왜 생기는 것일까? 상하 간의 갈등이 생기는 가장 근본적인 이유는 자기 자신에 대한 인식이 부족하고, 다른 사람에 대한 이해가 부족하기 때문이다. 자기 자신에 대한 인식능력과 타인에 대한 인식능력은 개인의 성격 특성에 따라 다르다. 따라서 자기 자신의 성격을 파악하고 다른 사람의 성격만 잘 이해해도 갈등을 예방할 수 있다.

팀워크 극대화도 마찬가지이다. 개인 간 또는 부서 간 갈등의 원인을 제거하면 팀워크는 저절로 형성된다. 따라서 개인의 장점을 극대화하고 단점은 상호보완함으로써 팀워크는 극대화될 것이다(김문겸 외, 2017). 사람 간의 갈등은 단순한 의견 차이를 비롯하여 쌍방의 의견 차이, 나아가 물리적인 충돌까지 범위가 다양하다. 심지어 어떤 사람은 갈등을 겪는데 의외로 상대방은 갈등을 겪지 않을 수도 있다. 따라서 어떤 시점에서 관련된 당사자 간에 갈등이 발생했다고 정확하게 정의하기가 쉽지 않음을 알 수 있다. 다시 말하자면 당사자들이 상대방이 추구하는 목표에 도달하지 못하도록 개입하거나 방해하고 지연시키는 행위가 있을 때 우리는 당사자 간에 갈등이 있다고 이야기할 수 있다. 갈등의 요소를 살펴보면 다음과 같다.

첫째, 상호 의존성 때문이다.

사람은 누구나 다면성을 가지고 있어서 사랑하고 미워하고 존경하는 등의 다양한 인간관계가 성립하는 데 영향을 서로 주고받는 것이다. 인간관계는 순차적이고 단계적으로 이루어지는 것이 아니라 동시적이고 역동적이라고 할 수 있다(송운석, 2007).

둘째, 상반되는 목표이다.

상호의존적 관계에 있는 사람들은 목표가 같으면 좋은 관계를 유지한다. 하지만 추구하는 목표와 목적이 맞지 않거나 일하는 방법이 다를 경우 갈등이 발생하게 된다. 그러므로 중요한 것은 갈등의 원인을 정확하게 파악하는 것이다.

셋째, 한정된 자원이다.

서로 다른 목표를 추구한다 해도 충분한 자원이 있다면 갈등이나 마찰이 이루어지지 않을 수 있다. 자원은 물질적인 것뿐만 아니라 인간관계에서 유한한 자원(사랑, 권력, 시간 등)으로 생각되는 경우가 많기 때문이다. 자원은 무궁무진하며 노력을 통해서 얼마든지 만들어 낼 수 있다는 인식의 변화를 가질 때 갈등이 해결될 수 있다.

넷째, 개입에 의한 좌절이다.

자신이 추구하는 목표를 향해 노력하는 과정에 상대방이 개입하여 방해하거나 저지하게 되면 분노와 좌절감을 느끼게 되면서, 공격성이 자극받게 되는 계기가 된다. 해결방법은 서로 공생해야 함을 알고, 서로에게 유익한 것에 대해 알게 되면 개입에 의한 좌절의 가능성을 줄일 수 있다.

다섯째, 행동화된 충돌을 들 수 있다.

갈등에는 인식적인 측면과 감정적, 행동적인 측면이 있다. 인식적 갈등은 관심대상 문제에 다른 의견을 보이는 것을 말한다. 감정적 측면은 각 개인에 대한 서로 간의 느낌을 의미한다. 서로 간의 갈등은 의사전달이나 여러 행위를 통해 표출됨으로써 행동화된 충돌이 발생했을 때 나타나게 된다.

1) 갈등해결 스타일

갈등관리의 목적은 갈등을 제거하거나 방지, 통제하는 것이라기보다는 오히려 갈등으로부터 생기는 가치와 순기능을 증대시키고 비용과 불만족 및 역기능을 감소시키는 것이다. 갈등관리라는 용어는 갈등해소(conflict resolution), 갈등와해(conflict settlement), 갈등조정(conflict conciliation) 등의 용어로 사용된다. 갈등은 어떤 조직에서나 발생하는 현상으로 관련 여하에 따라 조직의 성과에 긍정·부정적 영향을 미칠 수 있으며 갈등관리는 조직의 생존을 위해 필요한 핵심적 과정이다.

갈등관리의 실제 상황에서는 어떤 한 전략이나 방법만으로 사안이 해결되는 경우는 없으므로 갈등관리는 일련의 과정이라 인식할 필요가 있다. 물론 특정 상황에서는 특정 전략이 강조될 수 있으며 상황에 따라 단일 전략의 적용으로도 갈등이 해소되기도 하며 복합적인 전략을 적용해야만 갈등해결이 이루어지기도 한다. 어떤 경우에는 특정 갈등전략이 오히려 갈등을 조장, 촉진시키기도 한다(배영희, 2013).

갈등관리의 대표적인 유형인 토마스(Thomas)의 다섯 가지의 갈등해결 스타일을 개인의 인지사고 특성과 연계해 보면 다음과 같다(Thomas & Kilmann, 1975).

첫째, 지배(dominating) 또는 경쟁(competing) 스타일이다.

이 스타일은 자기주장이 강하고 협조성이 낮기 때문에 자신의 관심을 만족시키기 위해 자신의 위치를 우세하게 하려 한다. 즉, 자기의 의견이 맞고 상대방이 실수했다는 것을 납득시키려고 한다. 이러한 유형은 순차처리사고와 추상적 사고가 발달한 성취형의 사람과 유사하다.

둘째, 배려(accommodating) 스타일이다.

이 스타일은 자기주장이 약하고 협조성이 강한 유형으로 자신의 관심을 희생해서 상대방의 관심을 만족시키려 한다. 즉, 자신이 협상관계에서 매우 관대하기 때문에 자기를 희생할 수 있다는 것을 보여준다. 이러한 유형은 변칙적

처리와 구체적 사고를 가진 관계형의 사람과 유사하다.

셋째, 타협(compromising) 스타일이다.

이 스타일은 자기주장과 협조성이 모두 경쟁과 배려의 중도를 걷는 스타일이다. 이러한 유형은 변칙적 사고와 추상적 사고를 가진 자율형의 사람과 유사하다.

넷째, 통합(integrating) 또는 협조(collaborating) 스타일이다.

이 스타일은 자기주장과 협조성이 강한 유형으로 갈등 당사자 간의 관심을 통합하기 위해 노력한다.

다섯째, 회피(avoiding) 스타일이다.

이 스타일은 자기주장과 협조성이 약한 유형으로 상대방과 자신의 관심을 소극적으로 표현하는 스타일이다. 즉, 자기 자신이 어떠한 이슈에 포함되기를 원하지 않는 스타일이다. 이 유형은 순차처리사고와 구체적 사고가 높은 관리형의 사람과 유사하다.

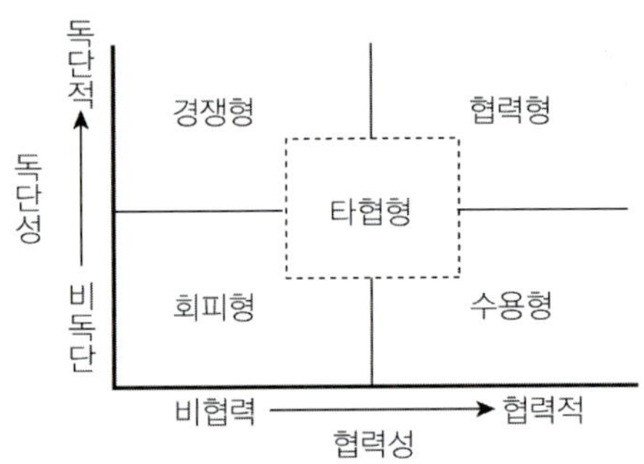

| 그림 6-1 | 토마스-킬만의 갈등반응 모형

2) 갈등! 어떻게 해결할까?

첫째, 갈등상황을 명확히 이해해야 한다.

즉, 어떤 대처방법을 사용하고 있는지 파악하는 것이 중요하다. 갈등의 원인을 이해하고 대처방법을 모색한다.

둘째, 다른 사람의 관점에서 이해한다.

성급한 판단을 하기 전에 상대방의 생각이나 감정을 공감하고 상대방의 관점에서 생각해 봄으로써 객관적으로 판단한다. 상대방에게 감정이입하며, 미처 생각하지 못한 부분에 대해 상대방의 생각을 검증해 본다.

셋째, 갈등해결을 위한 실행계획을 수립한다.

공통관심사에 집중하여 단계적이고 체계적으로 해결점을 발견한다. 이를 위해 구체적인 갈등해결책을 준비할 뿐 아니라 상대방의 피드백도 받아 객관적이고 구체적인 계획을 수립한다.

넷째, 실행결과를 평가한다.

실행 초기의 의도를 생각해 보고 성공 여부를 점검함으로써 추후 갈등상황을 대비하기 위한 방안을 확인하는 자료로 사용한다.

3) 갈등, 어떤 전략으로 해결할까?

직장에서 근무하면서 자신의 상사와 가장 많이 갈등이 생기는 것은 '성격차이'로 업무스타일, 지시스타일 등이다. 성취형 상사와 근무할 때 발생할 갈등과 갈등해결을 위한 전략은 다음과 같다.

성취형 상사는 기획력과 추진력이 뛰어나다. 시시콜콜한 이야기를 하지 않는 강력한 리더십을 가지고 있다. 전략적인 사고를 가지고 있어 사소한 일에는 신경 쓰지 않는다. 인사에 대해서도 성과 위주를 강조하며 반드시 공평할 필요는 없다고 생각한다. 합리적인 성격으로 불공평에 대해서는 조정통제를 잘하고, 사람을 간접적으로 움직인다. 일을 잘하는 직원은 전적으로 신뢰하며 권한을 과감하게 위임한다. 그러나 실력이 부족한 직원에 대해서는 쉽게 인정하지 않는다. 개인적인 명예심과 자존심이 강하기 때문에 자신의 잘못에 대해 쉽게 사과하지 않는 등 이기적인 행동을 한다. 이와 같은 상사와 유형별 성격이 다른 팀원 관계에서 갈등의 원인은 무엇인가? 이에 대한 갈등 해결전략은 무엇인가?

(1) 성취형 상사와 관리형 팀원

성취형 상사는 디테일한 부분에서 큰 차이를 나타낸다. 성취형의 상사는 평상시 핵심 파악이 빠르기 때문에 다른 사람도 자신과 동일하다고 생각하여 임무를 가볍게 부여한다. 그러나 팀원은 그러한 상사가 이해가 되지 않을 뿐 아니라 무슨 말을 하는지 알 수가 없어 상사와의 소통이 원활하지 못하다. 이러한 상황이 발생하지 않도록 상사는 팀원의 업무 특성을 파악하여 임무를 정확하게 부여할 필요가 있다.

관리형의 팀원은 업무처리에 있어 오타 하나까지도 완벽하게 처리하는 유형이다. 다만, 업무를 완벽하게 처리하다 보니 기한을 맞추지 못하여 상사로부터 훈계를 받을 때가 있다. 상사는 이러한 상황이 발생하지 않도록 관리형 팀원에게 임무를 부여할 때는 언제까지 어느 정도의 수준으로 완성해서 가져올지 명확하게 임무를 부여해야 한다. 특히 급한 업무일 경우에는 더욱 명확하게 해야 한다. 그리고 팀원은 상사가 지시한 업무를 언제까지 마쳐야 하는지 미리 확인하고 일을 추진해야 한다.

(2) 성취형 상사와 자율형 팀원

성취형 리더와 자율형 팀원은 시스템적인 구조화에서 가장 큰 차이를 느낀다. 성취형 리더는 팀원이 부여된 임무를 수행하는 데 있어 체계적으로 계획을 세워 진행하길 바라는데 자율형 팀원은 시스템적인 구조화가 부족하기 때문에 몰아서 업무를 처리하려고 한다. 그래서 리더는 팀원에 대한 불신을 갖게 되고 업무가 종료될 때까지 신경을 많이 쓰게 된다. 따라서 이러한 불신과 갈등을 예방하기 위해서는 리더가 팀원에게 업무를 지시할 때 자율성을 존중하면서 '언제까지 왜 해야 하는지'에 대해 동기부여 시킬 필요가 있다. 또한 직원을 믿고 업무를 부여하는 편으로 업무진행과 권한은 직원에게 위임하게 된다. 또한 전략적 사고를 하기 때문에 지금 부여된 일을 빨리 끝내고 다음 일을 진행하고자 한다. 따라서 직원에게 현재 진행되는 일을 빨리 마무리할 수 있도록 압박하게 된다. 이러한 상황이 발생하지 않도록 리더는 진행과정은 존중하되 업무에 대한 완료기간은 명확히 제시해 주어야 한다.

자율형 팀원은 구체적 사고가 부족하기 때문에 특별한 동기부여가 없으면 자신이 맡은 업무에 대해 대충 처리하는 경향이 있다. 따라서 리더는 자율형 팀원에게 업무지시를 할 때 자율성을 존중하면서도 구조적인 틀을 제시하여 정해진 틀을 벗어나지 않도록 해야 한다.

(3) 성취형 상사와 관계형 팀원

성취형 리더와 관계형 직원은 감성지능과 공감능력에서 큰 차이를 나타낸다. 관계형 직원은 리더로부터 인정과 칭찬받기를 원하나 성취형 리더는 인간중심의 업무보다는 성과중심의 업무를 추진하기 때문에 원칙과 규정에 의해 일을 처리한다. 관계형 직원을 움직이게 하는 방법은 동기부여이다. 동기부여만 있으면 관계형 직원 또한 성실하게 업무를 수행한다. 조직 내에서 상호 이해를 도모하기 위해서는 인간관계가 중요하다. 그리고 인간관계에서 가장 효과적인 의사소통 방법은 일대일의 관계이다. 관계형의 직원은 자신이 리더로부터 특별한 사람으로 인정받길 원한다. 따라서 업무지시를 할 때에는 많은 사람과 사적인 대화와 함께 업무를 지시하는 것이 좋다.

자율형 리더는 임무를 부여할 때 권한을 많이 위임해 준다. 권한위임이라는 것은 팀원과 연대하는 것이며, 책임을 공유한다는 것이다. 따라서 업무 종료 후, 업무가 잘못되었다 해서 모든 책임을 직원에게 전가하면 안 된다. 즉, 성취형 리더는 권한을 위임해 주더라도 업무 과정에 대한 연대책임이 있기 때문에 팀원의 자율성을 침해하지 않는 범위 내에서 관심을 가질 필요가 있다.

관계형 직원은 뚜렷한 흥미가 없으면 열정을 가지지 않고, 감정기복이 심하여 틀에 박히지 않은 행동을 하므로 업무에 차질을 줄 수 있다. 상사는 관계형 직원에게 업무를 지시할 때 체계적이고 구조화시켜 임무를 부여하거나 토론이나 협업을 시켜 업무의 중요성을 인식시켜야 한다.

2. 팀워크! 함께 가면 성공한다.

팀워크란 팀의 구성원이 개인의 역할에 맞도록 책임을 완수하며 협력적으로 행동함으로써 공동의 목표를 성취해 나가는 것이다.

우리 개개인은 각자가 조직 내의 팀워크 일원이다. 리더는 팀원들로 하여금 기대치보다 높은 수준의 수행을 이끌어 냄으로써 기대 이상의 성과를 달성할 수 있도록 동기부여를 할 필요가 있다. 이를 통해 팀원들의 기본적인 가치관이나 신념 및 태도 등을 변화시켜 나간다. 이로써 팀원들이 최소한의 수준 이상으로 성과를 달성해 나갈 수 있다.

더 나아가 팀워크 리더십은 팀원들로 하여금 주인의식을 갖게 한다.

1) 팀워크 : 목표달성의 성공을 이끈다.

목표달성을 이루기 위한 팀워크의 성공요소는 다음과 같다(조은경, 2007).

첫째, 팀원의 협력이 중요하다.

팀원이 형성될 때 내가 좋아하는 사람을 선택하면 된다는 생각을 버리고 팀원 간의 궁합을 우선시하여 구성해야 한다.

둘째, 활용자원을 확인한다.

업무지침을 수립하면 자신에게 주어진 자원을 확인하는데, 업무와 관련된 자원은 시간, 예산, 기술 등 물적자원과 조직 내·외부에서 공동으로 일을 수행하는 인적자원이 있다. 제한된 조건하에서 효과적으로 활용하는 것이 중요하며 자신의 업무를 수행하는 데 필요한 지식과 기술이 부족하다면 이를 함양하기 위한 계획을 수립해야 한다.

셋째, 업무수행을 위한 시트를 작성한다.

시트지를 활용하여 주어진 시간 내에 효율적으로 진행하도록 한다.

〈표 6-1〉 업무수행 계획에서 활용자원 점검하기

<table>
<tr><td colspan="3">업무성과를 높이기 위해 업무추진 계획수립은 주어진 업무에 따라 다양하게 이루어질 수 있다. 이에 임의로 업무 하나를 선정하여 업무추진 계획을 수립하여 보자. 먼저 업무지침을 확인하고, 주어진 자원을 작성한다.</td></tr>
<tr><td colspan="2">기관의 업무추진</td><td></td></tr>
<tr><td colspan="2">나의 업무추진</td><td></td></tr>
<tr><td rowspan="4">활용자원</td><td>시간</td><td></td></tr>
<tr><td>예산</td><td></td></tr>
<tr><td>기술</td><td></td></tr>
<tr><td>협력부서
협력업체</td><td></td></tr>
<tr><td colspan="3">작성 Tip)
나의 업무지침 : 하루에 한 시간씩 인터넷을 통해 새로운 정보와 국제동향을 파악한다.
하루에 하나씩 정보수집 계획서를 작성한다.
• 시간 : 9:00~12:00, 13:00~18:00
• 기술 : 인터넷 활용법, 외국어능력, 책자활용</td></tr>
</table>

출처 : 안상윤(2015). 자기주도 성공 리더십개발. 비즈프레스.

3. 책임감을 즐기는 팀워크 ~ 굿워커

하워드 가드너는 '훌륭한 직업인'의 조건으로 "책임감을 즐기는 굿워커가 되라."고 주장하였다. 팀워크를 이루기 위해서는 지도자뿐 아니라 지도자 곁에 있는 사람들, 특별히 세컨드 리더십이 중요하다.

팀워크는 지도자 곁에 위대한 협력자가 있을 때 이루어진다. 팀조직 간에 팀워크가 효과적으로 적용되면 팀플레이가 잘 이루어진다. 팀플레이는 스포츠나 그 밖의 공동 작업에서 여러 사람이 승리 또는 좋은 성과를 얻기 위하여 협력하는 것을 말한다. 팀 구성원의 정신적 유대감 정도를 팀워크라고 하는데, 팀의 최종 목표를 향해서 사심을 버리고 봉사한다는 마음이 이룬 조화를 말한다.

팀플레이가 원활하지 못하면 조직이 흔들리고 팀워크가 깨지게 되는 불상사가 일어나므로 각별한 주의가 필요하다. 팀플레이 장애요인을 찾아 사전에 예방하는 대책이 요구된다. 팀플레이를 어렵게 하는 장애요인과 팀플레이를 촉진하는 방법은 다음과 같다.

1) 팀플레이를 방해하는 것은? 팀플레이를 촉진하는 방법은?

팀플레이를 방해하는 요인은 다음과 같다.

- 문제의 원인에 대하여 새로운 정보나 조언을 받기 싫어한다.
- 정보나 지식을 제공하지 않고 일부의 사람이 독점한다.
- 지식이나 정보를 받을 적합한 사람이 없어 제대로 전달이 안 된다.
- 조직구성원 간 의사소통이 원활하지 못하다.
- 성과 위주의 경쟁적 직장 문화 때문이다.
- 시대에 뒤처진 권위주의 직장 문화를 들 수 있다.

그렇다면 팀플레이 향상을 위해 어떻게 해야 할까?

첫째, 구성원들의 의견을 반영한 명확한 공동의 팀 목표를 제시한다.

서로 신뢰하고 의존해야 하는 이유를 제시하는 것만으로는 부족하다. 팀에 헌신하도록 하는 계기를 마련하고 공개적으로 팀원의 역할과 의무에 관한 팀원선언을 하도록 한다.

둘째, 경쟁보다는 조화와 협조의 분위기를 조성한다.

상호 신뢰감을 유도해야 한다. 신뢰감이 형성되지 않으면 팀원들이 문제를 해결해 가는 과정에서 대립하거나 갈등을 겪기 쉽다. 서로 의견을 존중하고 활발한 의사소통이 이루어질 수 있는 시스템을 만들어야 한다.

셋째, 셀프 리더십을 통한 주인의식과 책임감을 고양시킨다.

팀원들에게 권한을 위임해야 자신감과 책임감을 갖게 되면서 임파워먼트가 형성된다. 그럴 때 열정을 가지고 역량을 발휘함으로써 더 많은 동기부여가 될 수 있다.

넷째, 개인보다는 팀의 성과에 더 많은 인센티브를 제공한다.

팀이 외부의 인정과 지지를 받을 때 자신의 정체성을 팀의 정체성과 동일시하게 되며, 강한 소속감을 느끼며 주인의식을 가지고 팀을 위해 헌신하게 된다.

다섯째, 원활한 의사소통을 통해 갈등을 사전에 예방한다.

갈등이 생기지 않도록 상대방의 입장이 되어 원활한 의사소통이 이루어지도록 한다.

여섯째, 리더의 역량 강화를 통해 직장 분위기를 개선한다.

팀 안에 자유로운 의사소통과 협력의 분위기가 형성되어 있어야 한다. 그럴 때는 다른 어려움에 처해도 서로 갈등하기보다는 격려하는 문화가 조성된다.

일곱째, 비공식 의사결정도 중요하게 생각하며, 교육과 훈련을 통한 정보공유와 리더십을 함양한다.

팀워크를 위한 역량개발을 위해

첫째, 팀에 대한 각자의 기여도를 객관적으로 파악한다.

둘째, 대화 시 ‘나’보다는 ‘우리’라는 표현을 사용한다.

셋째, 팀원의 동기 부여에 결정적인 요소를 찾아 목록을 작성한다. 사업 특성이나 조직문화에 따라 차이가 있음을 고려한다.

넷째, 각자 일할 때와 팀을 이루어 일할 때를 비교해 본다. 심리학적 연구 결과 혼자보다 집단으로 일할 때 더 우수한 결과를 발휘하였다.

다섯째, 높은 성과를 내는 팀의 특성을 파악해 본다. 자신의 팀도 그런 특성을 갖도록 노력한다. 높은 성과를 낸 팀은 서로 같은 마음으로 서로를 신뢰하며, 함께 뭉쳐 일을 해내는 능력이 있다. 또한 어떻게 일하는 것이 효율적이고 효과적인지 알고 있다.

2) Team Ties : 팀워크를 강화시키는 방법[1)]

팀워크의 잠재성에 대해서는 이미 10여 년 전부터 계속 연구되어 왔다. 팀은 높은 질의 일을 해낼 수 있으며 생산성을 높이고 기업의 로열티를 높일 수 있다. 그러나 이러한 결과를 얻기 위해서는 팀원의 관계가 돈독해야 한다. 어느 그룹이든지 최고의 성과를 달성하기 위해서는 헌신, 집중, 훈련이 필요하다. 그리고 팀원들 간의 관계도 지속적으로 강화되어야 한다. 팀원 간 결속을 단단히 해주고, 회사에 봉사하며, 계속적인 도전을 받을 수 있도록 도와줄 수 있는 중요한 방법을 살펴보면 다음과 같다.

(1) 회사에 적합한 사람을 채용한다.

팀에 적합한 사람을 채용하여 함께 일하는 것이 중요하다. 팀의 목적에 적합한 지식과 관심, 경험을 가지고 있는 사람을 찾고 팀이 구성되었다면 각 팀의 멤버들은 각자 훌륭한 능력을 가지고 있으며 그들의 그룹 안에서 일하는 것을 즐기고 협력함에 열성적이라는 사실을 확신한다.

---

1) 출처 : Michael Crom.

(2) 좋은 팀워크의 분위기를 조성한다.

팀 편성 초기에 각 팀에 맞는 보편적인 규칙을 정하고, 팀원들이 어떻게 해야 하는지 등의 규칙을 세운다.

(3) 자신의 생각을 말할 수 있게 팀원을 격려한다.

팀을 이루는 목적 중의 하나는 개인의 성과를 위해서이다. 협력적이고 개방된 분위기는 팀원들이 그들의 생각과 아이디어를 자유롭게 표현할 수 있도록 고무시켜 준다.

(4) 자신의 미래에 대하여 명확히 한다.

명확하게 책임과 목표를 배분하여 팀원들이 자신의 목표를 공유할 수 있도록 도와준다. 팀원들은 자신의 노동을 통해 어떤 결과를 얻을 수 있는지, 그리고 앞으로의 계획이나 목표가 어떻게 되는지 등을 알기 원한다. 이 같은 것들은 팀의 응집력과 활력을 높이는 데 도움이 된다.

(5) 직원들을 격려한다.

팀은 그들 각자 자기 일에 대한 권한을 가질 때 최선을 다한다. 그러므로 그들이 자기 작업에 대한 책임과 의무를 갖도록 한다. 위임된 권한은 작업의 한계를 최소화시킨다.

(6) 자신의 팀이 바라는 것을 제공한다.

기분을 잘 다스리며, 팀원들은 그들이 회의할 공간과 작업을 완수할 수 있는 충분한 시간이 필요하다는 점을 확신한다. 프로젝트가 성공하기 위해서는 프로젝트를 도울 수 있는 기술자가 필요할 수도 있다. 예를 들어, 연구 보고하는 형태를 파워포인트나 비디오, CD롬과 같은 형태로 바꿀 필요도 있기 때문이다. 그리고 또 외부 리서치가 필요한 경우나 외부 출장, 전문 컨설턴트를 고용하는 등의 경우가 필요할 때 이를 가능하게 하는 현실적인 예산도 필요하다. 가능한 한 자신의 팀원들이 팀워크를 높이고 성과를 내는 데 집중할 수 있도록 만든다.

(7) Green–light Thinking을 하도록 한다.

데일 카네기의 'Green-light Thinking'과 'Red-light Thinking' 원칙을 기억한다. Green-light Thinking은 사람들이 좀 더 이상적이고 다소 모험적인 방법을 말하는 데 더 자유롭게 한다. 반대로 Red-light Thinking은 팀원들의 생각을 표현하는 것을 원하지 않기 때문에 그들이 회사에 헌신하지 못하도록 한다. Green-light적인 환경은 모든 사람의 의견에 가치를 부여함으로써 팀원 간의 관계를 더욱 강화시킨다.

(8) 팀워크에 대한 칭찬을 해준다.

팀워크를 증진시키는 개인에 대해 인정해 주고 보상을 해준다. 눈에 보이는 성과만 중요한 것이 아닌 것처럼 보상의 형태는 중요하지 않다. 조직은 가치 있는 팀의 성과라든지 인간관계에 대하여 정기적인 보상(인정)을 해주어야 한다.

4. 감성에세이

훌륭한 관리자는 갈등을 완전히 해소시키고 직원들이 갈등으로 인한 에너지가 소진되는 것을 막으려 한다.

—로버트 타운센드(Robrrt Townsend). 전 에이비스(Avis) 최고경영자

함께하는 삶

바램이 있다면 소망이 될 것이며
노력이 있다면 꿈은 이루어질 것입니다.

희망찬 내일은 나에게 달려 있습니다.

다 함께 손잡고 가면
즐겁지 아니한가요

앞서가지 말고 같이 가자고요

오늘보다 더 나은 미래는
항상 열려 있으며

현명한 자는 오늘을 소중히 할 줄 알고
더 나은 세계를 갈망합니다.

자기 자신의 가치가 빛이 나고
마을의 소리가 세계에 퍼질 때
더불어 사는 아름다움은
모두의 행복입니다.

매일매일 소소한 일상들이

너무나도 가치 있는 삶이라 여길 때
입가에 미소와 더불어
가슴 따뜻한 정이 온몸에 전해 오지요.

자족하고 만족하는 습관적 행동들이
나의 품위와 생활이 되고
친구, 가족, 사회, 나라와의
관계적 삶에 더욱 강건한 기틀이 되지요

함께 가자고요
더불어 살자고요
함께 일하자고요
우리가 하나 되는 거예요

–강백진 시인(2015). 들꽃처럼. 지성의샘

좋은 팀워크를 구축할 수 있는지 전략 5가지

전략 1. 나와 팀은 하나다

팀 구성원들이 동일한 목표를 향해 사명감을 지닐 때, 시너지 효과가 난다. 이를 위해 사명감을 높여야 한다. 사명감의 핵심은 '말을 실행으로 옮기는 것'이다. 합의된 팀 헌장을 눈에 띄는 곳에 비치하고, 성공적인 실적은 함께 축하해 주자. 또한 구성원이 좀 더 손쉽게 실천할 수 있는 방법을 찾아 실행하면 된다.

전략 2. 커뮤니케이션은 기본이다

대화에도 기술이 필요하다. 싫어하는 것보다 '좋아하는 것', 잘못된 것보다 '옳은 것', 과거보다는 '발전 가능한 미래'를 중심에 두고 말하면 좋다.

긍정적인 커뮤니케이션은 동기부여와 참신한 아이디어에 영향을 미친다. 또한 효과적인 커뮤니케이션을 위해서 상대방의 의견을 경청하고, 그 의견에 대하여 반응하며, 또한 명료한 언어를 사용해 보자. 이를 위해서는 스스로의 커뮤니케이션 스타일을 평가하고, 스스로 배우며 실행에 옮기는 노력이 필요하다.

전략 3. 협동을 고민하라

협동이 없으면 강한 팀이 될 수 없다. 제대로 협동하기 위해서는 협동에 대한 명확한 개념을 정의하고, 구성원과 협동에 대한 방법을 함께 고민해야 한다. 사실 협동을 잘하면 칭찬, 인정, 축하문화가 뿌리를 내리고, 팀원들은 자부심을 갖고 '우리 팀'이라고 말한다. 이를 위해서는 무엇보다 '약속을 지키는 것'이 우선되어야 한다.

전략 4. 갈등은 당연한 것이다

갈등을 제대로 보기 위해서는 갈등과 개인을 분리해서 바라보아야 한다. 갈등과 개인을 동일시한다면, 왜곡된 시각을 갖기 마련이다. 우선할 것은 갈등과 개인을 분리해서 보려는 노력이다. 이를 통해 갈등은 48시간 이내에 해결되어야 한다. 왜냐하면 시시비비는 시간이 지나면서 없어지지만, 안 좋은 감정은 시간이 지나면서 쌓이기 때문이다.

전략 5. 나의 기여가 기관의 내일을 책임진다

'내가 일하고 있는 조직은 나의 것이다'라는 생각이 필요하다. 이를 위해서는 3요소가 중요한데, 소속감과 자신감, 자긍심이 그것이다. 이를 위해 구성원들에게 분명한 역할이 주어져야 한다. 소속감은 자신이 어떤 집단에 딸려 있음을 느끼는 마음이며, 자신감은 '우리는 당신을 믿고 있다'는 신호를 보내는 것이다. 또한 처음부터 일에 맞는 인력을 투입하는 것이 좋다. 자긍심은 구성원들이 의사결정에 동참케 하고, 주어진 업무를 처리할 수 있는 수단을 제공받으며, 경력과 경험에 대해서 합당한 인정을 받을 때 생긴다.

—이세형의 사회복지 날것 이야기. 좋은 팀워크(Team work)가 성과의 절반이다

각 기관의 팀워크 향상방법 모색하기

다음 표를 통해 우리 기관의 팀워크 기본 요소를 알아보고 저해원인이 무엇인지 점검해 본다. 팀워크의 수준을 알아보고 향상방안을 토의해 보며, 토의한 결과로 향상방안을 만들어 실행한다.

구 분		체크	
		Yes	No
팀워크의 기본요소	팀의 목표 및 도전의식을 공유하는가?		
	각자의 책임과 역할을 다하고 있는가?		
	솔직한 대화로 서로를 이해하고 있는가?		
	팀원들을 칭찬하고 격려를 잘 하고 있는가?		
팀워크의 저해요소	팀에 대한 이해가 부족한가?		
	팀원들이 자기중심적으로 행동하는가?		
	대부분 팀원들이 팀에 대해 관심을 가지고 있는가?		
	다른 팀원의 입장을 고려하지 않고 자기 입장만을 고집하는가?		
팀워크 수준			
팀워크 향상방안			

Tip)

1. 소그룹(3~4명)이 한 조가 되어 팀워크 수준을 진단해 보고 팀워크를 향상시킬 수 있는 방안을 토의한다.
2. 조별로 팀워크 향상방안을 발표하고 마지막으로 모든 조의 발표내용을 토대로 팀의 팀워크 향상 방안을 만들어 보도록 한다.

출처 : 한국전문대학교교육협의회(2010). 인성과 경력개발.

07

내가 행복해야 상대방도 행복하다!!
행복 리더십

1. 행복 터닝포인트
2. 행복항아리
3. 어떤 리더가 나를 행복하게 만드는가?
4. 행복 리더십이 경쟁력이다.
5. 감성에세이

Chapter 07

내가 행복해야 상대방도 행복하다!! 행복 리더십

누구나 행복을 말한다. 마틴 셀리그만과 소냐 류보머스키는 행복은 좋은 유전자나 행운으로 얻어지는 것이 아니라, 끊임없는 연습과 노력으로 만들 수 있음을 과학적으로 증명했다. 누구든지 자신이 열심히 노력하면 행복을 만들 수 있다는 원리이다. 사람은 누구나 자신만의 특성을 가지고 있다. 자신의 강점과 미덕을 발휘할 때 행복한 삶을 누릴 수 있다.

리더는 급격한 사회 변화와 혼돈에 직면했을 때 조직이 나아갈 실제적이고도 훌륭한 비전과 가치를 구성원들에게 제시해야 한다. 좀 더 효과적으로 소통하고 동기를 부여해야 한다. 조직구성원의 사기를 북돋워 주고 대화를 통해 서로 이해하고 그들과 성공적인 인간관계를 유지하며 행복 리더십을 발휘해야 한다.

그렇다면 리더들에게 요구되는 미래의 리더십은 무엇일까?
지금까지는 목표와 성과를 위한 수단으로 조직을 이끌어 왔다면 미래는 구성원들의 만족과 행복을 위해 노력해야 한다. 진정한 리더십이란 구성원의 협력을 자발적으로 이끌어 내고 이들이 최대의 능력을 발휘할 수 있도록 동기화하고 사기를 북돋워 주는 것이다. 조직원이 행복감을 가지고 일할 수 있는 풍토와 환경을 만들어 주는 리더십, 이것이 바로 우리 시대가 요구하는 진정한 리더십이다.

1. 행복 터닝포인트

'행복'이란 무엇일까? 우리가 잘 알고 있는 이야기, 벨기에의 극작가 마테를링커가 쓴 동화극 『파랑새』에도 행복에 관한 이야기가 등장한다. 어렵게 헤매어 찾던 새가 바로 우리 집에 있던 새라는 이야기로, 부자나 권력가가 되려고 애쓰기보다는 나의 삶 속에서 행복의 요소들을 찾아내는 것이 현명하다는 것을 알게 해준다.

행복이란 행복의 의미를 이해하고 긍정적인 힘으로 진정한 행복을 찾으며 사는 것이다. 진정한 행복이란 다른 사람과 관계를 맺으며 자신이 하고 싶은 일을 하면서 즐거움을 찾고 사회에 공헌하는 의미 있는 삶을 영위하는 것이라고 본다.

우리는 행복하게 사는 것이 삶의 목표이고, 이를 꿈꾸며 성취하기 위하여 다양한 노력을 한다. 그래서 행복교육, 행복도시, 행복가족 등 앞에 행복이라는 단어를 붙여서 사용하고 있다.

그렇다면 내 삶 속에서 행복은 어떻게 찾아야 할까?

톰 행크스가 주연한 영화 '포레스트 검프'에서 '인생이란 초콜릿과도 같다. 어떤 초콜릿이 선택될지 모르는 것처럼 삶도 어떻게 펼쳐질지 모른다.'라는 대사가 나온다. 무엇이 들어있는지 전혀 알 수 없는 초콜릿 상자처럼 삶도 그러하다. 무슨 일이 펼쳐질지 알 수 없음에도 불구하고 늘 행복하게 살 수 있는 비결, 그 해답은 우리 모두가 이미 알고 있는 것이다.

'당신은 행복하십니까?'라고 사람들에게 물으면 그렇다고 자신있게 대답하는 사람은 별로 없다. 직장도 훌륭하고 돈도 많이 있으며, 다른 사람들에게 존경받는 위치에 있는 사람은 다른 사람보다 많은 것을 가지고 있어 행복하겠다고 생각하여 질문하면 그렇다고 자신있게 대답하지 못한다. 다른 사람은 행복하겠다고 생각하는데 본인은 왜 행복하다고 말하지 못할까? 우리는 남이 가진 것을 다 가지면 행복할 것이라고 생각하지만 그것을 다 얻는다 해도 행복해질 수 있는 것은 아니라는 것이다. 그러면 행복이 무엇이기에 우리는 행복해질 수 없는 것일까? 이에 대한 해답을 얻기 위해 먼저 행복의 의미를 살펴보자.

행복(幸福)의 사전적 의미는 복된 좋은 운수, 또는 생활에 만족하여 즐겁고 흐뭇하게 느끼는 감정이나 상태로 부족함이나 불만이 없는 마음의 상태를 말한다. 백과사전에서는 욕구와 욕망이 충족되어 만족하거나 즐거움을 느끼는 상태, 불안감을 느끼지 않고 안심하거나 또는 희망을 그리는 상태에서의 좋은 감정으로 심리적인 상태 및 이성적 경지를 의미한다(위키백과). 종합해 보면, 사람은 같은 일에 대하여도 본인이 어디에 가치를 두고 있느냐에 따라 행복 여부가 달라진다는 것을 알 수 있다. 즉, 행복은 사람마다 느끼는 감정이 다르기 때문에 본인이 느끼는 만족감이라고 볼 수 있다. 한 예로 우리 모두는 장애인을 매우 불행할 것이라고 생각하기 쉽지만, 당사자에게 물어보면 아니라고 대답하는 경우가 많다. 이는 행복에 대하여 느끼는 생각이 각각 다르기 때문이다.

지금보다 더 행복해지기 위해서 가장 필요한 것이 무엇이냐고 질문하면, 건강, 돈 등 자신의 삶에서 가장 필요한 것을 중심으로 다양하게 대답하지만 대부분의 많은 사람들은 돈이라고 대답한다. 그래서 새해 인사로 부자 되세요, 대박 나세요 등 돈과 관련한 덕담을 건네는 경우가 많다.

그러면 행복을 돈으로 살 수 있을까? 돈과 행복의 관계에 대한 연구 결과는 부유한 사람들이 평균적인 수준의 사람들보다 더 행복하다는 증거는 없다고 한다. 부가 행복을 가져다주는 것은 아니지만 그렇다고 가난이 꼭 불행을 가져다준다는 증거도 없다. 하지만 우리는 경제적으로 평균 수준 이하의 사람들은 불행할 것이라고 생각하고 그 이상의 부자는 행복할 것이라고 생각한다. 국민소득 15,000달러를 기준으로 하여 행복의 기준도 다르고 생활에 대한 만족도도 다르다고 한다. 현재의 상황에서 비교의 대상과 자라온 주변 환경이 다르기 때문에 본인이 느끼는 주관적 느낌도 달라지기 때문이다.

만족이란 자기가 원한 것을 얼마나 성취했나에 따라 결정되므로, 원하는 것이 적다면 만족하기도 훨씬 쉬울 것이다. 요약하면 '행복은 원하는 것 중에 가진 것'으로 나타낼 수 있다. 후진국의 노숙자가 선진국의 노숙자들보다 인생에 대한 만족도가 높게 나타나는데, 이는 후진국의 노숙자가 원하는 것이 훨씬 적기 때문일 것이다.

행복의 조건에는 많은 요인이 영향을 미치는데, 돈이나 타고난 성향, 종교, 가족 관계, 건강, 친구관계, 사회관계 등 여러 가지 요인이 있다.

누군가 그랬다. '내가 진짜 원하는 것과 내가 사람들에게 보여주기 원하는 것 이 두 가지만 구분할 줄 알면 훨씬 인생이 풍요로워진다'고, 결국 행복은 내 안에 있었다(이애경, 2015).

행복한 사람일수록 돈도 많이 벌고 건강하며, 친구와 사회관계가 좋다. 이러한 요인들은 서로 상승 작용을 일으키면서 행복에 영향을 미치기 마련이다(최현석, 2011). 끝날 때까지는 끝난 게 아니다. 날마다 있는 날들 중 어디에 분명히 극적인 터닝포인트가 숨어 있을지 모른다. 그러므로 '바로 지금' 이 순간 누구에게나 인생이란 것은 '행복한 터닝포인트' 해피엔딩을 만들 수 있는 것이다.

2. 행복항아리

이 세상에서 꼭 필요하고 아주 중요한 것 세 가지를 말하라면, '황금, 소금 그리고 지금(현재)'이라고 한다. 과거도 미래도 결국은 '지금'이라는 중요한 시점에서 이루어지기 때문이다. 과거는 바꿀 수 없고 미래는 어떤 일이 있을지 모른다. 그러면 지금 행복하게 사는 힘은 무엇일까? 그것은 긍정의 힘이다.

1) 긍정이라는 이름

엘 오스틴은 그의 저서 『긍정의 힘』 서문에서 꿈을 이루고 쟁취하기 위해서는 오늘 최선을 다하여 살아야 더 나은 내일이 찾아온다고 말했다. 그러나 오늘을 살아가는 우리는 긍정적인 면보다는 부정적인 측면에 초점을 맞춘 채, 자신을 약하고 자격이 없는 사람으로 생각하며 살아가는 경우가 많다. 또한 행복할 수 없는 이유와 조건을 찾아내면서 행복한 삶을 먼 미래로 미루는 일도 많다. 그러면서 '언젠가는 ○○○ 할 거야.'라고 이야기한다. 그러나 '언젠가'는 결코 찾아오지 않고 오직 '오늘'이 있을 뿐이다.

긍정은 어려움 속에서도 좋은 일이 있을 것으로 믿는 힘을 말한다. 사토 도미오는 『성공을 부르는 긍정의 힘』에서 우리가 숨겨진 능력까지 무한히 펼칠 수 있는 기본 바탕을 긍정의 힘으로 보았다. 세계적인 성공학 코치인 로버트 앤서니는 『자신감 : 나를 믿는 긍정의 힘』에서 자기 확신과 긍정으로 가득 찬 삶을 살기 위해서는 무엇보다 스스로를 가두고 있는 마음의 교도소에서 빠져나와야 한다고 했다. 긍정적인 사고로 자신의 어려운 환경을 극복하고 꿈을 쟁취한 사람들의 예를 들어보자. 루게릭병에 걸린 몸을 가지고도 우주에 대한 연구를 멈추지 않은 스티븐 호킹 박사, 노예 신분임에도 왕에게 재능을 인정받아 종3품 벼슬에 오른 장영실, 사랑하는 가족을 잃은 일을 계기로 미생물을 연구해 백신을 개발한 파스퇴르, 혹독한 추위와 생사를 가르는 위험 속에서도 극지방을 정복한 탐험가 로알 아문센, 두 살 때 앓은 열병으로 보지도 듣지도 말하지도 못했지만 장애를 이겨내고 사회에 나간 헬렌 켈러, 백열등 필라멘트를 발명하기 위해 90가지의 재료로 실험했지만 모두 실패했을 때 이것은 실패한 것이 아니고 안 되는 재료 90가지를 알아낸 것이라고 긍정적으로 생각한 결과 2,399번의 실패를 거쳐 2,400번 만에 성공한 에디슨 등의 인물을 통해 긍정의 힘은 무한함을 알 수 있다. 이들은 자신의 환경이 어렵고 불우했지만 포기하지 않고 이를 긍정의 힘으로 극복하고 성공적인 삶을 살았음을 그들의 업적을 통해서 알 수 있다. 가난과 장애, 차별 속에서 힘겨운 시간을 보냈음에도 불구하고 성공한 사람들과 중간에 포기하고 좌절하는 사람의 차이를 가르는 것도 긍정의 힘에서 시작된다. 마음속에 긍정의 힘을 심은 사람은 어떠한 역경이 와도 거뜬히 이겨낼 수 있는 훌륭한 사람으로 성장한다. 그러나 부정적인 생각과 이유 찾기에 급급한 사람은 어려움을 이겨내지 못하고 좌절하는 경우가 많다. 비록 힘들고 고단할지라도 긍정적인 생각으로 밝고 환하게 웃을 수 있는 힘이 있다면 행복이 찾아오게 된다.

긍정의 효과는 심리학에서 피그말리온 효과라고 하는데, 꿈이 이루어지는 상상을 반복하기만 해도 실현에 도움을 주며, 미래에 대한 희망적인 기대를 하게 된다. 힘든 상황에서도 앞으로 좋은 일이 있을 것이라는 기대가 있다면 희망도 생기고 미소를 지을 수 있을 것이다. 뿐만 아니라 면역체계를 강화시켜 병에 대한 방어력도 키울 수 있다. 암 판정을 받은 환자들을 대상으로 실험한 결과에도, 나을 수 있다는 긍정적인 생각을 한 환자는 70%가 치료의 효과를 보았으며 불가능하다고 낙담한 환자의 경우는 38%만이 치료 효과를 나타낸다는 통계 결과는 긍정적인 사고가 얼마나 중요한가를 증명하고 있다고 볼 수 있다. 긍정의 힘은 부정의 힘보다 7배가 크다고 한다. 긍정은 우리 삶에 힘을 불어넣는 휘발유, 윤활유와 같은 존재일지 모른다. 따라서 부정 대신에 긍정의 힘을 발휘하기 위해 노력해야 한다.

진정한 의미의 긍정이란 나 자신을 발전시켜 주고, 또한 상대방에게 그 영향을 좋은 방향으로 미치게 하는 데 있다. 긍정적으로 생각하는 사람은 평균 8년을 더 살 수 있다고 한다. 진정한 성공은 성공할 수 없다는 두려움을 극복하는 것이라는 말이 있듯이 그 극복의 시작은 긍정에 있음을 소중하게 생각해야 한다.

2) 행복이라는 선물

진정한 행복이란 무엇일까? 인간의 행복감에 영향을 미치는 요소는 유전적인 요소, 환경적인 요소, 개인의 의지와 노력 3대 요소가 있다고 한다. 이들이 행복감에 미치는 확률을 보면 유전적인 요소가 50%, 환경적인 요소가 10%, 개인의 의지와 노력이 40%를 차지한다고 한다. 그러면 60%는 어느 정도 결정된 상황이고 나머지 40%는 우리가 어떠한 의지를 가지고 어떤 실천을 하느냐에 따라서 지금보다 더 행복해질 수 있다는 의미이다.

그렇다면 우리는 행복해지기 위하여 어떤 일을 해야 할까? 『갈림길』(2012)의 저자 윌리엄 폴 영은 진정한 행복이란 체면을 버리고 '나를 찾는 과정'이라고 했다. 나를 찾는 과정이 쉬운 것 같지만 실제로 실천하기는 어렵다. 한국인의 자살률은 세계 1~2위 수준인데, 그 원인 중 하나가 체면이다. 공부, 대학 진학, 직장 취업, 결혼 등 모든 분야에서 나를 다른 사람과 비교하여 스스로를 자학함으로써 많은 스트레스를 받고 행복 대신에 절망에 이르게 된다. 따라서 내가 하고 싶은 일에 대하여 남의 시선을 의식하지 않고 자신의 의지대로 산다면 삶은 훨씬 행복해질 수 있을 것이다. 권석만(2011)은 칼럼 '진정한 행복의 의미'에서 행복의 요소를 다음 세 가지로 표현했다.

첫 번째 행복의 요소는 즐거운 삶이다. 행복한 사람들은 삶 속에서 편안함, 만족감, 기쁨, 여유로움과 같은 긍정 정서를 자주 그리고 많이 느낀다. 이런 의미에서 행복은 욕구와 욕망이 충족되어 만족하거나 즐거움을 느끼는 상태이다.

두 번째 행복의 요소는 자기실현, 즉 자아를 펼치는 삶이다. 인간은 누구나 자기만의 재능과 강점을 지니고 있다. 따라서 자신의 재능과 강점을 살리는 삶을 살아갈 수 있도록 자아실현을 해야 한다. 성공하는 사람은 방법을 찾고 실패하는 사람은 핑계를 찾는다고 한다. 결국 행복이란 내가 나에게 주는 좋은 선물이다.

"내가 지금 가장 원하는 게 뭐지?" 바로 이것을 찾아 가는 것이 행복일 것이다.

마지막으로 중요한 요소는 의미 있는 삶이다. 의미는 그 자체로 존재하는 것이 아니라 다른 것과의 관계 속에서 발견될 수 있는 것이다. 관계는 인간의 삶에서 매우 중요하다. 그러면 진정한 행복이란 무엇일까? 자신에게 주어진 환경에서 체면에 구애받지 않고 자신의 일을 찾아 즐거움을 찾으며 의미 있는 삶을 사는 것이 진정한 의미의 행복이라 생각한다.

우리 삶에서 행복과 불행, 긍정과 부정, 낙관과 비관을 가르는 절대적인 기준이 있는 것이 아니라, 다만 각자가 어떤 프레임으로 세상을 바라보느냐에 달려 있다. 누구나 행복해질 수 있는 일을 찾지만 많은 사람들이 실패하는 이유는 프레임을 잘못 설정했기 때문이다(강의모, 2016).

사람마다 차이는 있겠지만 그래도 행복한 사람은 하루하루 반복되는 삶 속에서도 즐거움을 찾는다. 삶이 즐거워야 열심히 일할 수 있고, 가족과 직장에 기여할 수 있다. 자신이 가족과 직장을 위해 공헌하는 소중한 존재라고 인식할 때 보람을 느끼며 더욱 즐거운 삶을 영위할 수 있기 때문이다. 개인의 행복이 가정의 행복이고, 가정의 행복이 조직의 행복이며, 조직의 행복이 곧 사회의 행복이 되며 국가를 부강시키는 원동력이 된다.

우리나라는 경제적 부흥으로 과거에 비해 의식주뿐만 아니라 다양한 영역에서 풍요로워졌기 때문에 국민들의 삶이 행복해야 함에도 불구하고 오히려 행복지수는 OECD 국가 중 하위권에 속한다. 그 원인은 남과 자신을 비교하여 만족감을 얻지 못하기 때문이다. 윌리엄 폴 영이 『갈림길』이라는 책에서 주장한 것 같이 우리나라 국민들은 체면 문화를 매우 중요시하고 있다. 누군가 자신을 다른 사람과 비교한다고 느끼면 인간은 본능적으로 더 긴장하고 위축하게 된다고 알베르 카뮈는 말했다. 따라서 행복하기 위해서는 남을 의식하지 말고 긍정적인 마음으로 자신이 세운 목표를 이루어 나가야 한다.

특히 우리는 돈이 많으면 행복하다고 하는데, 그렇지 않다는 것을 보여주는 예화가 그리스 신화에 나오는 미다스 왕에 대한 이야기이다.

미다스 왕은 엄청난 부자가 되면 매우 행복해질 것이라고 믿고, 모든 소원을 들어주겠다는 신에게, 자신의 손이 닿는 모든 것을 황금으로 변하게 해달라고 간청했고 신은 그의 소원을 들어주었다.

왕은 기뻐서 황금을 만드는 일에 몰두했지만 어느 순간 자신이 하고 있는 일이 행복이 아니라 불행의 원천임을 발견하게 되었다. 왜냐하면 그가 손대는 음식과 포도주가 황금으로 변해서 먹을 수 없게 되었기 때문이다.

심지어는 사랑하는 딸을 만지자 그 딸이 왕의 눈앞에서 황금상으로 변해 버렸다.

미다스 왕은 이 세상에서 가장 부유한 사람이 되면 가장 행복할 것이라고 믿었지만, 결국에는 가장 불행한 사람이 되고 만 것이다. 결국 행복은 부자가 되거나 좋은 직장, 좋은 대학에 가는 것이 아니라 다른 사람과 좋은 관계를 맺으며 자신이 하고자 하는 일을 하면서 즐거움을 찾고 사회에 공헌하는 의미 있는 삶을 사는 것이다.

3. 어떤 리더가 나를 행복하게 만드는가?

행복과 리더의 함수관계를 탐구한 『행복의 리더십』의 저자 이재혁 PD는 리더와 구성원이 공감하는 행복 리더십에 대해 강조하였고, 나의 행복을 만드는 공식을 다음과 같이 제시하였다.

◈ 나의 행복을 만드는 공식 ◈

행복 = {(소통) + (공감) + (정의) + (책임) + (혁신)} × 리더십

출처 : 이재혁(2012). 행복의 리더십. 알에이치코리아.

그는 '당신은 당신을 행복하게 해줄 리더를 알고 있는가?'라는 주제로 세계 지도자의 리더십을 탐구하여 다음과 같은 내용을 제시하였다.

〈표 7-1〉 세계 지도자의 리더십 탐구

연구자	경 력	주요내용
마이클 샌델	정의란 무엇인가? 저자 하버드대학 교수	• 건강한 민주주의는 완벽한 평등을 요구하는 것이 아니다. 리더는 서로를 인정하는 시민사회를 창조하겠다는 충분한 공동의 목적과 관심사가 있어야 한다.
타르야 할로넨	핀란드 대통령 소통과 친화의 아줌마 리더십	• 리더는 사람들을 위에서 아래로 지시하는 것이 아니라 아래에서 위로 가는 흐름이어야 한다.
무하마드 유누스	그라민 은행 설립자, 전 총재 2006년 노벨평화상 수상 신뢰와 책임의 그라민 리더십	• 지도자는 사람들에게 영감을 줄 수 있어야 한다. 강제로 지시하고 명령하는 것은 리더십이 아니다. 그것은 일방적인 요구에 불과하다.
버락 오바마	미국 최초의 44대 흑인 대통령 박수를 받으며 떠나는 리더십으로 명명	• 소통과 화합, 공감능력이 뛰어난 소통의 리더십 소유자 • 꿈을 꾸는 자만이 진정으로 살아있다.
충무공 이순신	위기극복 전략 리더십 명량해전, 난중일기	• 시대와 미래를 꿰뚫는 통찰력을 갖춘 원칙에 입각한 리더십 소유자 • 진정한 리더십은 사람의 마음을 움직이는 것이다(용기, 통찰력, 지식, 희생정신, 단호함, 소통).

4. 행복 리더십이 경쟁력이다.

『리더십이 경쟁력이다』의 저자 조성용 교수는 '행복한 자유인'이 되면 '행복 리더십'이 싹튼다고 했다. 즉, 리더가 먼저 행복해져야 조직이 변해서, 조직원들도 일과 삶에서 균형을 찾아간다고 강조하였다. 즉, 행복은 긍정적인 힘으로 진정한 행복을 찾으며 사는 것이라고 볼 수 있다. 이런 면에서 보면, "리더십이란 조직구성원들의 마음을 자발적으로 움직여서 조직의 목표를 달성하도록 만드는 영향력이다. 그리고 리더의 가장 근본적인 역할은 자신을 비롯해 조직구성원 모두를 행복하게 만들어 주는 것"이라면서 조직구성원 모두를 행복하게 하려면 먼저 '행복한 리더'가 탄생해야 한다고 했다(조성용, 2017). 리더 자신이 행복해져야 한다는 말이다. 행복한 자유인의 길을 통해 자신이 가진 그대로의 모습을 인지하고, 실수나 실패는 인정하되 그것을 통해 배우려는 여유를 가질 때 비로소 리더는 주변을 스스로 돌아볼 수 있게 되는 것이라고 역설했다(경상일보, 2011).

『설득의 심리학』 저자로 유명한 로버드 치알디니는 '호감의 원칙'에서, 그는 내가 남들에게 사랑받는 사람이 될 수 있을지 말하기 전에 내가 상대방을 좋아할 수 있을까를 먼저 고민해야 한다고 주장하였다. 상대방의 장점을 찾아내고 진심을 담아 칭찬을 해야 진짜 호감을 살 수 있다는 것이다(강의모, 2016).

"99%의 사람들은 현재를 보면서 미래가 어떻게 될지를 예측하고 1%의 사람들은 미래를 내다보면서 현재 어떻게 행동할지를 결정한다."고 한다(이민규, 2015). 경영 컨설턴트 간다 마사노리는 대부분의 사람들이 1%의 사람을 이해하기 어렵다고 주장하였다. 진정한 행복이란 다른 사람과 관계를 맺으며 자신이 하고 싶은 일을 하면서 즐거움을 찾고 사회에 공헌하는 의미 있는 삶을 사는 것이 아닐까?

1) 행복한 리더의 역할

행복한 리더가 되기 위해서는 자신부터 행복해져야 한다. 리더인 나부터 행복해져야 상대도 행복하게 해줄 수 있다. 일에만 집착하면서 개인적인 생활이 거의 없을 정도로 여유가 없는 생활을 하는 것이 아니라, 내가 행복해지기 위해서 일과 삶의 균형을 찾는 것이 매우 중요하다. 행복한 리더의 역할을 크게 세 가지로 정리하면 다음과 같다(조성용, 2011).[1)]

첫째, 리더와 조직구성원들이 서로 신뢰하고 존중해야 한다.

상호 신뢰의 기본은 존중이다. 만약 조직 내에서 어떤 갈등이 일어났을 때 서로를 잘 알게 되면, 아는 만큼 서로를 신뢰하고 존중하며 해결해 나갈 수 있다. 일을 하는 과정도 중요하지만, 조직구성원 모두가 서로의 가치관, 상대의 강점, 또 각자의 인생목표에 대해서 어느 정도 공유가 이루어지고 있다면, 각

1) [리더십이 경쟁력이다－조성용 교수 인터뷰] '행복한 자유인' 되면 '행복 리더십' 싹튼다.

개인의 어려움을 이해할 수 있고 그것을 함께 극복하려는 노력을 하게 된다.

둘째, 조직의 정체성에 대해서 조직구성원 모두가 이해하고 공유해야 한다.

조직의 비전이나 목표, 미션 등을 서로 공유하고 이를 위해 구성원이 함께 자발적으로 참여할 수 있어야 하는 것이다. 이때 가장 중요한 스킬이 바로 효과적인 의사소통이다. 리더의 중요한 역할 가운데 하나는 의사소통을 통해 조직구성원들이 주인의식을 가지고 자기주도적으로 참여해 열정과 도전의식을 가지고 일을 잘 할 수 있도록 하는 것이다.

셋째, 조직구성원이 일을 잘하지 못했을 때는 펀(fun)한 리더십이 발휘되어야 한다. 직원들이 일을 잘하지 못할 때는 반드시 이유가 있는데, 그 일에 대해서 동기부여가 안 되었기 때문이거나 직원이 자신 없어 하는 분야의 일을 맡겼을 때이다. 이때 리더에게 필요한 것은 감정적인 대응이 아니라, 효과적인 대응이다. 직원의 강점을 잘 살펴서 그가 가진 재능에 맞는 일을 맡기는 것이 리더의 중요한 역할이다. 이와 같이 리더는 운동경기의 코치와 같이 조직구성원들이 일을 잘 하지 못하면 이에 대한 긍정적인 피드백을 반드시 주어야 한다.

미래의 조직에서는 구성원들이 진정으로 행복을 느낄 수 있는 팀워크가 이루어져야 한다. 구성원의 행복과 능력발휘를 효과적으로 지원할 수 있어야 개인이 행복할 수 있으며 조직도 발전하게 된다.

긍정적이고 행복한 조직사회를 만들기 위해서는 개개인의 강점을 찾아 스스로 직무에 '몰입'할 수 있는 환경과 문화를 구축해야 한다. 구성원들이 직무에 '몰입'하게 하는 환경과 문화를 구축하기 위해서는 기업이 처한 상황이나 기업의 비전과 철학에 따라 각 조직에 맞는 방법을 찾아야 한다(조성용, 경상일보, 2011).

2) 행복 리더십의 조건

행복 리더십의 조건을 우리는 '몰입'에서 찾아볼 수 있다.

'몰입'은 영어로 플로(flow)로 표현되는데, '물이 흘러가다'라는 뜻에 기인한다. '몰입'을 처음 사용한 미하이 칙센트미하이는 몰입은 흘러가는 강물에 배를 띄워놓고 거기 앉아 둥실 떠내려가듯 일이 저절로 되는 느낌이 드는 것이라고 했다. 무언가에 정신없이 몰두하거나 거기에 미치면 시간이 어떻게 흘러가는지 모르게 되고 그런 상태에 대한 행복과 희열을 느끼며 창의적인 것이 만들어지는 것이다. 독서삼매경에 빠진다든지, 아이들이 오락에 시간 가는 줄 모른다든지 하는 것을 생각하면 된다(류지성, 2011). 긍정심리학에서도 이러한 몰입을 행복의 중요한 요소로 꼽는다. 어떤 일에 몰입하든지 이런 몰입의 경험은 개인의 역량을 그 분야에서 최고 수준으로 발휘하게 할 뿐만 아니라 창의적 예술활동과 자기 일에 대한 행복과 만족감을 가능하게 한다. 몰입하면 인생은 더 행복해지고 창조적이 된다. '몰입'의 태도는 조직생활에서도 매우 중요하다. 조직의 건강함, 행복하고 창의적인 조직문화를 만들 수 있기 때문이다. 분명한 목표를 가지고 몰입을 할 때 목표달성이 되고 좋은 성과를 거둘 수 있다(류지성, 2011).

리더의 입장에서 본다면 다른 사람들의 관심사나 역량을 잘 살펴 그들에게 적합한 업무를 부여하거나 당사자가 정신을 바짝 차릴 수 있도록 120% 수준의 목표를 부여하는 것이 조직원들의 몰입을 돕는 일이다. 즉, '몰입시키는 것'도 리더에게 필요한 능력이라 할 수 있다. 자신이 하고 싶은 일을 마음껏 해보게 하는 것도 몰입을 가능하게 하는 중요한 요인이다. 분명한 목표를 제시했다면 즉각적 피드백도 '몰입하는 조직'을 만드는 데 중요하다. 다른 사람에게서 적절한 피드백을 받으면 좀 더 잘하고 싶다는 의욕이 솟는다. 이러한 과정에서 자신의 능력을 향상시키고 더 활용할 수 있는 기회를 얻게 된다면 일의 재미는 더 커질 것이고 조직원은 행복하게 일할 수 있을 것이다. 리더로서 피드백을 할 때는 일과 사람을 분리해서 봐야 한다. 타이밍을 놓치지 않고 구체적으로 해주는 칭찬 피드백은 직원의 자신감을 향상시켜 일의 향상성을 높이는 효과를 가져오기 때문에 중요한 요인이라 할 수 있다. 리더십의 핵심은 영향력을 어떻게 행사하느냐에 달려 있다. 진정한 리더십은 리더가 제대로 된 영향력을 가질 때 비로소 생겨나는 것이다. 만약 부하나 조직원이 보상을 기대하거나 강압에 의해 복종한다면 그것은 리더십을 발휘한 게 아니다. 진정한 리더십은 조직원들이 리더와 자신을 동일시 또는 내면화하는 반응을 끌어낼 때 발휘된다. 조직원이 행복감을 가지고 일할 수 있는 환경을 만들어 주는 리더십, 그것이 이 시대가 요구하는 진정한 리더십이라 할 수 있다.

5. 감성에세이

1) 행 복

삶은 행복하다. 우리는 이 사실을 알고 있을까?
혹은 평생 알지 못할 것인가?

—아니 르클레르. <여자의 발>

나를 변화시킨 결정적 수년간 땡큐! 내 인생의 터닝 포인트
안주란 삶에서 가장 자주 만나는 가장 큰 적

인생의 하프타임은 스스로 정할 수 있지만 종료시간이 언제 찾아올지는 아무도 알 수 없다. 삶을 확장시키기 위해 직업에서 자신의 분야를 찾아 전문성을 쌓고 그런 일을 오래 하기 위해 놀이로 충전하고, 삶의 여정을 계속하기 위해 때때로 지도를 펼쳐보는 시간이 필요하다고 말한다. 만약 당신에게 견디기 힘든 위기감이 확 밀려온다고 한다면 주저하지 말고, 일단 스톱!을 외치자. 그때가 바로 하프타임이 필요한 시기이다. 세상을 다르게 보기 시작하면 삶의 방향이 달라지고, 삶의 질이 달라진다. 멈추면 비로소 보이는 것들이 있다.

〈중략〉

네가 진짜로 원하는 게 뭐야? 일생의 결정적인 순간은 '바로 지금'이다

이 세상에서 가장 가슴 설레고 짜릿한 건 '여행'이다

많은 사람들이 '일상을 여행처럼, 여행을 일상처럼' 살고 싶어 한다.

카피라이터 박웅현은 일상을 여행처럼 살고 싶다면 '늘 보는 것'을 '3일밖에 볼 수 없는 것'으로 생각하고 살라고 하였다. 우리가 여행지에서의 모든 것을 특별하게 기억하는 것은 그곳에서의 짜릿하고 흥분된 시간이 우리의 삶을 생생하게 만들어 주기 때문이다.

—여행작가 조은정 글 중에서

성공학에서 자주 인용되는 것이 '1만 시간의 법칙'이다. 어떤 분야에서 최고의 전문가가 되려면 1만 시간, 즉 하루 3시간씩 꼬박 10년 이상을 쏟아 부어야 한다는 이론이다. 그러나 1만 시간이 한 사람을 전문가로 만들어 줄 수는 있어도 성취감까지 보장하지는 않는다. 당신이 가장 힘들 때, 가장 빛나는 터닝 포인트가 기다리고 있다. 그것이 바로 행복 포인트이다.

Tip 1만 시간의 법칙

신경과학자인 다니엘 레비틴은 어느 분야에서든 세계 수준의 전문가, 마스터가 되려면 1만 시간의 연습시간이 필요하다는 연구결과를 내놓았다. '작곡가, 야구선수, 소설가, 스케이트선수, 피아니스트, 체조선수, 그 밖에 어떤 분야에서든 연구를 거듭하면 할수록 이 수치를 확인할 수 있다. 1만 시간은 대략 하루 세 시간, 일주일에 스무 시간씩, 10년간 연습한 것과 같다. ..... 숙달된 작곡가의 기준에서 볼 때 모차르트의 초기 작품은 놀라운 것이 아니다. 가장 초기에 나온 것은 대개 모차르트의 아버지가 작성했을 것으로 보이며 이후 점차 발전해 왔다. 모차르트가 어린 시절에 작곡한 협주곡, 특히 처음 일곱 편의 피아노 협주곡은 다른 작곡가들의 작품을 재배열한 것에 지나지 않는다. 현재 걸작으로 평가받는 진정한 모차르트의 협주족(협주곡 9번, 작품번호 271)은 스물한 살 때부터 만들어졌다. 이는 모차르트가 협주곡을 만들기 시작한 지 10년이 흐른 시점이었다.

출처 : 말콤 글래드웰(2009). 아웃라이어.

2) 행복통장 : 행복워밍업

행복 워밍업 실천 방법

1. 내가 행복감을 느낄 수 있는 행복 워밍업 과제를 기록한다.
2. 행복 과제를 매일 실천하고 기록한다.
3. 작성한 행복 워밍업 외에 행복 실천 내용들도 모두 기록한다.

1	
2	
3	
4	
5	

행복통장 : 행복 워밍업

• 행복은 만들어 가는 것이다.
행복과제를 매일 실천하고 기록한다.

날짜	행복 워밍업 실천 내용
5/20	좋아하는 음악을 들으며 행복하게 출근을 했다.

토론주제

• '행복의 조건'에 대해 토론해 봅시다.

08

문제해결의 길! 의사소통이다!!

코칭 리더십

1. 소통의 아이콘 리더
2. 코칭리더! 소통의 달인!
3. 코칭리더가 되자.
4. 코칭을 성공하려면?
5. 감성에세이

Chapter 08

문제해결의 길! 의사소통이다!! 코칭 리더십

사회가 급변하고 복잡해질수록 많은 문제들이 발생하며 그만큼 의사소통기술의 중요성은 증대된다. 특히 상사와 직원 간의 의견 충돌 시 이를 극복하기 위한 의사소통 과정이 결여되어 서로가 상처를 입는 경우가 허다하다. 이런 현상은 가정에서부터 국가에 이르기까지 모든 곳에서 발생할 수 있기 때문에 이를 잘 극복하고 구성원들 간의 관계를 원만히 하기 위해서 의사소통 능력은 필수적이다.

미래를 이끌어 갈 리더에게 의사소통 과정의 한 방식인 코칭은 조직의 경쟁력을 성장시킬 수 있는 중요한 방법이다. 일반적으로 코칭은 가르친다는 것으로 생각하기 쉬운데, 코칭 리더십에서의 가르침은 가르침에만 의존하지 않고 스스로 배우도록 도와주는 것이라고 보아야 한다. 코칭은 구성원들로 하여금 자기조직의 성과에 기여하도록 하고, 각 개인의 삶에 진실로 소중한 것이 무엇인지를 깨닫게 하는 의사소통 방식의 하나이다.

코칭은 리더의 중요한 역량으로서 조직구성원의 자발적인 참여유도와 그들의 내적인 힘과 가능성을 이끌어 내는 것을 강조한다.

코칭 리더십을 발휘하여 문제해결을 위한 의사소통은 어떻게 하면 좋을까?

1. 소통의 아이콘 리더

소통의 어원을 살펴보면 라틴어의 '나누다'를 의미하는 'communicare'로, 어떤 사실을 타인에게 전하고 알리는 심리적인 전달을 의미한다. 사전적 의미는 '가지고 있는 생각이나 뜻이 서로 통한다'라는 뜻이다. 즉, 소통은 말이나 행동을 통해 상대방에게 자신의 생각이나 감정 등의 정보를 전달하고 상대의 뜻을 이해하는 과정이다. 의사소통을 잘 하기 위해서는 그 구성요소를 알아야 하는데, 이는 보내는 사람, 받는 사람, 메시지, 전달매체, 피드백이며 관계를 그림으로 표현하면 다음과 같다.

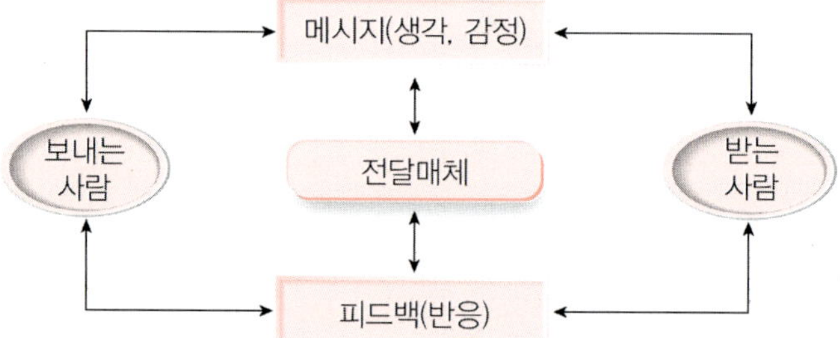

| 그림 8-1 | 의사소통의 과정이해도

1) 효과적인 의사소통의 솔루션

사람들은 의사소통을 통해 자기 발전을 이루고, 행복한 삶을 영위한다. 주변 사람들과 신뢰를 구축하고 자긍심을 제고하며, 업무에 대한 능동적 태도로 생산력이 증대된다. 또한 자신의 직장과 업무에 대한 애착심이 고취된다. 급변하는 사회의 발달로 상황예측이 어렵고 예상 밖의 문제가 발생하는 요즈음은 다양한 사람들의 의견을 종합하여 결론을 도출하는 협력적 상호 의사소통 능력이 필요하다.

협력적 의사소통의 장점은 주인의식과 책임의식을 갖게 할 뿐 아니라 권한

위임으로 빠른 의사결정을 함으로써 변화를 수용할 수 있고 조직의 경쟁력을 행사할 수 있다.

단점으로는 조직과 충돌 가능성이 있으며, 그로 인해 좌절감이 확대될 가능성이 있다는 것이다. 또 목표와의 괴리현상이 발생하거나 역량이 향상되는 데 시간이 많이 걸리는 문제가 있다.

의사소통이 부족한 사람은 다음과 같은 특징이 있다.

첫째, 관리자와 직원 간 상호 이해가 부족하다.

관리자와 직원에게 중요한 것은 상호 이해하는 것이며, 대화내용을 공유함으로써 서로 이해하고 신뢰를 쌓는 것이 중요하다,

둘째, 조직 내 특정 계층의 사람들하고만 대화하거나 상대방을 격려하기보다 질책을 함으로써 자존감을 떨어뜨리는 피드백을 준다.

자신의 생각을 분명하고 설득력 있게 표현하지 못한다. 아울러 "바쁘니까 요점만 이야기합시다."라는 식으로 대화를 시작할 때가 많다. 무엇보다 상대방의 능력을 과소평가하며, 자신의 직무전문성에 대한 자신감이 강하다. 해야 할 말과 하지 말아야 할 말을 지나치게 구분하고 스스로 통제하며, 의사표현 방식이 단조롭고 대화내용이 무미건조하다. 대화내용보다는 감정을 먼저 앞세우며, 상대가 무슨 말을 할지 미리 짐작하면서 대화하고 자신이 싫어하는 대화 유형을 가지고 있는 것이 특징이다.

셋째, 열등감이 소통을 방해한다.

상대방이 나를 무시한다는 사고에 잠겨있다. 상대가 웃으면 비웃는다고 생각하고, 의사소통하기보다는 상대가 나를 무시하는가?를 확인하는 데 급급하다.

넷째, 다른 사람이 말을 할 때 듣지 않고 자기 말만 주로 한다.

본인은 듣는다고 하지만 자신의 말만 지속적으로 한다. 그리하여 상대방이 말을 하면 진심으로 듣지 않고 무시당했다며 화를 내거나 자기변명 하기 바쁘다.

2) 성공적인 의사소통 방법

(1) 감정이입을 하며, 경청한다.

적극적인 의사소통의 시작은 잘 듣는 것으로, 감정이입을 통한 경청을 하는 것이다. 상대방의 관심을 존중하여, 말뿐 아니라 감정을 이해하고 공감한다.

상대방의 말을 잘 이해하고 있는지 확인하고 부연해 본다(저는 ~라고 말씀하신 것으로 이해합니다. 그러니까 ~라고 생각하시는 것이군요). 이처럼 상대방의 말을 어떻게 이해했는지 설명해 본다. 단순히 상대방의 말을 반복하는 것은 의미 없다.

(2) 올바른 질문을 사용한다.

질문은 대화를 역동적으로 만든다. 대화하는 중에 질문을 함으로써 상대의 말에 주의를 기울이고 있음을 보여주고 이를 통해 상대방의 관심과 열의를 이끌어 낼 수 있다. 예를 들면, 자신의 생각과 느낌을 주장하는 것이 아니라 상대의 의견과 생각을 존중해 주고 수용해 주는 것이 중요하다.

(3) 직원에게 조언할 때는 구체적이고 객관적으로 말한다.

"기획안이 잘못되었어. 엉터리야."라고 비난하는 말 대신 "이 기획안에는 메시지를 전달하는 두 가지 생각이 약하네요." 하는 식으로 구체적인 지적을 하는 것이 효과적이다. 지적이 구체적이고 객관적일수록 상대는 그 조언에 대하여 비난으로 생각하기보다는 의사소통을 하고자 하는 시도로 해석하는 경향이 있다.

(4) 상대에 대한 편견이나 선입견을 가지고 판단하지 말아야 한다.

의사소통에서 중요한 것은 편견이나 선입견이 배제된 감정이다. 만약 내가 "오늘도 시간이 늦었네. 너는 매일 늦게 오니?"라고 말한다면 상대는 미안한 감정 대신 반감을 가질 수밖에 없다. 반면 만약 내가 "급하고 중요한 날인데 늦어서 차 사고라도 난 줄 알고 걱정했어."라고 말하면 상대는 나의 감정에 대해 도리어 미안한 마음을 갖게 될 것이다.

2. 코칭리더! 소통의 달인!

의사소통은 성공적이고 행복한 삶과 직결되기에 더욱 중요하다.

소통을 잘하는 리더는 인격이 성숙한 사람이다. 의사소통을 잘하기 위해서는 상대방의 말을 주의 깊게 들어야 하며, 다른 사람의 마음을 움직일 수 있어야 한다. 좋은 의사소통이 되게 하려면 공감형성과 상대방을 이해하는 존중감을 보여주어야 한다. 또한 상대의 주장에 대해 진중하게 들어주며 표현에 귀 기울이는 것이 중요하다. 이를 그림으로 제시하면 다음과 같다.

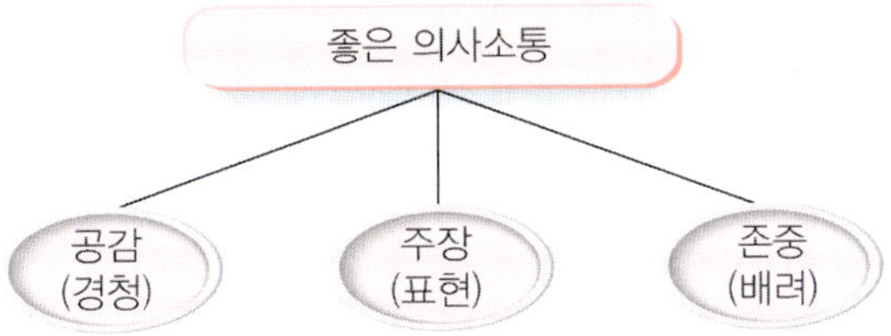

| 그림 8-2 | 좋은 의사소통을 위한 관계

리더는 조직구성원들이 자기주도적 능력을 높일 수 있도록 재능과 잠재력을 끌어내야 한다. 의사소통 기술은 인간관계에서의 마찰과 갈등을 줄일 수 있다.

소통의 달인이 되기 위한 구체적인 방법을 제시하면 다음과 같다.

① 내가 하고 싶은 말보다 상대가 듣고 싶어 하는 말 하기

② 분위기를 살리는 말 하기

③ 적절한 유머를 더해서 재미있게 말하기

④ 어려운 말보다 쉬운 말로 하기

⑤ 상대방의 말을 경청하기
⑥ 상대방의 말을 중간에서 가로채지 않기
⑦ 상대방의 말에 반응을 보이기
⑧ 대화의 주제에 벗어난 이야기 하지 않기
⑨ 상대방을 보고 말하기
⑩ 중요한 말은 따라서 반복해 주기

1) 메라비언의 의사소통 법칙

앨버트 메라비언이 "Silent Message"에서 설명한 비언어소통의 중요성은 다음과 같다.

① Verbal(언어정보 : 7%) ……………… 이야기의 내용, 언어의 의미
② Vocal(청각정보 : 38%) ……………… 목소리 크기, 속도, 어조
③ Visual(시각정보 : 55%) ……………… 겉모습, 표정, 시선, 몸짓

이를 그림으로 제시하면 다음과 같다.

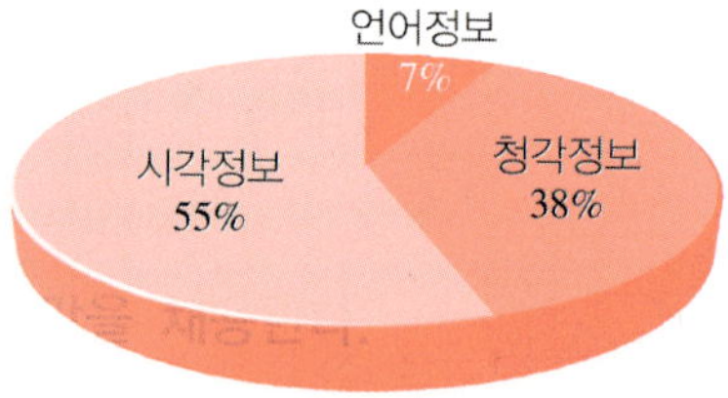

| 그림 8-3 | 메라비언의 의사소통 법칙

의사소통의 일반원칙으로서 Redfield가 제시한 7가지 원칙을 살펴보면 다음과 같다.

① 명료성의 원칙으로 내용이 쉽고 정확하며 평이한 문장이어야 한다.
② 일관성의 원칙으로 정보에 모순이 없어야 한다.
③ 적시성의 원칙으로 의사전달이 적기에 이루어져야 한다.

④ 적량성의 원칙으로 정보의 양이 적당해야 한다.

⑤ 분포성의 원칙으로 정보가 대상에게 잘 전달되어야 한다.

⑥ 적응성의 원칙으로 현실에 적합해야 한다.

⑦ 관심과 수용의 원칙을 가지고 상대의 주의를 끌 수 있는 내용이어야 하고 수용력이 있어야 한다.

이처럼 의사소통은 말하는 것보다는 행동의 영향을 많이 받는 것을 볼 수 있다. 바람직한 의사소통을 위해서 먼저 진실해야 하며 공감능력을 갖추고 자기주도력을 높이도록 재능과 잠재력을 이끌어 주어야 한다.

소통이 잘 되기 위해서는 다른 사람에게 관심을 기울이는데, 그 방법으로는 상대의 의사를 확인하고 공감할 뿐 아니라 경청하는 능동적 자세와 긍정적 사고를 가져야 한다.

2) 팀워크를 위한 의사소통 기술

데이비드 베이커(David Baker)는 팀워크 연구에서 효과적인 팀워크 형성을 위한 의사소통 기술의 핵심요소를 집단적 의사결정 방식을 채택하는 것, 직원의 적응성과 유연성을 높이는 것, 원만한 대인관계를 유지하는 것이라고 주장하였다. 이 세 가지 핵심요소가 효과적으로 기능할 수 있도록 지원하는 것이 의사소통 기술이라고 보았다. 효과적인 의사소통을 위해 다음과 같은 전략을 사용할 수 있다.

① 팀원에게 명확하고 정확한 정보를 제공한다.

② 효과적으로 경청한다.

③ 질문을 자주 한다.

④ 타인의 정보요청을 인정하고 수용한다.

⑤ 팀원과 아이디어를 공개적으로 공유한다.

⑥ 자신과 팀원의 비언어적 행동에도 주의를 기울인다.

3) 의사소통 역량 개발

의사소통의 달인이 되기 위해서는 이야기하기 좋은 사람과 싫은 사람을 구분해야 한다. 또한 상대방이 말한 내용을 요약해서 말해보고, 알고 있는 내용이라도 성급하게 상대방의 말을 중단시키지 않아야 한다. 다른 사람들과의 대화를 관찰자의 관점에 서서 들어보며, 내가 듣고 싶은 것만 듣는 습관은 반드시 고친다.

3. 코칭리더가 되자.

국제코칭 연맹에 의하면 코칭이란 "고객들이 한 개인으로서 혹은 전문가로서 그들의 역량을 최대한 발휘하는 데 도움을 주기 위한 파트너의 역할을 충실히 함"을 의미한다고 한다. 우리나라에서 코칭이라는 용어가 사용된 것은 2000년대 초반이다. 조직의 경쟁력은 사람에 의해 좌우되기 때문에 코칭은 핵심인재 양성에 가장 효과적인 방법이다. 왜냐하면 코칭은 구성원 스스로가 행동이나 태도를 변화 발전해 갈 수 있도록 긍정적인 영향력을 발휘해 가는 것이기 때문이다. 구성원들과 대화를 통해 역량을 개발하고 동기부여를 할 뿐 아니라 자발적이고 적극적으로 일을 할 수 있도록 지도하고 격려하며, 수시로 피드백을 해준다. 그러므로 코칭은 대상의 목표설정, 방향설정, 동기부여, 피드백, 인간향상을 위한 노력들을 포함한다.

1) 코칭 적용을 위한 기본 전제

(1) 코칭의 기본은 신뢰이다.

코칭은 한 조직구성원의 능력을 정확히 평가하고 개성을 존중하며 성공에 초점을 맞추어 적용하는 사회적 기술이다. 그러므로 믿음과 신뢰가 구축된 리더와 조직구성원 간의 진솔한 대화가 가능해야 한다.

(2) 코칭의 목적은 변화이다.

변화는 조직 내의 구성원들에게 시너지 효과를 발생하여 좋은 결과를 경험하게 한다. 하지만 변화는 어려움을 동반하기 때문에 마음의 준비가 필요하다. 변화의 시기에 코칭이 성공적으로 이루어지기 위해서는 조직구성원들이 각기 다름을 인정하도록 신뢰를 구축할 수 있는 많은 시간이 필요하다. 또한 문제에 당면했을 때 구성원 스스로 해결책을 강구할 수 있도록 기다림과 인내가 필요하며 코칭을 시작한 리더는 성공할 때까지 인내심과 일관성을 가져야 한다(Elisabeth Haberleither, 2006).[1)]

(3) 코칭은 개인이 주체로서 상호발전에 중점을 둔다.

사람은 누구나 자신만의 특성을 가지고 있다. 조직에서 구성원들은 상호작용을 기반으로 각자 자신의 개별성과 개성을 찾고, 개발함으로써 조직의 목표달성을 위해 함께 노력해야 한다. 코칭은 조직구성원이 인지하고 있는 사실을 다른 시각에서 이해하고 판단하는 기회를 가질 수 있도록 왜곡되고 제한된 인식의 틀을 벗어나도록 도와주는 과정이다. 그러므로 개인의 시각적 한계를 최소화하고 문제를 바라보는 시각을 넓힘으로써 상호발전하게 된다.

4. 코칭을 성공하려면?

코칭을 성공하기 위한 효과적인 방법에는 무엇이 있을까?

코칭챔피언이 되어 성과향상을 이루기 위해서는 다음과 같은 전략이 필요하다.

1) Elisabeth Haberleither(2006). 코칭 리더십. 국일증권경제연구소, p. 71.

첫째, 코칭은 객관적인 자료가 필요하다.

어떤 과정이든지 주관을 배제하고 객관적 사실에 근거를 두어야 하며, 행동이나 상황사건을 구체적인 용어로 표현해야 한다.

둘째, 코칭은 조직구성원의 행동변화를 통해 성과 향상을 꾀한다.

코칭을 통한 긍정적인 태도와 행동의 변화는 능률이 향상되는 기반이 되고, 조직원들의 성과 향상에도 도움이 된다.

셋째, 코칭은 사람중심에 기반을 두고, 인간관계를 중요시한다.

코칭은 상호 간의 믿음을 기반으로 상호존중하며 긴밀한 유대감을 형성해야 한다.

넷째, 코칭은 그 과정을 서두르지 않는다.

조직의 구성원이 당면한 문제를 해결하려고 노력하는 과정에서 능력을 발전시키는 형식으로 이루어져야 한다. 이를 위해서 상대방의 의견에 귀 기울이는 경청의 자세가 필요하며, 문제를 스스로 해결하도록 하는 것이 중요하다.

다섯째, 대화를 필요로 한다.

상호 간 최선의 대안을 마련하기 위해서는 피드백과 질문을 주고받는 대화가 중요하다. 리더가 솔직하고 진실하게 자신의 약점을 드러내는 용기를 가질 때 진정으로 신뢰가 쌓이는 진솔한 대화를 하게 된다.

여섯째, 코칭은 열린 마음이 필요하다.

리더는 구성원 한 사람 한 사람의 가치를 인정하며 열린 마음을 가지고 겸허한 마음으로 대해야 한다. 이럴 때 친밀감이 생기고 개방적 분위기로 편안함을 느끼게 해줄 수 있다.

일곱째, 코칭은 겸허해야 한다.

리더가 자신의 생각이나 의견을 주장하는 것이 아니라 상대의 의견이나 생각에 귀 기울여 주고 존중하며, 수용해야 한다.

여덟째, 코칭은 조화와 균형을 요구한다.

코칭은 리더가 조직구성원과 조화를 이루고 업무성과와 인간관계가 균형을 이루는 것을 목표로 삼는다. 따라서 피드백을 통해 서로의 부족한 부분을 보충하여 균형을 갖도록 힘쓴다.

아홉째, 코칭은 자기 책임을 요구한다.

코칭은 적극적으로 참여하고 팀의 성과와 공동의 목표를 달성하기 위해 함께 협력해야 한다. 상호 간 진솔한 대화로 의사소통을 하고, 공통의 목표를 위해 생기는 갈등이나 문제에 대해 책임을 요한다.

요약하면 코칭 리더십을 효과적으로 발휘하려면 성과향상에 필요한 직원의 육성 포인트를 명확히 도출하고 직무를 중심으로 코칭해야 한다.

성과향상을 위한 효과적인 코칭 방법을 살펴보면,

① 행동을 관찰해 역량수준을 추론한다.

관리자는 직원의 직무행동을 관찰하고 역량수준 추론을 위해 행동방향, 강도, 행동의 일관성에 주목해야 한다.

② 코칭을 위한 주요 업무 요소를 설정한다.

주요 업무 요소란 관리자가 반드시 평가 또는 코칭해야 할 중요 요소로서 직원이 담당하는 직무와 가장 관련이 높은 6개 내외의 직무 특성을 말한다.

③ 현장코칭을 한다.

관리자는 직원이 개선해야 할 직무행동의 방향과 내용을 구체적으로 제시해야 한다.

④ 직원의 행동변화에 중점을 둔다.

직무성과를 내지 못하는 행동을 찾아내서 그 원인을 분석해야 한다.

⑤ 목적에 맞는 피드백을 한다.

특히 망설여질 때, 부정적 피드백을 할 때 주의해야 한다.

1) 코칭 스킬 개발을 위한 방법

① 직원들의 요구와 개인적인 계획을 들어주는 데 시간을 할애한다.

조직이 발전하기 위해서는 직원들의 요구와 개인적인 계획을 들어주고 함께 공유하는 시간을 갖는 것이 필요하다.

② 직원의 성장을 위한 육성계획을 함께 만든다.

조직이 성장하려는 것처럼 개인도 성장하기 원한다. 성장은 새로운 것에 대한 학습과 인지적 행동적 변화를 포함한다. 성장의 70%는 현장직무에서, 20%는 타인의 조언이나 코칭 또는 멘토링을 통해, 나머지 10%는 집합교육이나 독서에서 온다고 한다. 이때 관리자는 적절한 학습방법을 제시해 주어야 한다.

③ 성과 없는 직원의 경우 그의 행동을 분석하고 문제점을 찾는다.

직원의 문제행동에 대한 체계적인 분석근거로 해결책을 마련했을 때, 직원이 우수한 성과를 보일 가능성이 높아지고 관리자는 부하육성에 자신감이 생긴다.

④ 직원들이 넓은 시야를 갖도록 도와준다.

성장은 새로운 것을 배우고 새롭게 볼 수 있는 시각을 갖는 것을 뜻한다. 직무 외에 새로운 직무체험, 자신과 다른 직무경험을 가진 직원들과 공동 프로젝트 추진기회를 제공한다.

5. 감성에세이

자연은 인간에게 한 개의 혀와 두 개의 귀를 주었다. 그래서 한 번 말하면서 상대방의 말을 두 번 들을 수 있다.

—에피테토스 Epictetus, 스토아학파 철학자

평소 나의 의사소통 능력 확인하기

다음 중 해당하는 곳에 (✓) 표시하시오.

질 문	5점 절대 긍정	4점 긍정	3점 유보	2점 부정	1점 절대 부정
1. 나는 다른 사람에게 말할 내용을 미리 메모해 둔다.					
2. 나는 보고하기 전에 반드시 메모한다.					
3. 나는 말하기 전에 내 의도를 마음속으로 반드시 확인한다.					
4. 나는 목적이 없이는 되도록 말하지 않는다.					
5. 나는 말하기 전에 주변 여건을 살핀다.					
6. 나는 말하기 전에 상대방의 상태를 살핀다.					
7. 나는 윗사람에게 보고하기 전에 관계자와 상의한다.					
8. 나는 말하기 전에 사실 여부를 꼭 확인한다.					
9. 나는 보고 시 필요한 말만 한다.					
10. 나는 절대로 과장해서 말하지 않는다.					
11. 내가 말하는 것은 언제나 상대방에게 유익하다고 생각한다.					
12. 내 말에 상대방은 늘 감동적이다.					
13. 나는 상대방이 내 말을 이해했는지 꼭 확인한다.					
14. 나는 대화 도중 상대방의 긍정적 반응을 유도하려고 노력한다.					
15. 나는 말실수를 할까 봐 무척 신경 쓴다.					
16. 사람들은 내 말을 잘 믿는 편이다.					
17. 나는 남이 말할 때 주의 깊게 잘 듣는다.					
18. 나는 다른 사람이 말할 때 절대로 건성으로 듣지 않는다.					
19. 나는 다른 사람의 이야기를 듣고 나면 그 내용이 맞는지를 확인한다.					
20. 나는 남의 이야기를 들을 때 자주 메모한다.					
합계 점수	(　　) 점				

* 평가결과 분석
각 항목의 점수를 더하여 총 70점 이상이면 비교적 의사소통을 잘하고 있는 편에 속한다. 그러나 그 이하라면 각 항목별로 3점 이하가 되는 부분을 찾아서 행동을 개선하기 위한 노력을 해야 한다.

출처 : 안상윤(2015). 자기주도 성공리더십 개발. 비즈프레스.

의사소통 저해 태도와 효과적인 의사소통 규칙

의사소통 저해 태도 : 나에게 있는 의사소통의 저해 태도에는 어떤 것이 있는지 선택하고 이를 개선하기 위한 방법을 찾아보자.

번호	의사소통 저해 태도 유형	나에게 해당하면 ○ 아니면 ×표시
1	잘 듣지 않는 태도	
2	문제에 진정으로 반응하지 않는 태도	
3	비판을 일삼는 태도	
4	희생양을 만드는 태도	
5	일방적으로 말하고 듣는 태도	
6	위협하고 경멸하는 태도	
7	침묵으로 일관하는 태도	

효과적인 의사소통 : 나에게 개선이 필요하다고 생각되는 것 세 개를 선택(✓)하고 그 이유를 생각해 보자.

효과적인 의사소통 규칙	나에게 필요한 것	이 유
감정을 공감하라.		
장애물을 의식하라.		
피드백을 주고받는다.		
타인의 말을 경청한다.		
권력과 조작에 의한 전달을 피한다.		
1 : 1로 의사소통한다.		
타인을 수용하려고 노력한다.		
자신과 상대방을 신뢰한다.		
듣는 사람의 필요에 의해 시작하도록 배려하라.		

출처 : 이은희(2016). 의사소통워크북. 오성미디어 재구성.

09

스트레스를 친구로 만들자!!

스트레스 극복을 위한 리더십

1. 스트레스야~ 놀자!
2. 좋은 스트레스 & 나쁜 스트레스
3. 스트레스를 친구로 만들자.
4. 리더는 스트레스를 관리한다.
5. 감성에세이

Chapter 09

스트레스를 친구로 만들자!! 스트레스 극복을 위한 리더십

세상을 살아가는 데 스트레스는 누구에게나 있으므로 스트레스를 받지 않으려고 노력하기보다는 스트레스를 극복하고 현명하게 대처해 나가는 방법을 찾는 것이 더 현실적이다. 학업에서도 학습 스트레스가 적당한 정도라면 도움을 주지만 지나치면 오히려 학업을 중단하게 만들 수 있다. 따라서 우리는 가정이나 사회에서 삶을 영위하는 가운데 나타나는 다양한 스트레스를 파악하고 스스로 이겨나갈 수 있어야 한다(양애경, 2010).

스트레스는 사람의 삶에서 정상적인 한 부분이며, 새로운 기술과 행동양식을 획득하기 위해 겪어야 하는 필수적인 부분이다. 그 이유는 스트레스가 전혀 없다면 긴장을 느끼지 않아 발전을 위한 노력의 가능성이 없기 때문이다. 즉, 스트레스는 '필요악'처럼 불편하지만 없어서는 안 되는 것이며, 적절하게 있을 때 동기의식을 유발하게 된다. 다만, 지나치게 커서 개인이 견디기 어려워지면 스트레스 관련 반응들이 나타나 문제가 생긴다. 따라서 리더는 조직 내의 스트레스를 적절하게 유지·관리함으로써 구성원들의 업무수행 능력이 최대로 발휘되도록 도와주고 적극 지원해야 한다.

이 장에서는 스트레스에 대해 일반적인 내용을 제시하고, 개인이 활용할 수 있는 대응방법을 제시함으로써 리더가 자신뿐만 아니라 구성원들의 스트레스를 잘 관리하여 모두가 행복한 관계를 유지하는 데 도움을 주고자 한다.

특히 스트레스 관리자로서의 기능을 수행해야 하는 리더들을 위해 우선 스트레스의 일반적인 이해를 제공하고, 개인이 활용할 수 있는 스트레스 대응방법을 제시하였다. 리더가 자신뿐 아니라 구성원의 스트레스 관리에 이를 효과적으로 활용할 수 있기를 바란다.

1. 스트레스야~ 놀자!

스트레스는 사람의 삶에서 정상적인 한 부분이며, 새로운 기술과 행동 양식을 획득하기 위해 겪어야 하는 필수적인 부분이다. 그 이유는 스트레스가 전혀 없다면 긴장하지 않아서 성장을 위한 노력을 할 가능성이 없기 때문이다. 즉, 스트레는 '필요악'처럼 불편하지만 없으면 안 되는 것이며, 적절하게 있을 때 동기유발적 속성을 갖게 된다. 다만, 스트레스가 지나치게 커서 개인이 견디기 어려워지면 스트레스 관련 반응들이 나타나 문제가 생긴다.

스트레스의 사전적 의미는 '생체에 가해지는 여러 상해 및 자극에 대하여 체내에서 일어나는 비 특이적인 생물반응'이다. Stress의 어원은 라틴어인 'Strictus'의 옛 불어인 'Etrace'에서 온 것이며 초기에는 자극(고통의 원인인 힘과 억압)을 지칭해서 사용하였다. 이러한 스트레스에는 자극, 반응, 그리고 상호역동으로서의 스트레스가 있다(양애경, 2010).

하루가 다르게 변화하는 물질문명과 넘치는 정보화 산업사회의 구조 속에서 경쟁하며 살아가는 현대인들에게 스트레스는 개인의 건강과 안녕상태에 영향을 미치는 정신장애를 일으키는 주요 원인이 되고 있다. 따라서 다양한 변화와 도전, 그리고 감성이 포함되어 있는 일상생활에서 건강한 정신을 유지하고 안락한 삶을 살아가기 위해 스트레스에 대한 바른 이해와 적절한 대처방안이 강구되어야 한다. 스트레스를 받지 않을 수 없다면 스트레스를 방어하고, 약화시키며, 관리하여 삶에 이로움이 될 수 있도록 노력해야 한다는 것이다.

따라서 우리는 일상생활에서 심리적 스트레스의 주요 원천이 되는 좌절, 갈등, 억압 및 불안 등의 스트레스에 노출되어 있다. 스트레스는 우리의 일상생활에서 누구나, 언제나 경험할 수 있는 것이지만 어떤 사람에게는 막대한 부적응을 초래하는 심각한 수준으로 또 다른 사람에게는 오히려 그 상황을 더욱 잘 다루어 나갈 수 있는 긍정적인 요인으로 작용하기도 한다. 개인들은 일생생활 속에서 겪는 스트레스를 처리하고 극복해 나가는 데 있어 서로 다른 개인적, 심리적, 사회적 자원을 가지고 있다. 이 차원에 따라 비슷한 유형의 스트레스라 하더라도 개인이 지각하는 스트레스의 양은 각기 다르게 된다(양애경, 2007). Lazarus와 Folkman(1984)도 스트레스를 어떻게 해결하느냐에 따라 개인의 신체적, 생리적, 심리적 및 인지적 경험이 달라진다고 하였다.

1) 스트레스 요인과 반응

스트레스 요인은 개인차가 있으며, 최근 연구들에서 나타난 대부분의 사람들이 경험하는 정서 · 인지 · 심리적 측면에서 스트레스 반응을 살펴보면 다음과 같다.

첫째, 스트레스를 일으키는 생활요인 분석 연구에 의하면 생활에서 스트레스를 받는 주된 이유는 타인으로부터 격리나 상실, 직업과 관련된 사건들, 새 장소로의 이동 및 배치이다.

둘째, 직장 스트레스 분석 연구에 의하면 인격 무시, 불필요한 집합, 자유시간 박탈, 과다한 작업, 상사의 횡포, 부당한 지시 등이 스트레스의 주된 원인으로 꼽힌다.

스트레스에 의한 심리적 · 생리적 변화는 다양하게 나타난다. 변화를 크게 나누어 보면 부정적인 정서 반응, 혼란된 인지 기능, 생리적 기능의 혼란으로 구분된다. 이를 좀 더 자세하게 살펴보면 다음과 같다.

첫째, 가장 대표적인 정서 반응은 불안과 우울이다. 불안은 통상 스트레스 상황을 예견하는 경우에 나타나는데, 강연 준비, 시험이나 운동시합을 앞두고 있는 경우가 그 예이다. 불안한 사람은 걱정, 염려, 공포를 경험한다. 반면에 우울은 생활 속에서 커다란 변화를 겪은 후에 일어난다. 가까운 사람의 죽음, 친구관계의 단절, 심각한 질병 등의 경우가 그 예이며 슬픔, 무가치감, 피로감, 염세적 느낌 등을 경험한다.

둘째, 인지적 측면의 혼란은 이차적인 것이며 사고 기능, 심상, 주의 집중력, 기억 등에서 나타난다. 사고기능이 정상적일 때는 합리적, 논리적, 융통성 있던 것이 스트레스하에서는 사고의 논리적이고 일관된 조직화가 손상을 입는다. 사고는 자신 행위의 부정적 결과에 대한 걱정과 부정적 자기 평가에 의해 지배되는 강박적 사고가 나타난다는 것이다. 또한 불필요한 자극은 무시하고 필요한 자극에 주목하는 선택적 주의집중 능력도 감소한다. 그 결과 개인의 업무수행 능력과 문제해결 능력의 손상을 가져온다. 기억 내용에서도 혼란과 망각이 일어나 심하면 매우 일상적 경험마저 잊어버리는 경우도 생긴다.

셋째, 생리적 측면의 혼란은 두 가지 범주로 나누어 볼 수 있다. 먼저 뼈와 근육 계통의 증상으로 긴장감, 떨림, 약해짐, 통증 등을 경험한다. 내장계통의 증상으로는 심장 박동수 증가, 소변 횟수 증가, 짧은 호흡주기, 위장 기능 장애 등이 나타난다. 이런 증상은 신체가 과도한 활동 상태에 있음을 나타내는 것이다.

2) 스트레스의 출발

스트레스라는 용어는 역경, 고통 및 불행을 설명하기 위한 의미로 14세기에 처음 사용되었다(양애경, 2007, 2010; 김용래, 2000). 최근에는 주로 개인의 '안녕', 즉 개인이 투입된 상황이 정신적으로나 신체적으로 부적절한 결합상태임을 지각하고, 자신을 지키고자 하는 상태를 의미하는 것으로 이해한다(Lazarus, 1999). Lazarus는 스트레스를 감성의 하위영역으로 보았으며 감성과 스트레스에 대해서 어떤 감성들(분노, 선망, 질투, 공포, 불안, 죄책감, 수치심, 슬픔 등)은 '스트레스 감성'으로 지칭될 수 있다고 하였다. 따라서 스트레스의 핵심은 부정적 감성을 중심으로 감성적 스트레스로 개념화할 수 있다.

Compas는 아동이나 청소년의 대처는 성인에 대한 의존성, 스트레스 반응에 대한 준비도, 인지적 · 사회적 발달상의 특징들이 고려되어야 한다고 했다. 문제지향적 대처와 정서지향적 대처가 일반적으로 아동과 청소년의 적용에 적당한가도 고려해야 한다. 따라서 부모가 자녀의 스트레스를 해결하는 데 도움을 주기 위해서는 스트레스를 해결할 수 있는 직접적인 도움을 주는 권위자의 역할을 하거나 정서적인 안정을 줄 수 있는 친구 같은 역할을 해야 한다.

개인 스스로 스트레스를 방어하고, 약화시키며 관리하여 삶에 이롭도록 한다는 메시지도 많이 있다. 스트레스에 관한 연구와 이론을 필요로 하는 중요한 이유도 개인의 생리적 · 사회적 · 심리적 건강을 위한 많은 정보들 때문이다(양애경, 2007).

2. 좋은 스트레스 & 나쁜 스트레스

개인은 상황 내에서 다양한 사태나 사건으로 인해 스트레스에 노출되게 된다. 개인은 좌절, 갈등, 압력, 억압 및 불안과 같은 심리적 스트레스에 영향을 받게 된다(Weiner, 1986). 스트레스에 노출되면 심리적 · 신체적 위협이나 부정적인 정서를 갖게 된다.

그러나 정신의학 차원에서 보면 스트레스는 효과 있는 생활을 위한 요인이 될 수도 있다. 스트레스는 이와 같이 부정적인 측면만이 아니라 긍정적인 가치를 지니고 있다. 따라서 스트레스를 받는 것보다 이 스트레스를 어떻게 대처하느냐가 더 중요하다. 라자루스와 포크만(Lazarus & Folkman, 1984)은 스트레스를 어떻게 해결하느냐에 따라 개인의 신체적 · 생리적 · 심리적 · 인지적 경험이 달라진다고 하였다. 스트레스 상황에 따른 대처방법에 따라 스트레스를 받은 후에 나타나는 정서적 반응은 개인마다 달라지기 때문이다. 이처럼 스트레스는 개인의 대처방법에 따라 긍정적인 영향을 줄 수도 있고 부정적인 영향을 줄 수도 있기 때문에 좋은 스트레스, 나쁜 스트레스라고 한다(양애경 외, 2016). Selye(1976)도 스트레스를 '나쁜 스트레스'와 '좋은 스트레스'로 구분하였다.

한 예로 아동의 스트레스는 학업 관련 스트레스가 가장 높았으며, 감성지능의 수준이 높으면 생활 스트레스는 낮고 스트레스 통제감이 높았으며, 감성지능의 수준이 높으면 적극적 대처행동, 사회지지 추구적 대처행동의 수준은 높고 공격적 대처행동의 수준은 낮게 나타났다(김경숙, 2003). 따라서 감성조절을 잘 할수록 학습자 스트레스 상황에서 문제해결 중심으로 적극적 대처행동이나 사회지지 대처행동은 높을 것이며, 감성표현을 잘하고 통제감이 높을수록 공격적 대처행동, 회피적 대처행동은 낮을 것이다(양애경, 2007; 양애경 · 장원동 · 최희양, 2016). 학업성적과 스트레스는 역효과를 주는 주 요인이지만 학습자들이 받는 학습자 스트레스를 적절하게 대처한다면 그들의 학업성취도를 향상시키는 데 도움이 된다.

일반적으로 정신건강은 스트레스 대처에 의해 조절될 수 있다. 스트레스는 개인의 일상생활에서 누구나 경험할 수 있는 것이지만 어떤 사람에게는 막대한 부적응을 초래하는 심각한 수준으로, 또 다른 사람에게는 오히려 그 상황을 더욱 잘 다루어 나갈 수 있는 긍정적인 요인으로 작용하기도 한다. 개인들이 일상생활 속에서 겪는 스트레스에 대처해 나가는 데는 각기 다른 개인적 · 심리적 · 사회적 자원을 가지고 있기 때문이다. 이 자원에 따라 비슷한 유형의 스트레스라 하더라도 개인이 지각하는 스트레스의 정도는 각기 다르게 된다.

현대 산업사회에서 건강을 유지하고 풍요로운 삶을 누리는 데 장애가 되는 요소로서 많은 사람들은 스트레스를 주요 원인으로 들고 있다. 과학기술이 첨

단화되어 가면서 물질문명과 넘치는 정보화 산업사회의 구조 속에서 경쟁하며 살아가는 현대인들에게 스트레스는 개인의 건강과 안녕 상태에 영향을 미치는 정신장애를 일으키는 주요 원인이 되고 있다. 그러나 과거에는 전 세계적으로나 사회, 생리학자들 및 일반인들에게 스트레스에 대한 관심은 별로 높지 않았다. 이러한 낮은 관심은 임상치료자들이 감성적인 고통, 역기능, 신체적 질병 및 사회적인 질병을 유발하는 스트레스를 약화시키는 데 도움이 되는 과학적 정보를 적용하여 대처(coping)하려고 노력하면서 점차 확산되었다.

Morris(1985)는 이러한 대처 혹은 적응을 “개인이 일정 스트레스에 대처하는 일련의 노력으로서 개인의 요구를 상황의 요구에 맞추고, 실현 가능성에 비추어 신중하게 고려하여 상황의 한계 내에서 할 수 있는 것과 할 수 없는 것에 따라 조처하려고 하는 성공적/ 비성공적인 개인의 시도”라고 정의하였다.

스트레스는 부정적인 것이라고 단언하기는 어렵다. 왜냐하면 스트레스는 일상생활에서 다양한 변화와 도전, 그리고 감성이 포함되어 있는 동안 항상 존재하게 되므로 건강한 정신을 유지하고 안락한 삶을 살아가기 위해서는 스트레스에 대한 이해와 적절한 대처방안이 강구되어야 할 것이다(양애경, 2007; 2010).

3. 스트레스를 친구로 만들자.

사회, 단체생활 및 학교에 잘 적응하고 자신감이 높은 사람은 자기통제 능력이 높으며 대처능력도 높은 것으로 나타났다(정현희 · 최경순, 2001). 즉, 감성지능이 높은 개인 또는 학습자는 학교에 더 잘 적응한다고 볼 수 있다. 또한 이와 관련해서 비행청소년들이 일반아동보다 스트레스를 더 많이 받는다는 연구결과도 있다. 자신과 타인의 감정을 잘 조절하지 못하면 이기적이고 공격적이며 반사회적 행동의 문제가 표출될 수도 있다. 그래서 비행아동과 청소년이 일반아동과 청소년보다 감성지능이 낮고 더 높은 스트레스를 보이고 있는 것으로 나타났다(양애경, 2007; 김용래 · 김태은, 2004; Lazarus, 1998).

스트레스의 경우 부모와 자녀 관계가 어떠하냐에 따라 지각과 감성지능에 차이가 있는 것으로 나타났는데, 부모와 긍정적인 관계를 맺고 있는 자녀가 스트레스를 덜 받는다는 것이다. 가족 간에 의사소통이 잘 이루어지는 집단과 그렇지 않은 집단 간에는 자기 감정 관리, 타인 감정 관리의 감성지능과 밀접한 관련이 있고 유의미한 차이가 있다는 연구결과도 있다(양애경, 2010).

Lazarus(1998)는 타인의 감정을 이해할 수 있는 능력이 높은 개인의 경우 사회적 인지발달의 지수가 높게 나타났으며, 이러한 사람은 주어진 환경에 대해 긍정적이고 낙관적인 시각을 가지고 있다고 하였다.

그렇다면 스트레스는 남성과 여성 간의 차이가 있을까? 연구 결과 여성이 남성보다 일반적으로 감성지능이 높게 나타났다. Berk(1994)에 의하면 여성이 남성보다 다른 사람의 감정을 더 잘 이해하고 공감하는 능력, 사회지지 대처행동도 높은 것으로 나타났다.

1) 스트레스 극복을 잘 하려면?

스트레스와 친해지고 스트레스 극복을 잘하려면 어떻게 해야 할까?

그 해답은 문제의 원인을 찾아 대응하면 극복이 쉬워진다. Matthew Budd는 이러한 자기 스트레스 극복을 위한 네 가지 기술로 ① 자기행동의 변화, ② 사고변화, ③ 생활양식 패턴의 변화, ④ 처한 환경의 변화를 들었다.

자기행동의 변화 방법은 마음을 안정시키는 활동을 하거나 한도를 설정하는 방법이 매우 효과적이다. 또한 사고의 변화 방법은 하나씩 천천히 실천하거나 명상을 한다. 다음으로 생활양식 패턴의 변화로는 정기적으로 운동을 한다. 운동은 근육을 완화해 주고 기분을 전환해 주고 수면에 도움을 준다. 마지막으로 처한 환경의 변화 방법으로는 문제가 있을 시 가족과 친구들에게 말한다. 또한 필요하면 전문가의 도움을 받는 것도 효과적이다.

2) 자신을 위한 힐링!! 스트레스 대처법

자신의 신체적 · 정신적 조건을 변화시켜 스트레스에 대응할 수 있는 일반적인 방법 몇 가지를 소개하면 다음과 같다.

첫째, 신체적 건강의 유지이다.

같은 상황일지라도 신체적 조건에 따라 긍정적 혹은 부정적으로 다르게 받아들일 때가 있다. 즉, 잠을 설치고, 제때 먹지 않고, 불규칙적으로 생활할수록 더 긴장되고, 안절부절못하며, 스트레스 상황에 더욱 민감하게 반응한다. 그러므로 자신의 신체적 조건에 관심을 가져 적절한 건강을 유지함으로써 스트레스를 상당히 줄일 수 있다. 적절한 휴식, 일을 할 때 조급해하거나 서두르지 않으며, 심호흡을 자주 하고, 명상이나 힐링을 통한 이완 기법 사용, 규칙적인 즐거운 활동을 개발하는 것이 도움이 될 수 있다.

둘째, 스트레스를 유발하기 쉬운 인지적 요소로서, 지나치게 규칙화된 사고방식을 바꾸는 것이다.

스트레스로 고통받는 사람 중에는 당면한 외적 요구보다 자신이 가지고 있는 묵언의 규칙을 통해 자신 및 타인에게 많은 요구를 함으로써 문제를 갖게 되는 경우가 적지 않다. 예를 들면, '나는 결코 실수를 해서는 안 돼, 나는 언제나 성공해야 해, 사람들은 내가 요청하는 것을 반드시 해줘야 해, 사람들은 나를 좋게 보아야 해'라는 묵언의 규칙을 가지고 있는 사람들은 스트레스를 자초하는 것이다. 이를 해결하기 위해서는 먼저 자신이 스트레스를 느끼는 묵언의 규칙을 인식하고, 이 규칙들에 따르는 생각 검토, 사람들에게 이야기하고 반응 살피기, 규칙에 도전하고 자신이 이제까지 따르던 규칙 대신에 더 합리적이고 융통성 있는 규칙으로 교체해야 한다.

셋째, 갈등을 해소하는 것이다.

갈등을 일으키는 상황에서 선택을 해야만 할 때, 사람들은 분노, 좌절, 불안, 염려 등을 경험한다. 갈등의 본질적인 특성은 우리에게 선택을 강요하는 것이다. 갈등 상황에서 모든 것을 가질 수는 없으며, 모든 어려움을 피할 수도 없다. 이러한 사실을 일단 받아들이면 더 쉽게 결정을 내릴 수가 있다. 또한 우리가 선택할 때 실수할 수도 있다는 사실을 받아들일 수 있어야 한다. 대부분의 갈등에는 정답이 없다. 우리 자신이 정답을 만들어 내는 것이며 자신에게는 그 답이 옳은 것이다. 따라서 '무엇을 해야만 할까?'에서 '무엇을 하고 싶은가?'로 생각을 바꾸어 보는 것이 좋다

그러면 또 다른 스트레스를 이겨내는 방법은 무엇일까?

스트레스를 이겨내기 위해서는 스트레스를 받고 있는 원인을 정확하게 알아야 하는데 대부분 막연하게 알고 있는 경우가 많다.

따라서 원인을 확실하게 알기 위해서는 스트레스에 대한 목록을 작성해 보는 것이 자신의 스트레스를 이해하는 데 아주 좋은 경험이 된다. 이러한 관점에서 목록 작성의 예시를 들어보면 다음과 같다.

〈예시〉 내가 지금 무슨 일을 하고 있는가? 무슨 갈등을 경험하고 있는가? 압력은? 좌절은? 변화는? 나를 죄책감에 빠지게 하는 것은 무엇인가? 부끄럽고, 두렵고, 우울하게 하는 것은?

이러한 질문에 답하면서 자기 자신이 느끼는 스트레스를 확실히 정리해 스트레스를 극복하는 효과적인 전략을 짜는 것이 필요하다.

3) 다양한 관점에서 본 스트레스의 해소 방안

스트레스를 해소하기 위한 방법은 사람에 따라 다양하게 나타날 수 있으나 일반적인 내용을 소개해 보면 다음과 같다.

첫째, 스트레스를 회피할 수 없는 인생과 생활의 한 부분으로 받아들인다.

스트레스는 자연스럽고, 불가피하며, 우리 모두가 예상하고 있는 것이다. 우리가 인생에서 현실을 수용한다는 것은 당황하거나 화를 내지 않고 현실적으

로 존재하는 것들을 인식한다는 의미이다. 죄책감과 자기 비난에 빠지지 않고, 분노에 사로잡히지 않으면서 우리의 에너지를 변화가 필요한 현실에 사용하는 과정을 통해 현재의 자기 자신을 받아들일 수 있다.

둘째, 불평보다는 문제해결적인 태도를 택한다.

흔히 사람들은 어떤 어려움을 다루어 가는 시도를 하기보다는 걱정하고 안달함으로써 스트레스를 더욱 증가시킨다. 따라서 스트레스를 경험할 때마다 자신에게 다음과 같이 물어보는 것이 좋다. "이 상황을 이겨내기 위해 내가 해야 할 일은 무엇인가?", "일이 더 잘되게 하려면 어떤 구체적인 행동을 해야 하는가?"를 생각하자, 그리고 그 상황을 해결하기 위한 구체적인 활동계획을 작성해 보자.

셋째, 스트레스를 성장의 기회로 삼는 것이다.

사람은 어려움 속에서 무엇인가를 해냈을 때 자신감과 성취감을 가지게 되어 한 단계 더 성장하게 된다. 이는 스트레스 상황을 좋아하라는 의미라기보다는 어려운 상황이지만 좋은 목적에 이용하라는 것이다.

4. 리더는 스트레스를 관리한다.

그렇다면 조직 내의 구성원은 어떤 스트레스를 가장 많이 받을까?

성별, 직업, 나이, 직위 등에 따라 다양한 유형의 스트레스를 받을 것이다. 스트레스에 대응하는 방식은 두 가지를 고려할 수 있다. 하나는 스트레스 발생 근원을 변화시키는 것이고, 다른 하나는 근원에 대한 개인 자신의 대응방법을 바꾸도록 하는 것이다. 근원을 변화시키는 것은 환경요소를 변화시키는 것이 매우 유용하다. 따라서 조직의 리더는 불필요한 요인을 제거하고 적절하게 스트레스를 활용하기 위한 노력을 하여야 한다. 개인의 경우에는 환경을 근본적으로 바꾸는 것이 쉽지 않으며, 새로운 환경을 선택하는 방안도 불가능한 경우가 더 많다. 따라서 자신의 반응을 변화시킬 수 있도록 노력함으로써 스트레스에 대응하는 방법이 보다 현실적이고 실질적이다.

이와 관련하여 스트레스 대응 방법을 구체적으로 살펴보면 다음과 같다.

1) 과제 수행 시 대응책

생활 속에서 우리는 끊임없이 해결해야 할 과제들에 직면하며, 이를 다루는 과정에서 많은 긴장감을 경험하게 된다. 피할 수 없이 부딪혀야 하는 과제들을 예상, 직면, 해결하는 과정에서 구체적 대응책을 제시해 보면 다음과 같다.

첫째, 과중한 요구에 대한 감소이다.

주어진 요구가 너무 많아서 스트레스가 발생한다면, 우선순위를 정하고, 과제가 수행되기 전 실행 예정표를 만들고, 완벽주의에서 오는 자기부과적 요구를 감소시킴으로써 업무에 대한 스트레스를 줄일 수 있다.

둘째, 통제력을 강화하는 것이다.

자신이 어떤 일이 일어나는 데 영향을 주고 있다고 생각하는 사람보다, 자신이 어쩔 수 없이 일에 끌려가고 있다고 생각하는 사람들이 더 많은 스트레스를 겪는다. 따라서 과제에서 책임 있는 태도를 가지고, 특정 상황에 대하여 더 많은 정보를 구할 때 통제력을 가질 수 있다.

셋째, 불확실성을 감소시키는 것이다.

우리는 자신이 이해하지 못하거나 잘 알지 못하는 상황에 직면하게 되면 스트레스를 더 많이 받는 경향이 있다. 특정 상황에서 우리가 기대하는 것이 무엇인지, 또 우리에게 기대되는 것이 무엇인지 확실하지 않을수록 스트레스가 많아진다. 이런 불확실성을 감소시키기 위해서는 정보를 정확히 구하고, 과제해결에 필요한 연습을 통해 상황과 과제에 익숙해지고, 타인과의 관계를 원만하게 하는 노력이 필요하다.

넷째, 미완성 과제를 해결하는 것이다.

끝내지 못한 일이 많을 때 그 일은 머릿속을 떠나지 않고 자꾸 떠올라서 긴장을 풀거나, 쉬거나, 다른 일을 하지 못하도록 방해한다. 표현되지 않았던 정서와 대인관계도 스트레스의 원인이 되는데, 슬픔이나 분노를 당시에 표현하지 않고 묻어두면 그것은 자신에게 머물러 있으면서 더한 긴장으로 나타난다. 따라서 과제를 미루지 않고 끝마치는 습관 가지기, 단기 목표 세우기, 불쾌한 정서 표현하기 등을 통해 해결할 수 있다.

2) 어떻게 하면 구성원의 스트레스 대처법을 높일 수 있을까?

구성원의 스트레스는 조직의 생산성에 심각한 문제를 야기할 수 있다. 조직은 구성원 및 직원의 스트레스 관리를 여러 가지 방법으로, 적극적으로 도와야 한다. 자신의 환경 중에서 도움을 받을 수 있는 사람들과 자원을 적극적으로 찾아 도움을 받음으로써 스트레스에 대응할 수 있는데, 그 방법은 다음과 같다

첫째, 구성원의 지지를 추구하는 것이다.

스트레스를 겪는 사람은 흔히 침묵 속에서 고통을 겪는다. 그들은 다른 사람에게 자신의 두려움, 불안, 스트레스에 대해 말하지 않으며, 이 침묵이 그들의 문제를 악화시킨다. 이를 해결하여야 먼저 스트레스를 겪을 때 함께 나눌 수 있는 사람을 찾아야 한다.

이러한 상황에서는 구성원의 마음을 살피고 배려하는 과정, 즉 구성원의 지지를 추구하는 것이 중요한 관전 포인트이다. 가장 좋은 멘토는 동료, 선배, 상급자, 부모, 가족, 그리고 전문 상담가나 기관 등이다. 누군가가 자신의 이야기를 경청하는 시간을 내준다는 사실은 우리가 배려받고 있으며 가치를 존중받고 있다는 것을 깨닫게 해준다. 또한 무엇을 기탄없이 이야기한다는 것은 그것을 가슴 속에서 몰아내는 것이며, 우리의 문제를 더 잘 알 수 있게 하고 다른 시각에서 문제를 볼 수 있도록 해준다.

둘째, 동기부여를 적극적으로 해야 한다.

구성원의 스트레스는 대부분 지속적이고 그 농도도 짙다. 따라서 다양한 동기 부여 방법을 통해 구성원 개개인의 사기를 올려주어야 한다. 직원의 스트레스에 대해 반대급부로 보상하는 노력을 기울여야 한다. 보상과 인센티브, 승진 기회, 교육 프로그램, 칭찬과 인정 등을 통해 동기부여를 해야 한다. 그런데 이 동기부여 방법은 개인별로 선호도가 다르기 때문에 일선 현장에서의 관리자의 역할이 중요하다. 이때 리더는 구성원의 동기부여 방법을 고민하고 실행해야 한다.

셋째, 즐겁고 재미있게 해주어야 한다.

사람은 심리적으로 긍정적 정서에너지를 갖게 되면 시야, 사고능력 그에 따른 행동이 확장된다. 그렇게 심신에너지가 밝아지면 즐거움, 흥미로움, 만족감, 자부심이 생기고, 더 넓게 생각하게 되며 더 많은 행동을 하게 된다. 그로 인해 그가 가진 육체적 능력, 지적 능력, 사회적·심리적 자원이 발전되어 일에 대한 효율성이 극대화된다. 리더는 팀워크를 위해 함께 소풍도 가고, 워크숍을 통하여 역량도 키우고, 팀 내 직원의 생일에 저녁을 함께하고, 항상 어려운 점이 무엇인지 살펴보고, 구성원을 즐겁고 재미있게 해주기 위한 노력을 해야 한다.

넷째, 정보와 조언을 줄 수 있는 출판물과 조직을 활용하는 것이다.

정보를 접할 때, 어떤 선입견을 가지고 무시해 버리지 말고 내용부터 음미하며 자세하게 살펴보면 우리는 자신에게 필요한 정보를 얻을 수 있을 것이다. 그리고 자신의 현재 스트레스와 관련된 자료들을 찾아서 참고한다. 아울러 관련된 기관들을 통하여 정보와 조언을 구한다. '사람을 돕는 가장 적극적인 방법은 그들이 필요로 하는 것을 주는 것이다.'라는 사실을 상기하고 주변 사람들에 대한 이해와 관심을 스스로 갖고 도움을 주려고 할 때 우리의 사회는 더욱 밝아질 수 있다.

다섯째, 구성원들을 적재적소에 잘 배치하고 사기를 높여준다.

누구나 모든 일을 다 잘 할 수는 없다. 어떤 구성원은 영업을 잘하고 어떤 구성원은 행정을 잘하며 어떤 구성원은 네트워크를 잘한다. 따라서 구성원들을 적재적소에 잘 배치하여 업무의 효율성을 높이고 팀워크를 다지는 것은 훌륭한 리더의 덕목이다. 구성원이 일에 지쳐 있고 너무 힘들어하면 잠시 다른 업무에 배치하거나 휴식시간을 주어야 한다. 구성원이 스트레스를 관리할 수 있도록 업무분장을 잘 하는 것이 좋은 성과를 내는 주요 요인이기 때문이다. 일할 때는 일에 집중하도록 유도하고, 분기별 목표를 달성하면 사기를 높여주는 일 또한 놓치면 안 되는 중요한 핵심 포인트이다.

사회 조직 내에서 매일 전투를 치르는 구성원은 사실 생활 자체가 전쟁터라 볼 수 있다. 고객을 대하는 일, 마감해야 하는 일, 수주를 따내는 일 등 다양한 스트레스를 극복해야 한다. 그러므로 좋은 분위기를 만들어 사기를 올려주어야 한다. 이 또한 일선 관리자의 몫이며 리더의 중요한 역할이기도 하다.

5. 감성에세이

Tip 집중하는 것과 무작정 열심히 하는 것은 다르다

마음을 가다듬고 정신을 집중하여 대처하면 인격도 사업도 강물이 흐르듯 자연스레 성장한다. 반면 마음을 가다듬지 못한다면 무슨 일을 하든 만족을 얻지 못한다. 집중력을 상실하면 보는 것, 듣는 것, 모두가 허망해진다. 또한 한 가지 일에 지나치게 집착하면 다른 일을 원활히 처리할 수 없다. 마음의 매듭을 잘 묶는 것이 바로 '집중'이다. 집중력을 발휘하면 일을 수월하게 처리할 수 있다. 이는 사업이든 나라를 다스리는 일이든 마찬가지로 리더십의 기본 원리이다. 집중력이 사라지면 어떻게 되겠는가? 정신이 산만해져 잘 할 수 있는 일을 할 때조차도 실수하게 되고, 조직은 마치 모래로 쌓은 성처럼 위태로워진다.

집중력을 발휘하는 것과 막무가내로 열심히 하는 것은 분명 다르다. 집중력을 발휘하는 것은 활쏘기에 비유할 수 있다. 무작정 힘껏 활을 당긴다고 목표물에 적중시킬 수 있는 것은 아니다. 힘을 빼고 몸과 마음을 차분히 가라앉힌 다음 여유를 가지고 활을 당기지 않으면 결코 과녁을 맞힐 수 없다. 정숙함과 여유로움을 유지하기 위해서는 긴장과 이완의 균형을 맞추는 것이 중요하다. 집중력은 바로 이러한 균형상태에서 발휘된다. 만약 마음의 수양이 잘 되어 있다면 집중력의 중요한 요소인 정숙함과 여유로움을 체득할 수 있다. 무작정 허둥대며 열심히 하는 와중에는 마음의 여유가 생기지 않는다. 즉, 리더의 역량은 바로 집중력이다.

-나카지마 디카시 저/하연수 역(2016). 리더의 그릇에서 일부 발췌

Tip **긍정적인 인생 이야기**

가난한 집안에서 태어난 형제가 있었습니다.
같은 환경에서 자란 두 사람은 너무도 다른 삶을 살게 되었습니다.
형은 거리의 걸인 신세를 면하지 못했지만
동생은 박사 학위를 받고 훌륭한 대학 교수가 되었습니다.

한 기자가 이들의 사정을 듣고
어떻게 똑같은 환경에서
이렇게 다른 인물이 나오게 되었는지 연구하게 되었습니다.

오랜 연구 끝에 기자는 특이한 액자 하나를 발견하게 되었습니다.

형제가 자란 집에는
'Dream is nowhere(꿈은 어느 곳에도 없다).'라고 적힌 조그만 액자가 있었습니다.
기자는 형제에게 그 액자가 기억나느냐고 질문을 던졌습니다.
형은 이렇게 대답했습니다.
"네. 있었죠. Dream is nowhere(꿈은 어느 곳에도 없다).
20년 넘게 우리 집에 있던 액자였죠. 전 늘 그것을 보며 자랐어요."

인생에서 성공을 거둔 동생은 미소 지으며 이렇게 대답했습니다.
"네. 있었죠. 하지만 저는 띄어쓰기를 달리 해서 보았죠.
Dream is now here(꿈은 바로 지금 여기에 있다).
전 늘 그렇게 생각하며 자랐죠."

당신은 어떤 검색엔진을 사용하고 있습니까?
부정적인 생각과 말을 검색하고 있습니까?
아니면 긍정적인 생각과 말을 검색하고 있습니까?
모든 것에서 가능성과 긍정적인 것을 찾아내는 사람.
그 사람의 인생은 아름다운 성공 교향곡이 연주되는 법입니다.

-생각이 곧 현실입니다

Tip 핀란드의 After School!! '스트레스 해소에 도움이 돼요'

핀란드 학생들은 학교 공부가 끝나면 학교 내의 방과 후 클럽이나 지역사회의 다양한 스포츠클럽, 문화센터나 아트센터 등에서 다양한 체험활동 및 취미활동을 즐기고 특기를 기른다. 핀란드의 방과 후 활동은 도서관, 지자체 문화센터, 학교(시설이용)에서 운영되고 있는데, 징규교육과정과 언계된 특색 프로그램이 개설되고 있어 학과공부는 물론 스트레스 해소에 도움이 된다. 청소년들이 여가시간을 보낼 곳이 없는 우리나라에서는 부러워할 만한 부분이 아닌가 생각된다. 또한 스웨덴의 방과 후 활동으로 레저타임센터를 대표적으로 들 수 있다. 레저타임센터는 대학에서 "여가교육"을 전공한 교사들이 지도하며 레저타임센터(만 6~9세), 개방레저타임센터(만 10~12세)로 운영된다. 여기에서 정규 학교 커리큘럼 적용은 아동의 경험, 필요, 관심에 따라 달라지며, 놀이와 창작활동(야외 및 실내)이 주요 활동이고 학교의 설립가치를 바탕으로 한 활동도 포함된다.

북유럽 복지국가로 대표적인 핀란드와 스웨덴 교육의 핵심은 시험 성적 올리기가 아니라 '깊이 있는 학습'이라는 점이다. 핀란드와 스웨덴은 대학입학시험 이외에는 전국 학교를 대상으로 한 시험이 없기 때문에 학생들이 성적 때문에 스트레스를 받는 일은 없다. 세계제일의 교육 강국, 작은 나라 핀란드가 세계에서 앞설 수 있는 힘은 바로 교육에서 나온다.

출처 : 양애경(2010). 감동학습플랜.

학습자 스트레스 척도

이 척도는 학습자 자신이 가정, 학교, 사회 내에서 경험하고 느끼고 있는 각종 스트레스가 어떠한가를 알고자 하는 여러 개의 문항으로 구성되어 있다. 각 문항의 내용마다 학습자 자신이 현재 가지고 있는 스트레스 정도가 '전혀 그렇지 않다'면 1을, '가끔 그렇다'면 2를, '대체로 그렇다'면 3을, '상당히 그렇다'면 4를, '항상 그렇다'면 5에 체크한다.

질 문	1점 전혀 그렇지 않다	2점 가끔 그렇다	3점 대체로 그렇다	4점 상당히 그렇다	5점 항상 그렇다
1. 가족들 간에 애정이 없는 것 같아 불안하다.					
2. 가족들 간에 늘 화목하지 못해 매우 불안하다.					
3 집에 강도나 도둑이 침입하지 않을까 걱정이다.					
4. 시험 전-후에는 성적이 어떻게 나올지 초조하다.					

5. 집안형편 때문에 원하는 것을 갖지 못해 불만이다.					
6. 시험성적이 친구들에게 뒤처질까 항상 걱정이다.					
7. 시험성적을 반 친구들과 비교하는 것이 두렵다.					
8. 주변 청소년들의 비행행동이 두렵다.					
9. 주변 청소년들의 잦은 탈선행위가 두렵다.					
10. 교통사고가 많아서 돌아다니기가 매우 불안하다.					
11. 주변의 폭력, 강도, 성범죄로 돌아다니기가 겁난다.					
12. 가족 간에 사랑이 없는 것 같아 삶이 무의미하다.					
13. 수업 시간에 친구에게 질문하는 것이 조바심이 난다.					
14. 부모님은 사소한 잘못에도 꾸중하셔서 실망이다.					
15. 부모님의 무관심으로 나의 생활은 무의미하다.					
16. 수업시간은 나에게 별 의미가 없는 것 같다.					
17. 수업시간에도 성적만 생각하면 실망스럽다.					
18. 공부를 열심히 해도 성적이 좋지 않아 실망스럽다.					
19. 주변 사람들의 자기중심적인 생각이 실망스럽다.					
20. '돈이면 된다'는 주변 사람들의 생각이 실망스럽다.					
21. 주변 사람들의 그릇된 행동이 매우 실망스럽다.					
22. 내 태도로 가족들이 화를 낼까 봐 주저한다.					
23. 부모님의 간섭 때문에 행동하는 데 갈등이 심하다.					
24. 부모님의 간섭이 많아 행동하는 데 자신이 없다.					
25. 수업시간에 선생님께서 질문하시면 당황한다.					
26. 수업시간에 선생님과의 대화는 긴장된다.					
27. 수업을 받아야 하나 말아야 하나 항상 망설인다.					
28. 시험성적을 부모님께 알려드려야 할지 고민이다.					
29. 주변 어른들의 시선 때문에 행동을 어색하게 한다.					
30. 경쟁사회에서 어떤 직업을 택할까 갈등이다.					
31. 상급학교에 꼭 진학하는 것이 옳은지 갈등이다.					
32. 내가 하는 일에 대한 가족들의 참견이 늘 부담스럽다.					
33. 가족들이 내 교우관계에 신경을 써서 부담스럽다.					
34. 가족들이 내 능력을 인정하지 않아 마음이 무겁다.					
35. 부모님이 나를 믿지 않아 행동이 부자유스럽다.					
36. 수업시간에 선생님의 '성적' 강조는 부담이 된다.					

37. 시험성적과 공부만을 강요하는 것이 부담스럽다.					
38. 부모님이 능력 이상의 시험성적을 기대해서 부담된다.					
39. 시험시간에는 언제나 가슴이 답답함을 느낀다.					
40. 주변 환경은 공해가 심해 숨쉬기가 답답하다.					
41. 주변에서 학력과 학벌을 내세우는 것이 부담된다.					
42. 주변에 불신풍조가 짙은 것 같아 마음이 무겁다.					
43. 자유로운 휴식공간이 적어 활동이 움츠러든다.					

출처 : 양애경(2010). 감동학습플랜. 동문사.

스트레스를 해결하기 위한 나만의 방법

- 스트레스를 해결하기 위한 나만의 방법은?

- 사람에게 도움을 청하는 방법

  * 물리적인 방법

  * 심리적인 방법

  * 구체적인 방법

  * 직접적인 방법

  * 간접적인 방법

출처 : 양애경(2010). 감동학습플랜. 동문사.

10

새 시대는 창조·융합을 요구한다!!

창의성 리더십

1. 창의성과 창의적 사고능력
2. 비전과 창의성을 통한 핵심역량
3. 4차 산업혁명과 창의·융합 역량
4. 창조적 리더의 조건
5. 감성에세이

Chapter 10

새 시대는 창조 · 융합을 요구한다!! 창의성 리더십

4차 산업혁명 시대에 대응하기 위한 인재상에 필요한 덕목은 바로 창조적 자기변혁이라 할 수 있다. 창의성 있는 인재를 육성하는 것은 국가의 경쟁력을 키우는 데 큰 역할을 함은 물론 미래를 살아갈 후세들의 삶을 행복하게 해줄 역량을 길러주기 때문이다. 창의성이란 '새롭고 의미 있는 것을 만들어 내는 것'이다.

미래에 부응하는 리더십의 요건은 창조적 변혁과 자기변혁이다. 창조적 변혁은 개인의 개체성과 독특성에 기반을 둔 변혁이며, 자기변혁은 리더가 먼저 솔선하는 리더십을 말한다. 따라서 조직구성원과 조직의 변화를 가져오기 전에 먼저 자신의 변화부터 있어야 한다는 것이다. 먼저 자기변혁이 있어야 조직구성원의 자발적인 변혁의지를 북돋울 수 있다(신재흡, 2015).

산업화에서 지식정보화 사회를 거쳐 4차 산업혁명 시대에 이르는 과정에서 급변하는 사회적 문제는 기존의 지식과 전통적 방식으로는 해결하기 어렵기 때문에 창의성이 중요한 역량이 된다. 창조적 리더는 기존에 성공했던 관행보다는 다양성, 융통성, 독창성의 새로운 관점을 가지고 조직을 혁신적으로 이끌어 가는 사람이다. 특히 4차 산업혁명 사회의 리더는 자신이 뚜렷한 가치관과 비전을 가지고 모범을 보여야 조직을 이끌어 갈 방향과 에너지를 얻을 수 있다. 또한 인간 본성을 통찰하고 관리함으로써 사람들의 마음을 열고 적극적인 협력을 얻어내는 리더, 즉 새로운 시각, 아이디어 등 창의성을 가진 리더가 요구되고 있다.

1. 창의성과 창의적 사고능력

미국의 경영학자 피터 드러커(Peter Ferdinand Drucker)는 현대의 리더십에 대하여 "이제는 지위로 공동체와 조직원 위에 군림하는 시대는 지나갔다. 인간적인 매력과 영향력으로써 따르는 추종자를 만들어 내야 한다."고 주장했다. 리더는 조직의 발전을 위해 사람들의 잠재력과 가능성을 발굴하고 의욕과 창의성을 이끌어 내야 한다.

창의성이란 '어떤 일에 대해서 새로운 생각을 해내는 능력'을 의미한다. 창의적인 아이디어를 가지고 있다고 해도 그것을 실천에 옮길 수 없다면 아무런 도움이 되지 못한다. 한 집단의 지도자는 집단의 목표를 위하여 창의적인 발상을 가지고 그것을 그 목표에 맞게 추진할 수 있어야 한다,

창의성은 고대 플라톤에서 시작하여 듀이에 이르기까지 인간의 중요한 영역으로 취급되어 왔다. 그러나 하나의 학문 영역으로 인정받게 된 것은 얼마 되지 않는다. 19세기 이전까지는 아주 소수의 사람만이 가진 선천적 능력으로 보았으며 20세기 초까지도 객관적인 창의성 연구가 진행되지 못했다. 창의성이 학문적 영역으로 들어오게 된 것은 Joy Guilford(1952)가 창의성의 중요성과 경험적 연구의 필요성을 역설한 것을 계기로 연구가 진행되었고 요즈음은 창의성이 사회의 트렌드가 되고 있다. 이에 따라 학교, 기관, 기업 등 모든 조직에서도 화두가 되고 있는 것이 창의성이다.

그러면 창의성의 의미는 무엇일까? 국어사전에는 "새롭고 남다른 것을 생각

(의견)해 내는 성질"이라고 정의하고 있다. Guilford(1952)는 "새롭고 신기한 것을 만드는 힘"으로, Torrance(1953)는 "새롭고 독특한 아이디어로 새로운 시각으로 문제를 보는 것"이라고 했다. 이를 바탕으로 창의성을 정의해 보면, 창의성이란 '일상생활에서 부딪히는 문제들에 대해 기존의 경험이나 지식을 바탕으로 새로운 것을 조합해 내는 것과 연관된 정신적이고 사회적인 과정'이라고 할 수 있다. 정의를 바탕으로 하여 창의성을 바르게 이해하려면 창의력을 구성하는 요소를 알아야 한다.

Guilford는 지능구조 모델에서 창의성의 구성요소를 유창성, 융통성, 정교성, 독창성으로 들었고, 파킨슨은 창의성 구성요소에 영향을 미치는 요인으로 잠재력, 계획, 가치를 들었다. 이 외에도 창의성 구성요소에 영향을 미치는 요인으로 민감성, 자발성, 독자성, 근면성, 호기심 등이 있다.

1) 창의성 구성요소

Guilford가 주장한 창의성의 구성요소인 유창성, 융통성, 정교성, 독창성의 의미를 살펴보면 다음과 같다.

① 유창성

주어진 문제를 해결하기 위해 제한된 시간 내에 얼마나 많은 양의 아이디어를 창출해 낼 수 있는지에 대한 능력

② 융통성

어떤 문제에 대하여 다양한 아이디어를 창출하는 것으로, 문제를 해결할 때 다양한 방법을 이용하여 해결책을 찾는 능력

③ 정교성

아이디어를 발전시켜 좋은 아이디어가 될 수 있도록 정교하고 세련되게 할 수 있는 능력

④ 독창성

한 가지 방법으로 문제를 해결할 수 없을 때 계속적으로 참신한 아이디어를 접목시켜 문제해결 방법을 새롭게 도출하는 능력

그러면 창의성에 영향을 미치는 요인은 무엇일까? 여러 가지가 있으나 이들 요인은 서로 다른 방식으로 영향을 미치기 때문에 영향력의 크기와 그 요인이 어떻게 영향을 주는지에 대해서는 일반화할 수 없다. 다만, 창의성을 구성하는 요소는 몇 가지 요소에 의해 결정되기보다는 다양한 요소가 합하여져서 발휘된다는 것이다.

창의적 사고력은 문제를 해결하는 데 있어 요구되는 고차원적인 능력으로, 주어진 문제 해결을 위해 기존의 정보들을 다각적으로 활용하는 것이라고 했다(김정윤, 2016). 삶 속에서 어떤 문제에 직면했을 때 기존의 방법으로 해결하지 않고 새로운 방법으로 해결하려는 것을 말한다.

2) 창의적 사고기법

보편적으로 창의성은 창의성 사고기법을 통해 개발할 수 있는 데 창의적 아이디어를 생성하는 데 도움을 주는 방법을 소개하면 다음 같다(신명희 외, 2011). 창의적 사고기법에는 브레인스토밍, 강제연결법, SCAMPER 등이 있다.

(1) 브레인스토밍

Alex Osbon이 개발한 아이디어 생성기법으로 요즈음 세계 각국에서 많이 이용하는 방법이다. 이 방법은 6~7명의 인원이 아이디어를 한 개씩 적은 다음 계속 돌려가면서 아이디어를 모두 적은 다음 같은 주제로 분류하고 그중에서 좋은 아이디어를 선정하여 정교화하는 방법이다. 기본 원칙은 비판하지 않기, 모든 아이디어를 수용하기, 아이디어는 많게 하고 결합과 개선을 통해 더 좋은 아이디어로 발전하기 등이다.

(2) 강제연결법

주변에 있는 것을 무작위로 선택하여 그것을 새롭게 개발하려는 것과 강제로 결합하여 새로운 아이디어를 창출하는 것을 말한다. 먼저 개발해야 할 물건을 선정하고, 주변에 있는 물건을 무작위로 3개를 골라 개선해야 할 물건과 결합해 새로운 아이디어를 생각하고 개발할 물건과 결합하여 새로운 것을 만드는 것을 말한다.

(3) SCAMPER

Substitute(대체), Combine(결합), Adapt(적용), Modify, Magnify, Minify(변경, 확대, 축소), Put to another use(다른 용도), Eliminate(제거), Reverse, Rearrange(역전)의 첫글자를 따서 만든 약자이다.

- Substitute(대체) : 다른 제품으로 대체할 수 있을까?
- Combine(결합) : 다른 제품 기능과 서비스 시스템을 결합하면 어떨까?
- Adapt(적용) : 신소재, 신기술을 적용한다면 어떻게 될까?
- Modify, Magnify, Minify(변경, 확대, 축소) : 변경, 확대, 축소하면 어떻게 될까?
- Put to another use(다른 용도) : 다른 용도로 사용한다면 어떻게 될까?
- Eliminate(제거) : 불편, 문제, 기능, 색, 포장, 기간을 제거한다면 어떻게 될까?
- Reverse, Rearrange(역전) : 전후, 좌우, 역할을 바꾸어 본다면 어떨까?

이 방법은 질문 목록에 따라 체계적으로 새로운 아이디어를 자극하는 방법으로 Osborn(1963)이 75개의 아이디어를 이끌어 내는 질문을 제시한 후 9개로 정리한 것을 Eberle(1971)가 재조직한 것이다. SCAMPER를 활용하여 변형, 대체, 확대, 축소하는 것만으로도 새로운 아이디어를 낼 수 있다. 특히 생각하기를 싫어하는 사람들을 대상으로 이 기법을 활용하면 좋은 결과를 얻을 수 있다.

2. 비전과 창의성을 통한 핵심역량

1) 비전과 창의성

리더 자신이 뚜렷한 가치관과 비전을 가지고 모범을 보여야 조직을 이끌어 갈 방향과 에너지를 얻을 수 있다. 또한 인간 본성을 통찰하고 관리함으로써 사람들의 마음을 열고 적극적인 협력을 얻어내야 할 임무가 있다.

비전이란 조직이 달성해야 할 미래나 계획, 전망, 바람직한 모습을 의미한다. 창의성은 전에 없던 무엇인가를 새롭게 만들어 내는 일이다. 클라우스 슈밥(Klaus Schwab) 회장은 "글로벌 시장에서 성공하는 데 가장 중요한 열쇠는 창의성이다."라고 말했다. 미래는 초연결사회로 인터넷, 스마트폰, 컴퓨터 등이 네트워크로 연결되어 실시간 정보를 주고받는 '의사소통의 시대'이다. 이러한 시대에는 아무리 신선한 정보라 하더라도 모방은 가치를 상실하게 된다. 그래서 새로운 시대는 다양한 정보를 통합, 정리하여 기존의 지식기반 위에서 새로운 것을 만들어 내는 창조, 변화, 발전 그리고 두 개 이상의 요소나 분야를 융합시켜 사회 안에서 효용성과 유용성이 있는 것을 만들어 내는 재구성과 새로운 시각, 아이디어 등의 창의성을 가진 리더가 요구되고 있다.

창의성은 현대와 미래사회를 살아갈 사람들 모두에게 요구되는 능력으로, 적은 수의 천재에게만 선별적으로 나타나는 것이 아니고, 누구나 가지고 있는 보편적인 능력으로, 교육과 훈련으로 개발될 수 있다고 한다. 따라서 가정과 학교에서는 학습자들의 창의성을 길러주기 위하여 확산적·비판적 사고를 향상시키고 효율적인 수업 환경을 조성하기 위해 노력해야 한다. 창의성 있는 인재를 육성하는 것은 국가의 경쟁력을 키우는 데 큰 역할을 함은 물론 미래를 살아갈 학생들의 삶을 행복하게 해주는 것이기 때문이다. 경제 강국인 미국 교육의 핵심은 '창의성 교육'에 있다. 미국이 OECD에서 실시하는 PISA(국가학업성취도평가) 결과에서는 평균을 조금 웃도는 수준이지만 노벨상 수상자가 많고 최고 수준의 국가경쟁력을 보유하게 된 미국의 원동력은 창의성 교육에 있다.

2) 가정과 학교에서의 창의성 개발

우리나라는 5차 교육과정에서부터 창의적 인간 육성을 위해 창의성 교육을 중요시해 왔다. 그러나 수업이 입시 위주의 문제풀이와 암기 위주로 진행되고 있어 학생들의 창의성 개발에 악영향을 끼치고 있다. 이런 상황에서 가정과 학교에서의 창의성 개발에 어떻게 대처해야 할까?

(1) 가정에서의 창의성 개발

가정에서 창의성 개발은 부모가 자녀를 어떻게 양육하느냐에 따라 창의성에 큰 영향을 미친다. 가정에서 부모는 자녀에게 역할 모델이 되어주기도 하고, 스스로 배우고 도전하여 새로운 것을 발견할 수 있도록 도움을 주기도 하여야 한다. 자녀의 창의성 개발을 위해서는 문제해결 과정에서 자녀 스스로 방법을 찾아내서 해결할 수 있도록 해야 한다. 우리나라 부모들도 창의적인 자녀를 길러야 한다는 데 동의하고 있고, 창의성 있는 자녀를 기르기 원하고 있으나 모든 활동이 대학입시에 초점이 맞추어져 있어 자녀를 주입식 교육에 참여시키고 있다. 아이가 원하는 것이 무엇인지에는 관심이 없고 부모의 욕심과 판단에 따라 백화점식 학습을 쉴 사이 없이 계속해서 강요하고 있는 것이 우리 교육이 해결해야 할 과제이다.

(2) 학교에서의 창의성 개발

학교에서 지식과 기술을 주입하기보다는 급격하게 변하는 사회에서 발생할 수 있는 문제를 해결하는 능력을 길러주는 것이 필요하다. 학생들의 창의성을 개발해 주는 데는 교사가 중요한 역할을 한다. 즉, 획일적 강의 중심의 주입식 교수법에서 벗어나 확산적 사고로 지식의 폭을 넓혀가며 흥미있는 학습으로 창의적 사고를 할 수 있도록 한다.

또한 학생들이 정보를 독창적으로 해석해 볼 수 있도록 하고, 학문들 사이에서 새로운 시사점을 찾아낼 수 있도록 해야 한다. 또한 '새로움'의 창조는 학생에게서 비롯되어야 하며 교사는 그를 위한 환경을 조성해 주고 그 결과를 인정해 주는 것으로 끝나야 한다. 학생들이 '새로움'을 창조할 수 있도록 도와주는 환경이란 자신이 다른 생각으로 인해 비웃음을 받지 않을까 하는 학생들의 두려움을 없애주고 확산적 사고를 마음껏 편안하게 표출할 수 있는 환경을 말한다.

이 외에도 Torrance(1995)는 창의성 개발을 위한 교사의 역할로 20가지를 제시하였다. 창의적 사고를 가치 있게 평가하고, 환경의 자극에 민감하게 반응하도록 하며, 아이디어를 조작해 보도록 격려하고, 아이디어를 체계적으로 검증하는 방법을 가르쳐야 한다. 새로운 아이디어에 포용력을 가지며 정해진 방식을 강요하지 않고, 창의적인 학급 분위기를 조성하며, 자신의 창의적 사고를 가치 있게 여기도록 가르친다. 급우들이 가하는 제재를 피하는 기술을 가르치고, 창의적 과정에 대한 정보를 제공하며, 걸작품에 대한 경외감을 없애고, 자발적인 학습을 권장하고 평가하며, 고민거리를 만들어 내고, 창의적 사고가 필요한 상황을 조성한다. 활동적인 시간과 함께 조용히 혼자 생각할 시간을 제공하고, 아이디어를 실행하는 데 필요한 자원을 지원하며, 아이디어가 시사한 바를 충분히 실행해 보는 습관을 갖도록 하고, 피상적 비판이 아닌 정보적 · 건설적인 비판을 하도록 한다. 다양한 분야에 대한 지식을 습득하도록 격려하며, 모험심 있고 엉뚱한 아이디어도 기꺼이 경청한다.

3) 미래사회와 창의성

미래사회의 가장 두드러진 특성은 지식 정보화, 세계화, 다양화, 인간화를 들 수 있으며 우리가 생각한 것 이상의 빠른 변화가 진행되고 있다는 것이다.

세계화의 영향으로 세계는 서로 연결되고 경쟁은 확산되며, 학습과 발견, 또는 혁신 방식이 변화될 것이고 기술 변화의 가속은 가정, 사회, 경제뿐만 아니라 교육과 과학 조직에서 일하는 방식까지 변하게 할 것이다(박영숙, 2016). 변화의 모습을 미리 볼 수 있다면 완벽하게 대비를 할 수 있지만 변화의 속도가 너무 빨라서 대응이 쉽지 않다. 하지만 예측한 것을 대상으로 대처할 수 있는 역량을 갖추는 것이 필요하다는 것은 불변의 진리이다.

산업화 시대에는 많은 양의 지식과 정보를 가지고 있는 사람이 성공하는 사회였다면 이제는 시대의 흐름을 읽고 기존의 지식과 경험을 통해 새로운 것을 창조하고 다른 사람과 함께 할 수 있는 사람이 성공하는 사회이다. 또한 평생 공부하지 않으면 살 수 없는 사회이기도 하다. 미래학자들은 앞으로 고정화된 일은 자동화와 로봇이 대신하게 됨에 따라 일자리가 줄어들 것으로 예측하고 있다. 앞으로 700만 개의 일자리가 사라지고 200만 개의 일자리가 새로 생겨날 것이라고 한다. 실업자가 많이 발생할 것으로 예측되고 있다. 이를 피하기 위한 미래사회에 대응하는 역량을 제시하면 다음과 같다.

① 새로운 것에 도전하여 남과 다른 것을 만들어 내야 한다.
② 자기관리 능력이 있어야 한다. 즉, 자신만의 방식으로 자신의 부가가치를 높일 수 있도록 자기개발을 해야 한다.
③ 사회적 공감 능력이 있어야 한다. 즉, 자신만의 색깔을 나타내며 다른 사람의 마음을 읽을 수 있어야 한다.
④ 의사소통 능력과 감성을 지녀야 한다. 타인과의 관계를 잘 맺어야 하기 때문이다.
⑤ 정보 기술 및 매체를 잘 다룰 수 있는 전문지식을 지녀야 한다.

창의성은 기존 지식을 바탕으로 독창적이고 유용한 것을 새롭게 생성해 내는 능력을 말한다. 창의성을 기르기 위해서는 첫째, 특정 분야에 대한 전문지식을 가져야 한다. 기본적 지식이 없는 상태에서 참신하고 기발한 아이디어를 만들어 내는 것은 불가능하기 때문이다. 둘째, 문제를 창의적으로 해결할 수 있는 문제해결 능력을 갖추어야 한다. 셋째, 동기부여가 있어야 한다. 동기부여를 통한 욕구가 있을 때 하고자 하는 욕망이 생기고 새로운 사고와 인내심을 기를 수 있기 때문이다. 넷째, 사고의 융통성과 참신성을 유도할 수 있는 환경을 갖추어야 한다.

이 외에도 여러 가지를 들 수 있으나 무엇보다 중요한 것은 미래사회는 지금과 다른 사회가 될 것임을 인식해야 한다. 이런 변화에 대응하기 위해서는 역량을 갖춘 리더의 창의적 리더십 발휘가 요구된다.

3. 4차 산업혁명과 창의・융합 역량

1) 창조와 융합

미래사회와 관련하여 가장 밀접한 관계를 맺고 있는 단어는 창조와 융합이다. 창조는 창의, 창제와 같은 의미로 사용하기도 하며 영어로 create, creation으로 표현된다. 창조의 사전적 의미는 "새로운 것을 처음 만들어 내는 것"을 말한다. 즉, 창조는 무에서 유를 만드는 것이다. 아무것도 없는 상태에서 무엇을 만든다는 것인지 매우 막연하게 들리는 단어이기도 하다. 그러나 우리나라가 세계화, 고령화, 환경, 기술 등에서 드러나는 문제점으로 성장이 한계에 이른 상황에서 이를 해결할 수 있는 길은 새로운 것을 창조하는 것이다.

이에 반하여 융합은 영어로 fusion이고, 사전적인 의미는 "둘 이상의 사물을 서로 섞거나 조화시켜 하나로 합치는 것" 또는 "다른 종류의 것을 녹여서 서로 구별이 없게 하나로 합치거나 그렇게 만드는 것"을 의미한다. 즉, 융합이란 서로 다른 재료를 넣어 무언가를 새로 창조하는 능력을 말한다. Fusion이라는 용어는 과학 기술과 관련된 언어로만 생각하기 쉬우나 요즈음은 다른 학문 분야에서도 보편적으로 쉽게 접할 수 있는 말이 되었다. 또 가장 흔하게 사용하는 것이 음식점에서 여러 가지 재료를 다양하게 사용하여 새로운 맛을 내는 것으로, 이러한 음식을 fusion 음식이라고 한다.

창조와 융합은 바늘과 실의 관계와 같다. 기본적인 여러 지식을 바탕으로 융합이 될 때 창조가 가능하기 때문이다. 창조는 어느 날 하늘에서 갑자기 떨어진 것이 아니고 무한의 상상력과 열정 그리고 인내심을 가지고 노력해야 이루어지는 산물이다. 미국의 현대 무용가로 알려진 트와일라 타프는 무용과 다른 예술 장르를 결합시켜 다양한 시도를 한 사람으로 『천재들의 창조적 습관』이라는 책에서 천재는 타고나는 것이 아니라 습관을 통해서 만들어진다고 했다. 창조 · 융합 인재도 원래부터 타고난 천재는 없고 준비와 노력의 산물이며, 창조를 위한 노력이 규칙이 되고 습관이 될 때 가능하다는 것이다.

창의성 전문가 앤 커밍스와 그레그 올드햄은 창의적 인재가 갖추어야 할 요건으로 4C, 즉 Compassion(고객과의 공감에 탁월한 인재), Conception(풍부한 상상력을 갖춘 인재), Controversy(창조적 논쟁을 즐기는 인재), Commitment(끝없는 열정을 갖춘 인재)를 들었다. 오늘날은 생산력이 중심이던 20세기와 달리 마케팅, 디자인, 브랜드와 같은 역량이 어우러진 복합 창조력이 요구되는 시대이다. 창조의 아이콘 스티브 잡스와 애플은 전에 있는 것을 모아 새로운 것을 융합하여 산업계의 영웅이 되었으며, 창의와 융합에 대해 관심을 고조시키는 데 공헌했다. 앞으로 우리 사회를 먹여 살릴 핵심 이슈로 지식, 과학, 기술, 교육 등의 전 방위에 걸친 융합이 화제로 등장하고 있다. 신상품 개발과 새로운 마케팅 기법을 고안해 내는 산업계뿐만 아니라 과학기술 분야, 인문사회 분야 등과 같은 학계까지도 융합의 필요성을 강조하고 있다.

2) 창의 · 융합 인재

4차 산업혁명 사회는 창의 · 융합 인재를 요구하고 있다. 교육부는 2015 개정 교육과정 발표문에서 창의 · 융합 인재란 "인문학적 상상력과 과학기술 창조력을 갖추고 바른 인성을 겸비하여 새로운 지식을 창조하고, 다양한 지식을 융합하여 새로운 가치를 창출할 수 있는 사람"으로 정의하였다. 그렇다면 창의 · 융합 인재가 왜 필요할까?

18세기 중엽 증기기관의 발명으로 가내수공업 생산체제가 기계를 이용한 공장 생산체제로 만들어진 것이 1차 산업혁명이고, 전기에너지 기반의 컨베이어 벨트를 이용한 대량생산 혁명이 2차 산업혁명이다. 1970년대에 들어와 컴퓨터와 인터넷을 기반으로 하는 3차 산업혁명을 거쳐 이제는 IoT, CPS, 인공지능을 기반으로 하는 4차 산업혁명 시대로 접어들고 있다. 산업혁명으로 새로운 시대가 열릴 때마다 인간의 삶은 편리해졌지만 반대로 많은 사람이 일자리를 잃고 어려움을 겪기도 했다.

4차 산업혁명 사회는 1차, 2차, 3차 산업혁명으로 겪었던 변화보다 훨씬 더 많은 변화가 예상된다. 세계경제포럼에 의하면 세계고용의 65%를 차지하는 15개국에서 2015년부터 2020년까지 5년 동안에 714만 개의 일자리가 사라지고 200만 개의 새로운 일자리가 생긴다고 한다. 1년에 103만 개씩의 일자리가 줄어드는 셈이다. 특히 우리나라 젊은이들이 선호하는 사무 관리직은 앞으로 5년간 475만 9,000개의 일자리가 줄어들 전망이라고 했다. 빅 데이터 분석과 인공지능 기술이 바탕이 된 자동화 프로그램과 기계로 대체된 것이기 때문이라고 한다. 반면에 전문적인 지식이 필요한 경영 · 금융서비스 · 컴퓨터 · 수학 · 건축공학에서는 일자리가 늘어날 것으로 전망했다. 또한 현재 전 세계 7세의 어린이가 성인이 되었을 때는 65%가 새로운 일자리를 갖게 될 것이라고 전망했다. 사라지는 일자리에서 보는 바와 같이 4차 산업혁명 시대에는 인공지능이 대체할 수 없는 전문적인 인재만이 일자리를 얻을 수 있고 그들이 사회를 주도하게 되어 있다. 바른 인성 · 감성 · 도전정신 · 긍정적 자세 · 창의적 사고 등을 갖춘 창의 · 융합형 인재를 육성해야 할 이유가 여기에 있다. 현재도 우리나라에는 100만이 넘는 젊은이들이 일자리를 찾지 못하고 있다. 그들은 지금도 스펙 쌓기에 많은 비용과 시간을 투입하고 있다. 그러나 4차 산업혁명 사회는 단순히 지식을 많이 쌓는 것만으로는 개인의 경쟁력을 확보하기가 더욱 어려워지고 있다. 이제는 기존 지식을 생활주제에 연결시켜 융합적 사고력과 창의적 문제해결력을 바탕으로 새로운 것을 창출하는 창조·융합 인재가 필요한 시대이다. 미래사회는 어떻게 융합하여 새로운 것을 창조할 수 있는가가 중요하기 때문이다. 따라서 교육기관에서도 새로운 미래사회를 이해하고, 이러한 미래사회를 주도해 나갈 수 있는 인재를 양성하기 위해 노력해야 한다.

새로운 미래시대가 도래할 때마다 나타난 현상이기는 하지만 세상은 준비된 자의 몫이다. 과거에 얽매여 있기보다는 급변하는 새로운 세상에서 요구하는 역량을 개발하는 노력이 절실히 요구되는 시대이다.

Tip **창의·융합형 인재란**

인문학적 상상력 + 과학기술 창조력 + 바른 인성을 겸비하여 새로운 지식을 창조하고 다양한 지식을 융합하여 가치를 창출하는 사람

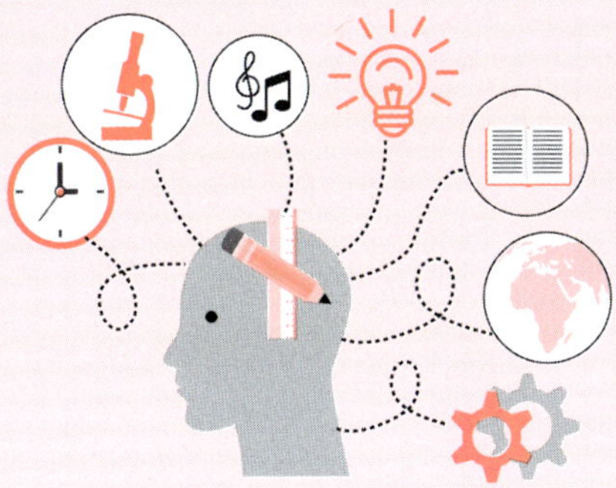

4. 창조적 리더의 조건

1) 창의·융합 역량의 필요성

인공지능의 발달로 이제는 기계가 스스로 학습을 통해 인간의 능력을 뛰어넘어 작업이 가능한 시대가 되었다. 4차 산업혁명 사회의 키워드는 융합이다. 현대는 모든 기술이 융합하여 물리학, 디지털, 생물학 분야와 서로 교류하는 시대이다.

2016년 3월 이세돌과 구글 딥 마인드의 인공지능 기술로 무장한 알파고(Alphago)의 바둑 대결에서 알파고가 4대 1로 이기면서 인공지능(AI)에 대한 생각을 바꾸게 하였고 앞으로 닥쳐올 4차 산업혁명 사회의 모습을 미리 예측해 볼 수 있는 계기가 되었다. 4차 산업혁명은 정보통신기술(ICT)의 융합으로 이루어 낸 혁명 시대를 말한다(위키백과). 인공지능(AI), 빅 데이터, 사물인터넷(IoT), 클라우드, 3D 프린팅 등으로 불리는 소프트웨어와 데이터 기반의 지능 디지털 기술변환에 의한 혁명이다.

4차 산업혁명은 정보통신기술(ICT)의 급진적 발전으로 인간과 인간, 인간과 사물, 사물과 사물 간의 연결성을 기하급수적으로 확대시켜 '초연결성'이 강화되고 집적된 데이터의 분석 및 활용을 통해 현실 속 사물의 제어가 가능한 초지능화의 특성을 이용해 "모든 것이 상호 연결되어 지능화된 사회로 변화" 될 것으로 본다. 4차 산업혁명은 정보 통신기술의 융합이 이루어 낸 혁명 시대로 물리적·생물학적·디지털적 세계를 빅 데이터에 통합시켜 인공지능 및 데이터 기술 등으로 전 산업 분야에 적용시켜 경제·사회구조에 근본적인 변화를 일으키는 산업상의 변화로 설명할 수 있다. 이것이 바로 창의·융합 역량을 길러야 하는 이유이다.

또한 사물시스템과 가상물리시스템(CPS) 등에 의해 가상시스템과 실물시스템 간의 경계가 사라지면서 자원조달에서 설계·유통·서비스 등 기업의 전체 과정을 연결하는 산업사회이다. 사물인터넷(IoT)으로 사물(제품, 서비스, 장소)과 인간을 접속시킴으로써 생활이 편리해진다. 우리가 매일 타고 다니는 버스는 이미 사물인터넷이 활용되어 실시간 우리에게 필요한(유용한) 정보를 제공해 주고 있다. 사물인터넷의 활용은 우리의 삶을 편리하게 해주고 있지만 한편으로는 우리의 일거수일투족이 공개되어 어려움을 겪기도 한다. 이제 4차 산업사회를 살아가기 위해서는 인공지능(AI), 빅 데이터, 사물인터넷(IoT), 클라우드, 3D 프린팅에 대한 이해 없이는 시대에서 요구하는 인재도 될 수 없을 뿐만 아니라 행복한 삶도 보장받을 수 없다.

이제는 사람들이 '어떤 부분에서 불편함을 느끼고 그것을 어떻게 바꾸고 싶어 하는지' 정확하게 알아내고 그 부분을 기술과 융합하여 새로운 것을 만들 때 편리한 생활을 누릴 수 있으며 부(富)도 얻을 수 있다.

요즈음은 기업이나 자영업을 하는 사람들도 융합적 사고로 인건비를 줄이고 시스템을 단순화하고 있다. 커피 판매점과 음식점에서도 4차 혁명의 융합 시스템을 이용하여 시간도 단축하고 인건비를 절약한 사례가 나타나고 있다. 또한 스마트폰이 대중화되면서 우리는 장소에 구애받지 않고 음악도 듣고 영상 통화도 하며, 은행 송금도 하고 친구들과 대화도 나눌 수 있다. 창의 융합 역량이 필요한 이유이다.

Tip **미래사회에서 요구하는 인재**

인재(人才, 1. talent, 2. competent, 3. man-made disaster) : 재주와 능력이 뛰어난 사람
(人材, a competent person, man of ability, a man of talent) : 학식과 능력, 재주 따위를 갖춘 뛰어난 사람

창의 인재상(**미래창조과학부**, 2013)
- 자기의 끼를 발견하고 미래에 대한 꿈을 키우는 미래인재
- 자기 분야 전문성과 함께 인문, 과학, 예체능을 섭렵하는 융합인재
- 실패를 두려워하지 않고 도전하여 새로운 일자리를 만들어 내는 도전인재
- 소통과 협력 네트워크 능력을 갖추고 세계를 무대로 진출하는 글로벌 인재
- 새로운 지식을 흡수하고 끊임없이 자기계발하는 학습인재

2) 스팀(STEAM) 교육

창의 · 융합 역량을 기르기 위해 필요한 프로그램 중 대표적인 것으로 스팀(STEAM) 교육을 들 수 있다.

STEAM이란 과학(Science), 기술(Technology), 공학(Engineering), 예술(Arts), 수학(Mathematics)의 영어 첫 글자를 따서 만든 용어이다. 미국에서는 2007년 10월에 STEM 교육이 처음 시작되었다. 우리나라 STEAM 교육은 미국의 STEM 교육에

예술(Arts)을 포함하여 과학교육 인재를 양성하겠다는 것이다. 이를 위해 암기식 문제풀이 학습을 지양하고 수학에 대한 흥미와 이해를 높이고 융합적 사고와 문제해결 능력을 배양하는 교육, 교과를 '쉽고 재미있게' 구성해 학생들의 이해와 관심을 높이는 것에 목적을 두었다. 또한 STEAM 교육은 학습자 흥미 증진과 탐구 및 토론학습, 소통과 협력 수업으로 학생들이 수업에 관심을 갖도록 만들고, 즐겁게 공부하도록 하여 4차 산업사회에 적합한 역량을 길러주는 데 의미가 있다. 이를 그림으로 나타내 보면 다음과 같이 정리할 수 있다.

Tip STEAM 교육의 이해도

흥미와 이해를 높이고 과학기술 기반의 융합적 사고와 문제해결 능력을 배양하는 교육이다.

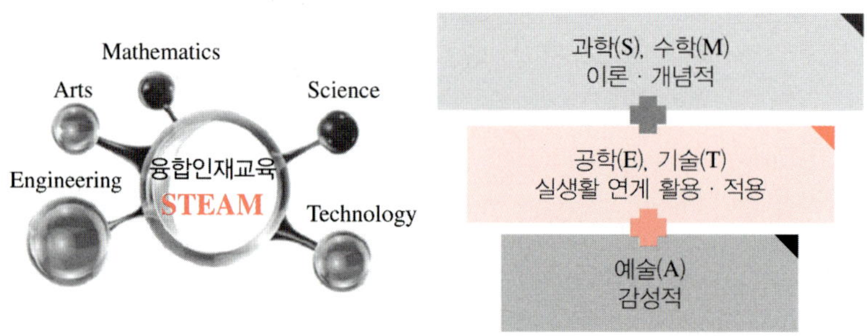

기존의 과학교육		STEAM 교육
누군가 정립해 놓은 지식과 개념, 이론을 위계에 따라 순서대로 배움	<	▪ 지식을 왜 배우는지, 어디에 사용되는지 이해 ▪ 실생활 문제해결력 배양

| 그림 10-1 | STEAM교육 이해도

3) 창조적 리더의 역할

창조적 리더는 전략적 사고(strategic thinking)를 바탕으로 조직과 구성원의 성장을 추구해야 한다. 다양한 인재를 확보하고 후계자를 양성하는 것도 중요하다. 더불어 조직에는 실패를 두려워하지 않는 조직문화가 있어야 한다. 실패해도 새로운 기회를 주고 원인을 분석하여 실패가 반복되지 않도록 하는 시스템이 필요하다. 여러 가지 리더십 유형이 존재하지만 혁신적인 분야가 필요로 하는 리더는 창조적 인물이어야 한다는 데에는 이견이 없다. 창조적 리더는 창의적인 혁신 활동을 통해 새로운 서비스와 제품, 새로운 시장을 개척하는 남다른 의지와 역량을 발휘하는 사람이다. 창조적 리더십의 조건으로 다음과 같은 것을 들 수 있다(한창수 외, 2008; 류지성, 2017).

창조적 리더는 뚜렷한 가치관과 비전을 가지고 조직을 이끌며, 구성원에게 바람직한 방향과 에너지를 제공한다. 유능한 리더란 아랫사람들을 잘 이끄는 사람이다. 하지만 이보다 한 차원 높은 리더는 상사와 동료 간에도 리더십을 발휘한다. 또한 인간 본성을 통찰하고 관리함으로써 사람들의 마음을 열고 적극적인 협력을 얻어내는 리더, 즉 새로운 시각, 아이디어 등의 창의성을 발휘하는 사람이 진정한 리더이다. 리더십 덕목은 현재 리더인 사람들에게만 필요한 것이 아니고 미래의 리더 양성을 위해 인재를 교육하고 모든 사람을 위한 리더십 공감대를 만드는 일이 더 중요하다.

5. 감성에세이

1) 리더십 유형별 성공사례

애플의 CEO였던 스티브 잡스(Steve Jobs) 리더십에 대한 재조명이 핫이슈가 되고 있다. 잡스는 언제나 최고의 완벽을 추구하며, '혼을 빼놓을 만큼 뛰어난(insanely great) 제품을 만들 것'을 요구했다. 애플 로고가 말해주듯이 단순한 디자인 가치에 대한 그의 신념과 원칙에 한 치의 양보가 없었다. 잡스에게 단순함이란 복잡함의 무시가 아니라 그것을 뛰어넘는 상당한 노력의 결과이기 때문이다.

아이디어를 성과로 연결시키기 위한 집중과 몰입은 그의 주변 5미터 이내에 들어온 구성원들에게 공포심을 불러일으키는 것으로 유명했다. 하지만 그가 보여준 열정과 영감이 조직 전체를 공명시키고 기대 이상의 성과와 자부심을 가져왔기 때문에 구성원들은 그를 믿고 따랐다. 무엇보다 잡스는 미래 가치를 꿰뚫어 보는 통찰력을 가지고 있었다. 그의 미래를 내다보는 통찰력 때문에 애플의 혁신 제품들이 속속 탄생할 수 있었다(강진구, 2012).[1)]

2) 위기극복 리더십 사례

위기극복 리더십은 기술과 환경이 급격하게 변하는 뉴미디어 분야에서 점점 중요해지는 유형이다. 닌텐도의 이와타 사토루(岩田聰) 회장이 그 예다. 그는 2000년 이후 닌텐도가 게임기 시장의 주도권을 소니와 MS에 차례로 빼앗긴 후, 발상의 전환을 모색했다. 그 결과, 기술 중심의 게임이 아닌 고객 중심의 게임을 개발해야 한다는 공감대를 형성했다. 게임을 하지 않는 여성을 고객으로 유도하면서, 폭력적이지 않고 교육적이면서 몸을 사용해 건강을 해치지 않는 새로운 게임 닌텐도 Wii를 히트시키게 되었다.

월트 디즈니의 '로버트 아이거(Robert Iger)' 회장도 위기에 빠진 조직을 회생시킨 경우다. 그는 "창의성이 열쇠다(creative is key)"라는 모토 아래 수평적인 조직 구조를 만들어 다양한 아이디어를 장려했다. 무엇보다 소비자 중심의 콘텐츠 경영전략에 초점을 맞춘 것이 월트 디즈니를 최고의 엔터테인먼트 그룹으로 거듭나게 했다. 픽사를 인수해 제2의 애니메이션 전성기를 만들었고, 디즈니 콘텐츠를 아이튠즈 등 온라인과 모바일에 제공해 다른 글로벌 기업보다 빨리 멀티 플랫폼 전략을 성공적으로 실행했다.[2)]

---

1) 미디어 리더십(미디어 경영・경제, 2013. 2. 25). 커뮤니케이션북스 발췌.
2) 미디어 리더십(미디어 경영・경제, 2013. 2. 25). 커뮤니케이션북스 발췌.

3) 창의적 리더십 워크시트지

나만의 버킷리스트 작성하기(10개)

* 마인드맵으로 표시

나의 10년 후 모습(상황) 그림 그리기(한 장면을 A4용지에 구체적으로 표현해 보기)

11

청・장년의 고민 한꺼번에 해결한다!!

취・창업 리더십

1. 진로교육
2. 취업・창업, 무엇이 문제지?
3. 감성에세이

Chapter 11

청 · 장년의 고민 한꺼번에 해결한다!! 취 · 창업 리더십

정범모 박사는 교육을 '인간행동의 계획적인 변화', E. 뒤르켕은 '어린 세대를 대상으로 실시하는 체계적 사회화', R. S. 피터즈는 '가치 있는 활동 또는 사고와 행동 양식으로 사람을 움직이되 규범적 · 인지적 · 과정적 기준을 충족시켜야 한다'고 했다. 학자들의 주장을 종합해 보면 교육은 인간 행동을 계획적으로 변화시켜 인간다운 삶을 유지할 수 있도록 도와주는 체계적 과정이다.

마찬가지로 진로교육도 사회발달과 자신의 적성 그리고 능력을 감안하여 목표를 세우고, 자신이 좋아하고 제일 잘 할 수 있는 일을 할 수 있도록 계획적인 교육이 이루어져야 한다. 행복한 삶을 살아갈 수 있도록 돕기 위해서이다. 그러나 우리의 실태는 진로 결정 시 본인의 적성이나 능력보다는 수학능력시험 점수와 부모의 의견을 반영하여 좋은 대학, 좋은 학과에 입학하여 졸업 후 좋은 직장을 얻는 것에 가장 큰 의미를 부여하고 있다. 이로 인해 대학에 진학해서도 전공하는 교과에 흥미를 잃고 학업에 몰두하지 못한다. 이런 의미에서 미래사회의 일과 직업세계를 이해하고, 요즈음 젊은이들의 최대 관심사가 되고 있는 취 · 창업에 대하여 알아보고, 스스로 최선의 대책을 세워 미래사회를 주도할 수 있는 역량을 기르는 데 도움을 주고자 한다.

1. 진로교육

1) 미래사회의 일과 직업세계는 진로교육으로

1960년대 미국 사회는 학교 중퇴자나 졸업자 모두가 일과 직업세계에 대해서 교육을 받지 못한 상태로 사회에 진출하게 되어 사회적응에 필요한 소양이 부족하다는 것이 문제가 되었다. 이를 해결하기 위한 방안으로 제기된 것이 진로교육이다. 진로교육이라는 말을 처음 사용한 사람은 미국인 James Allen이었고, 이를 확산시킨 사람은 Sidney Marland이다. 그는 "모든 교육은 진로교육이어야 한다."고 진로교육의 개념을 주장하면서 본격적으로 이 단어를 사용하기 시작하였다. 진로(進路)는 앞으로 나아갈 길을 뜻하며, 영어로는 career education 또는 course in life education으로 표현한다.

진로교육을 Bailey와 Stadt는 "개인이 만족스럽고 생산적인 삶을 누릴 수 있도록 진로에 대한 방향을 세우고 선택하며, 준비하고 선택한 진로에 제공되는 일체의 경험"이라고 하였으며, Hoyt는 "일 지향적인 사회 가치에 친숙하게 하여 이 가치들을 자신의 인성적인 가치체계 속에서 통합하여 일을 통해 보람과 만족을 느끼는 삶을 살도록 조력하는 공교육"이라고 하였다. 한국진로학회는 "생산적 · 사회적 구성원으로서 삶을 영위할 수 있도록 성장을 돕는 교육과정"이라고 하였다. 이런 점에서 진로교육은 학생들에게 일과 직업세계가 중심이 되는 교육을 통해 자신의 흥미와 적성 그리고 능력에 따라 급변하는 사회에서 평생 직업에 종사할 수 있도록 진로를 합리적으로 선택 · 결정할 수 있는 능력을 길러주는 종합적인 교육활동이라 할 수 있다.

진로교육은 개인에게는 일이 주는 의미와 필요성 그리고 중요성을 깨닫게 하고, 본인 스스로에게 적합한 일을 합리적으로 선택할 수 있도록 돕는다. 또한 본인이 선택한 일을 하는 데 필요한 능력과 태도를 길러주고, 선택한 직업을 통해 행복한 삶을 살도록 도와주는 교육활동이다.

한편 한국직업능력개발원에서는 진로교육의 특징을 다음과 같이 제시하여 진로교육에 대한 이해를 돕고 있다.

첫째, 진로교육은 일에 주된 관심을 둔 교육이다. 둘째, 진로교육은 스스로에게 적합한 직업가치를 선택하도록 돕는 교육활동이다. 셋째, 진로교육은 개인이 선호하는 직업가치를 실현할 수 있도록 돕는 활동이다. 넷째, 진로교육은 평생 동안 지속적으로 실시되는 교육활동이다.

2) 진로교육! 왜 필요하지?

한국은 IQ, 학업성취도, 대학진학률 그리고 사교육비와 공부시간 등에서 최상위를 달리고 있는 반면, 학습에 대한 흥미도와 청소년들의 주관적 행복지수는 OECD 국가 중에서 최하위권으로 꼴찌를 달리고 있다.

미국 하버드대학교에서 낙제생 10명 중 9명이 한국 학생인 적이 있었다고 한다. 이유를 분석해 보니 한국 학생은 다른 나라 학생들과 달리 꿈과 장기적인 목표를 가지고 하버드대학교에 온 것이 아니라 하버드대학교 자체가 목표였기 때문이라고 한다. 또 한 일간지에서 대학생들을 대상으로 현재 전공에 만족하는지의 여부를 설문조사한 결과에 의하면 대학생 중 87%가 전공을 바꾸고 싶다고 했고, 사회 초년생이 대학에서 전공한 교육과 직업의 일치도를 조사해 보니 전공 불일치도가 78%에 달했다고 한다. 10명 중에서 8명이 자신의 전공과 다른 쪽에서 일을 한다는 이야기이다. 진로교육이 절실히 필요하다는 증거이기도 하다. 사회변화의 속도가 느리고 직업구조가 단순했던 시기에는 부모들에 의한 자녀에게 진로지도가 가능했으며, 학교에서도 특별한 전문적 지식이 없이 진로지도가 가능했다. 그러나 현대사회는 산업기술과 과학문명의 급속한 발달과 함께 직업구조가 고도로 전문화되어 고도의 지식과 전문적 기능이 요구되며, 나날이 다양화, 전문화, 세분화되고 있어서 일에 대한 가치관과 태도를 어떻게 설정해야 할지가 어려운 과제가 되었다. 따라서 진로교육이 매우 시급하고 절실한 상황이다. 진로교육은 시기마다 적절한 교육을 통해 학생들의 소질과 적성을 찾아내고 직업세계에 대하여 바른 인식을 갖도록 하여 자신에게 적합한 진로를 결정할 수 있는 준비를 하게 해야 한다.

진로교육은 학생의 진로를 창의적으로 개발하고 지속적으로 발전시켜 성숙한 민주시민으로서 행복한 삶을 살아갈 수 있는 역량을 기르는 것이다. 진로교육은 개인의 성공과 실패를 가르는 것으로 그치는 것이 아니라 진로를 잘못 선택하면 개인은 물론 국가 · 사회적으로 많은 사회적 갈등을 유발하게 되어 사회 불안 요소로 작용할 수 있어 더욱 중요하다. 일은 개인의 삶을 유지할 뿐 아니라 사회의 지탱 및 발전 그리고 개개인의 자아실현에도 영향을 미치고 있기 때문이다. 국가의 경쟁력도 국민 개인이 얼마나 적합한 일을 탐색하고 준비하여 선택하느냐에 달려 있어 OECD를 비롯하여 선진 각국에서는 교육개혁의 초점을 개인의 일과 관련된 진로교육에 두고 있다. 따라서 학교, 가정, 국가 · 사회는 학생들의 진로교육에 관심을 가지고 지도해야 한다.

우리나라는 1980년대에 들어 고학력자들이 대량으로 실업상태에 놓이고, 실업계 고교출신 기능 인력이 크게 부족하게 됨에 따라 교육적 차원에서 진로교육의 필요성을 강조하기 시작하였다. 1993년부터는 국가발전에 필요한 인력을 균형 있게 양성 · 공급하기 위해 초 · 중 · 고등학교 학생들을 대상으로 다양하게 진로교육을 실시하고 있다. 2015년에는 학생들에게 다양한 진로교육 기회를 제공함으로써 미래사회의 직업 세계에 능동적으로 대처하고, 학생의 소질과 적성을 최대한 실현하여 행복한 삶과 경제 사회 발전에 기여함을 목적으로 하는 진로교육법을 제정하여 진로교육에 박차를 가하고 있다. 진로교육법은 국가 및 지방자치단체 등이 학생에게 직업세계를 이해시키고 자신의 진로를 탐색 · 설계할 수 있도록 학교와 지역사회가 협력하여 진로수업, 진로심리검사, 진로상담, 진로정보 제공, 진로체험, 취업지원 등을 제공하도록 하고 있다.

진로교육에 대한 이해를 돕기 위하여 Sidney Marland가 주장한 진로교육의 필요성을 소개하면 다음과 같다.

첫째, 직업교육이 교양교육보다 더 강조되어야 한다.

둘째, 고등학교에서의 교육은 학생 개인이 스스로 진학 또는 취업할 수 있도록 해야 한다.

셋째, 다양한 전달체제를 통한 교육을 실시해야 한다.

넷째, 개인에게 진로선택의 기회를 주어야 한다. 그리하여 본인과 조직 공동체의 일을 스스로 정하고 실천에 옮기는 주체적인 인간으로 육성하여야 한다고 하였다.

진로교육의 필요성을 개인, 부모, 국가 · 사회의 측면에서 살펴보면 다음과 같다.

(1) 개인적 측면에서

① 일과 직업세계에 관련된 상황에 대하여 스스로 판단할 수 있는 능력을 길러주어야 한다.

② 급격한 사회 변화에 따라 달라지는 복잡 다양한 일과 직업의 종류에 대한 학생들의 이해가 필요하다.

③ 일과 직업에 대한 올바른 가치관과 태도, 그리고 직업윤리에 대한 교육이 필요하다.

④ 학력이나 부모의 요구보다 개인의 요구에 맞추어 일과 직업을 선택할 수 있어야 한다.

⑤ 자신이 하고 있는 일에 긍지를 느끼고 행복한 삶을 살 수 있도록 해야 한다.

(2) 부모 측면에서

① 자녀가 선택한 직업을 통해 평생 행복한 삶을 영위할 수 있는 방법을 가르쳐 주기 위해서이다.

② 자녀의 심리적 특성, 흥미, 능력 등에 대해 보편적이고 정확한 이해를 가지고 진로지도를 하기 위해서이다.
③ 급변하는 사회에서 일과 직업에 대한 바른 이해와 가치관 정립을 위해 진로지도가 필요하다.
④ 자녀와 부모의 관계 형성에 도움을 준다.

(3) 국가 · 사회적 측면에서

① 국가 · 사회 발전에 필요한 인력을 균형있게 육성할 수 있다.
② 입시 위주 주입식 교육의 문제 해결을 위한 단서를 제공받을 수 있다.
③ 직업의 귀천에 대한 의식을 제거하고 자신이 하고 싶은 일을 할 수 있도록 하며 적재적소에 알맞은 인재를 양성함으로써 국가 · 사회적 요구에 이바지할 수 있다.
④ 가치관 및 직업윤리 교육으로 원만한 직장생활과 성공적인 자아상을 정립하여 인생을 즐기며 국가 · 사회에 이바지할 수 있다.

3) 진로교육! 어떻게 진로설계를 할까?

대부분의 부모들은 교육의 목적을 자녀들이 좋은 대학에 입학하여 졸업 후 대기업에 취직하는 것에 두고 있다. 좋은 직장에 취업하면 행복한 삶을 살 수 있다고 믿기 때문이다. 이를 위해 자녀들의 흥미 · 취미 · 적성을 무시하고 오직 일류대학 입학에 두고 있다. 학교교육도 학부모들 요구와 학교의 명예를 위하여 일류대학에 입학시키는 것에 초점을 맞추는 교육으로 다른 곳에 눈 돌릴 틈이 없다. 그러나 우리의 현실은 일자리는 늘지 않고 오히려 줄어들고 있어 좋은 대학을 나와도 젊은이들이 원하는 일자리를 얻지 못해 100만 명이 넘는 젊은이들이 실업 상태에 놓여 있다. 현재 30만 명에 가까운 젊은이들은 공무원이 되기 위해 시험 준비에 매달리고 있다. 지금이라도 학생들 개개인에게 맞는 맞춤형 진로교육을 실시하여 학생들이 자신의 꿈도 이루고 사회발전에도 참여할 수 있는 맞춤형 진로교육이 이루어져야 한다. 그러나 현재의 진로교육은 개인의 능력과 평생직업보다는 대학진학에 모든 것이 맞추어져 있어 대학진학률은 높으나 대학에서 길러낸 인력을 사회에서 활용하지 못하는 부조화를 초래하고 있다. 그러면 진로교육을 어떻게 하는 것이 좋을까?

첫째, 어려서부터 단계적인 교육으로 일과 직업 세계에 대한 진로 역량을 강화해야 한다. 초등학교에서는 진로인식을 할 수 있는 교육과정을 마련하고 중학교는 초등학교 과정을 발판으로 진로탐색을 실시한다. 고등학교는 진로를 준비하는 과정을 마련하고 대학교 교육과 졸업 이후에는 진로 전문화단계 과정을 마련하여 학생들의 수준에 맞는 교육이 계열성 있게 이루어질 수 있도록 해야 한다. 즉, 진로에 관한 다양한 정보와 자료를 제공해 학생의 발달 단계에 맞추어 맞춤형 교육이 이루어질 수 있도록 해야 한다.

둘째, 부모의 직업을 통해서 일과 직업세계에 대한 이해와 직업의 중요성을 알 수 있도록 해야 한다. 직업세계를 가장 가까이에서 볼 수 있는 것이 부모의 직업이다. 부모가 하고 있는 일을 보면서 직업의 가치를 배우는 동시에 이를 계승 발전시킬 수 있도록 해야 한다. 이를 위해서는 부모를 대상으로 진로교육 기본과정을 개발 · 운영하고, 다양한 온 · 오프라인 매체를 통한 진로교육 정보를 제공해 가정에서도 진로교육이 이루어지도록 해야 한다.

셋째, 학생들이 손쉽게 사용하고 다룰 수 있는 교육 자재와 방법을 제공하고 이를 활용하도록 해야 한다. 한 예로, 모든 학생들이 소유하고 있어 비용이 들지 않고 파급효과가 큰 스마트폰을 이용하는 방법이다. 스마트폰을 이용해 다양한 직업 소개하기, 기업에서 요구하는 능력 등을 글로 올려 소통하기, 인터넷을 이용하여 자기 주도적 학습하기, OR코드[직업흥미 유형별 직업 동영상 자료, 간이 검사지, 커리어 넷(career net)과 연동한 다양한 직업에 대한 자료를 제작] 등을 활용하도록 하는 것이다.

넷째, 시대의 변화에 따라 나타날 4차 산업혁명 사회의 직업의 종류와 비전에 대해 알아볼 수 있도록 해야 한다. 미래학자들은 4차 산업혁명 사회는 전에 없었던 새로운 직업이 많이 생겨나고 사라질 것이라고 예측하고 있다. 따라서 자신의 관심 분야의 직업에 대하여 알기 위해서 직업에 종사하는 사람과 함께 생활하면서 배우거나, 성공한 사람의 삶에 대해 독서를 통해 탐구해야 한다. 또한 위인들의 삶의 모습을 살펴보면서 자신의 꿈을 세우고 그 꿈을 실현하기 위해 노력하거나 자신만의 가치를 나타낼 수 있는 특기를 계발해야 한다.

다섯째, 변하는 세상에서 나는 무엇을 하고 살 것인지 생각해 보는 기회를 제공해야 한다. 미래에 유망한 직업은 무엇일까? 나타날 직업과 없어질 직업은 어떤 것이 있을까? 그중에서 내가 잘 할 수 있는 직업은 무엇일까에 대하여 조사하고 진로교육 담당자들을 통해 방법을 찾아야 한다.

여섯째, 진로교육 대상과 체험교육을 확대해야 한다.

진로교육은 취업을 앞둔 젊은이만을 대상으로 하는 것이 아니라 초등학교에서부터 모든 사람을 대상으로 이루어져야 한다. 시대가 변함에 따라 평생직장의 의미는 사라지고 평생 직업이 대두되는 점을 감안하여 개개인의 맞춤형 진로교육이 이루어져야 한다. 맞춤형 교육 중 가장 좋은 방법은 직접 체험해 보는 것이다.

일곱째, 자신의 경력을 계발하고 관리하는 교육을 실시해야 한다.

미래의 직업세계는 급격하게 변할 것이 예상되기 때문에 어려운 환경 변화에 유연하게 대처할 수 있는 카멜레온형 인재가 필요하다. 어떠한 환경에서도 적응하여 살아남을 수 있도록 경력을 체계적으로 계획하고 관리할 수 있는 교육이 필요하다. 특히 인간 수명이 연장됨에 따라 개인의 경제활동 수명도 늘어날 것이기 때문에 평생 직업에 종사할 수 있는 다양한 경력 계발 기회를 최대한 활용해야 한다.

여덟째, 창업에 관한 교육도 병행하여 실시되어야 한다.

어려서부터 창업에 대한 교육이 이루어져야 역량이 길러지고 급변하는 사회에서 자신이 잘할 수 있는 일과 관련한 창업을 함으로써 본인은 물론 국가·

사회에 이바지할 수 있는 사람이 될 수 있다. 세계적으로 유명한 창업자 중 커뮤니티를 세계적인 SNS로 발전시킨 마크 저커버그, 컴퓨터 시장의 1인자 MS의 빌게이츠, 아이폰, 아이패드, 맥북 등 혁신을 일으킨 애플의 스티브 잡스, 5살 때 선물 받은 작은 카메라를 통해서 영화인의 꿈을 키운 스티븐 스필버그 등은 자신의 창조적인 생각을 바탕으로 창업에 성공한 예이다. 우리도 이와 같은 인물이 많이 나타날 수 있도록 어려서부터 창업교육을 병행해야 한다.

그러면 어떻게 진로설계를 하면 효과적일까?

학생들이 교육을 받는 가장 큰 이유는 일상생활에 필요한 지식과 교양을 갖추고 개개인의 다양한 잠재능력을 계발시켜 행복한 삶을 영위하는 동시에 국가 · 사회 발전에 이바지할 수 있는 역할을 잘 할 수 있도록 하기 위함이다. 그러나 정작 학생들 중에는 왜 공부를 해야 하는지에 대한 목적도 없이 부모님의 권유나 사회적인 분위기 때문에 마지못해 따라 가는 경우도 적지 않다. '남이 장에 간다고 하니까 나도 장에 간다.'는 속담이 있듯이 자신이 이루고자 하는 꿈도 없고, 미래에 무엇을 하고 살 것인지 진지하게 생각해 보지 않고 있다는 것이다. 한국고용정보원에서 발표한 '2013 진로교육 실태 조사 보고서'에 의하면 대학 졸업 예정자 중 61.5%가 "진로를 정하지 못했다"고 한다. 자신의 능력을 고려하고 목표를 분명히 해야 하는데 자신이 좋아하고 잘하는 학과를 선택하기보다는 수능성적에 맞추어 대학과 학과를 정하는 '보텀업(bottom-up)' 방식의 영향 때문이다. 즉, 자신의 적성과 흥미를 고려하지 않고 입학에 초점을 맞춘 결과이다. 자신의 특성을 무시한 대학 입학은 졸업 후 취업을 해도 일에 적응하지 못하고 뒤늦게 진로를 바꾸느라 시간과 비용을 낭비하고 자녀와 부모 모두 고통에 빠지게 한다. 2010년 한 일간지가 조사한 자료에 의하면 한국 대학생 87%가 전공을 바꾸고 싶다고 했다고 한다. 한국고용정보원에서 성인을 대상으로 조사한 자료도 성인 77%가 전공과 다른 일을 하고 있다는 것이다. 또 삼성의료원 사회정신건강연구소의 자료도 성인 86%가 꿈이 없이 살며 74.4%가 자아정체감 폐쇄군에 속하는 것으로 나타났다고 한다. 진로교육의 부재로 나타난 현상들이다. 교육부에서는 이러한 폐해를 막기 위해 진로교육이 초등학교에서부터 대학교까지 일관성 있게 잘 이루어질 수 있도록 자유학기제와 연계해서 아이들에게 진로탐색의 기회를 제공하고, 학교별로 체계적인 진로교육을 시행하기 위한 기본계획(2016~2020)은 아래 그림과 같다.

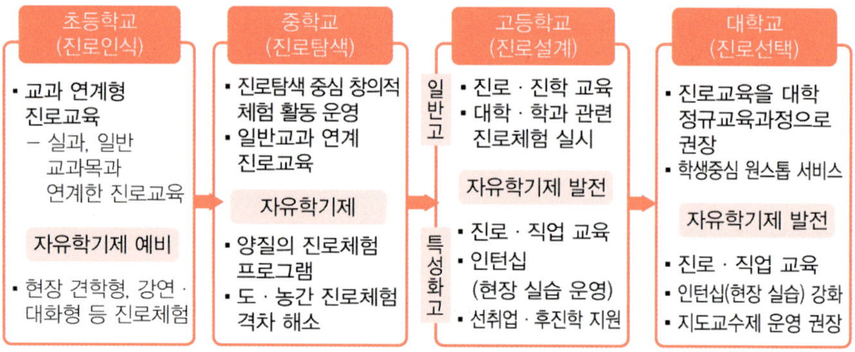

❙그림 11-1❙ 학교급별 진로교육 체계

출처 : 교육부(2016). 진로교육 5개년 기본계획 중 '학교급별 진로교육 체계'.

진로교육은 단순히 하나의 직업을 가지는 것에 국한하지 않고 개인의 일생을 좌우하는 평생교육으로 이어지기 때문에 처음부터 설계를 잘해야 한다.

진로교육 설계과정의 자아인식 단계에서는 자신의 가치관에 근거하여 삶의 목표를 인식하고, 자아탐색 단계에서는 적성, 흥미, 가치관, 가정환경 등 자신에 대한 이해가 이루어져야 한다. 진로교육의 첫 출발은 내가 미래에 어떤 일을 하면서 살 것인가? 내가 하고 있는 일 속에서 나는 어떻게 하면 행복할 수 있을 것인가를 고민하면서 또 자신이 어떤 사람인가부터 이해하는 것이다. 직업세계 이해 단계에서는 직업의 종류, 직업에 대한 정보, 미래사회에 대응할 직업 등에 관하여 이해하도록 해야 한다. 진로탐색 단계에서는 부모님, 선생님, 전문가 등을 통해 객관적이고 전문적인 조언을 받아 상급학교 진학, 상급학교 입학 정보, 졸업 후 진로 방향 등에 대한 탐색이 이루어져야 한다. 이러한 과정을 거치고 본인의 적성과 능력에 가장 적합한 진로를 결정한 후 장기 계획을 수립하고 실천해야 한다.

이러한 일련의 과정을 ZUM 학습백과 사전에서는 다음과 같은 그림으로 제시하고 있다.

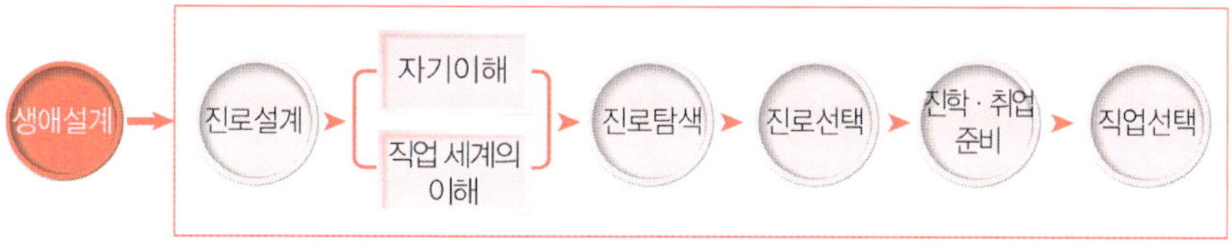

마지막으로 진로교육은 대상자에게 정보만 주는 것이 아니라, 스스로 정보를 찾을 수 있는 방법을 알려주고, 열정이 생길 만한 진짜 꿈을 심어주어야 한다. 수많은 정보 중에 본인에게 해당하는 정보를 걸러내는 힘, 그리고 그 정보가 본인에게 어떤 의미를 가지는지 판단하는 힘, 정보를 통해 어떤 선택을 해야 할지 결정하는 힘을 기르도록 지도해야 한다.

2. 취업 · 창업, 무엇이 문제지?

1) 나는 왜 취업이 안 될까?

과학기술의 발달로 세계화가 급격하게 진행되고 직업에도 많은 변화가 나타나고 있다. 지금까지는 직업을 가지면 거의 평생을 한 직장에서 보내며 생활해 왔다. 그러나 요즈음은 직장에 취업하고 나서 곧바로 새로운 직업에 종사하기 위해 준비해야 한다. 또한 로봇과 인공지능이 산업현장에 투입됨에 따라 고용사정은 해가 갈수록 악화되고 있어 100만 명이 넘는 젊은이들이 자신이 원하는 일자리를 찾지 못해 방황하고 있어 사회문제가 되고 있다.

취업의 정의를 살펴보면, 취업(就業)은 영어로 employment, job, working, get a job, placement 등으로 표현된다. 즉, 고용, 일, 일자리 찾기를 의미한다. 국어사전은 "직장에 나가는 것"이라고 정의하고 있다. 취업은 새로운 일자리를 얻어 보수를 받으며 직장에 나가는 것이다. 젊은이들은 자신이 원하는 직장에 취업하여 행복한 삶을 살기를 원한다. 그러나 본인이 원하는 직장을 구하지 못해 방황하는 젊은이들이 100만 명이 넘어 커다란 사회문제가 되고 있다. 취업하지 못한 젊은이들은 원하는 직장에 취업하기 위해 자격증 취득과 같은 노력을 하거나 여건상 어쩔 수 없이 취업을 한 젊은이들은 직업을 바꾸기 위하여 주경야독하는 경우도 있다.

우리나라 취업 실태에서 청년 실업자가 발생하는 가장 큰 원인은 취업자들이 원하는 일자리가 부족하다는 것이다. 따라서 일부 중소기업은 인력이 부족하여 외국인 근로자를 채용하지 않으면 안 될 상황이다. 이러한 원인이 발생한 이유를 찾아보면 첫째, 많은 사람이 대학교육을 받고 스펙을 쌓아 높은 임금과 고용이 보장되는 대기업과 공공기관에만 사람이 몰리다 보니 나타나는 현상이다. 통계에 의하면 취업 희망자 중 대졸 학력 이상이 215만 명 정도이나 일자리는 115만 개 정도에 불과해 100만 명 이상의 과잉 학력자가 실업 대기 상태로 남아있으면서 취업 재수를 위해 또 다른 스펙을 쌓느라 젊음을 낭비하고 있다. 산업화 사회에서는 대학에서 양성된 인력을 대량으로 선발하였으나, 정보화 사회에서는 다양한 분야에 소수를 채용하기 때문에 이제는 대학에서도 인력양성 체제가 바뀌어야 한다. 취업난으로 일할 의지를 상실하고 취업에 필요한 교육도 받지 않고 있는 '니트(NEET)족'도 늘어나고 있어 스스로 직업을 구하는 노력을 포기하고 있는 현상도 나타나고 있다. 국제노동기구(ILO)가 발표한 '2013년 세계 청년 고용 동향' 보고서에 따르면 우리나라의 청년층(15~29세) 니트족[1] 비율은 19.2%로 OECD 국가 중 7번째로 높은 것으로 나타났다.

1) 일하지 않고 일할 의지도 없는 청년 무직자를 뜻하는 신조어. Not in Education Employ or Training의 줄임말임.

2) 취업을 위한 역량은 무엇이 중요한가?

요즈음 기업에서 인재를 선발할 때 출신대학이나 스펙보다는 직무역량을 우선시하는 경향으로 바뀌고 있다. 취업에 성공한 인재 대부분은 회사에서 요구하는 역량을 잘 갖춘 사람이다. 기업에서 요구하는 인재는 학점 평균 3.0점 정도면 되고, 직무와 무관한 자격증과 일에 대한 열정, 공유, 책임감 등을 소유한 사람이다. 학벌 세탁을 위한 대학원 진학은 무의미하다. 이에 반하여 취업준비생들은 학점은 거의 최고의 점수를 받아야 하고 토익 점수 또한 높아야 한다고 생각하여 점수를 올리기 위해 시간을 보내고 있다. 또한 자격증이 있는 다른 경쟁자들보다 우위에 서기 위해 새로운 자격증이 필요하다고 생각하여 이를 취득하기 위해 시간과 경비를 낭비하고 있다. 이에 더하여 서류 전형에 합격하려면 대학원에 가야 한다고 생각하여 많은 학생들이 대학원에 진학하게 됨에 따라 학력 인플레 현상이 심하게 나타나는 원인이 되고 있다.

사례로 요즈음 대학원에 진학한 학생에게 대학원에 진학한 이유를 물어보니 취직하려고 했으나 취직이 되지 않아 할 수 없이 대학원에 진학했다는 웃어넘길 수만 없는 대답이 돌아왔다. 학문을 연구하고 좀 더 공부를 하고자 하는 학생들이 가야 하는 곳이 대학원인데 취업 대기 장소가 된 것이다. 이에 국가와 기업에서는 청년들이 선호하는 일자리를 만들기 위해 노력하고는 있으나 아직도 젊은이들이 요구하는 직장과 현재 일자리의 부조화는 계속되고 있다. 기업은 기업대로 인력이 부족하고 취업준비생들은 자신이 원하는 일자리가 적다고 이우성인데 이 현상은 앞으로도 계속될 것으로 보인다. 특히 젊은이들 중에 일부는 전공에 관계 없이 육체적으로 힘든 일은 피하고 사무직을 원하고 있다. 노량진에서 공무원 시험 준비를 위해 노력하는 젊은이들의 모습이 이를 증명하고 있다. 고용노동부(2017. 8)의 직종별 사업체 노동력 조사 결과에 의하면 1분기 구인 인원은 85만 311명이고 채용인원은 75만 6,667명으로, 9만 3,644명을 뽑지 못한 것으로 나타났다. 특히 300인 미만 중소기업의 미충원 인원은

8만 5,829명으로 대기업보다 10배 많았다. 대학에서도 이러한 점을 감안하여 교육과정 운영에 변화를 주어야 하나 대학의 교육과정은 이론 중심의 교육이고, 학과라는 울타리에 갇혀 있어 4차 산업혁명 사회에서 요구하는 융합형 창의 인재를 배출하지 못하고 있다. 또한 대학은 시대의 변화에 적응할 수 있는 인재를 양성하고 미래사회의 모습을 제시할 수 있는 곳이어야 하는데 우리의 사정은 대학을 졸업한 인재를 회사에서 필요로 하는 인재로 만들기 위해 다시 교육해야 하는 일이 벌어져 취업난이 가중되고 교육비 낭비요소가 되고 있다.

(1) 취업자들의 직업에 대한 만족도

한국경영자총협회가 2014년 전국 405개 기업을 대상으로 조사한 결과에 의하면 대졸 신입사원 25.2%가 1년 안에 퇴사한 것으로 집계되었다고 발표했다. 4명 중 1명이 1년 안에 회사에서 퇴사하는데, 이는 4년 전에 비하여 9.5%나 상승한 것이며 중소기업의 경우는 31.6%로 대기업보다 훨씬 높았다고 한다. 이는 중소기업의 근무여건이 상대적으로 열악하기 때문인 것으로 분석된다. 이것이 취업자들이 대기업을 선호하는 이유이고 청년 실업을 야기하는 원인이 되고 있다. 참고로 신입사원들의 퇴사 이유를 살펴보면 '조직 및 직무적응 실패'(47.6%)가 가장 많았고, '급여 및 복리후생 불만'(24.2%), '근무지역 및 근무환경에 대한 불만'(17.3%) 순이었다. 따라서 어렵기는 하지만 중소기업도 대기업에 버금가는 급여 및 복리후생 대책을 마련해야 한다.

(2) 4차 산업혁명 사회에서의 취업 역량

기업에서 요구하는 인재와 취업준비생들의 생각은 다름을 알 수 있었다. 4차 산업혁명 시대는 소품종 대량생산 시대가 아니라 다품종 소량생산의 시대이다. 모든 사람이 가지고 있는 자격증을 따기 위해 비용과 시간을 낭비하기보다는 내가 가장 잘 할 수 있는 일을 통해 자신의 가치를 높이기 위해 노력해야 한다.

4차 산업혁명 사회에서 기업이 취업희망자들에게 요구하는 역량을 살펴보면 다음과 같다. 첫째, 나만의 가치를 창조해야 한다. 둘째, 많은 사람들이 가지고 있는 스펙을 쌓기 위해 비용과 귀한 시간을 낭비하지 않도록 해야 한다. 똑같은 일에도 다른 사람과 다르게 생각하고 나만의 차별화된 스펙을 갖추도록 해야 한다. 셋째, 내가 원하는 기업에 종사하기 위해서는 원하는 기업에 대해 자세히 조사하고 이해함은 물론 그 기업에서 요구하는 핵심 역량을 기르기 위해 노력해야 한다. 즉, 학벌, 학점, 토익점수보다는 취업을 원하는 기업의 직무와 관련 내용을 이해하고 기업에서 요구하는 공통역량, 직무역량을 실제의 현장 경험을 통해 관리해야 한다.

(3) 취업을 위한 자기 역량 관리

취업자들이 선호하는 일자리는 사무직인데 이러한 일자리는 기계화와 로봇의 활용이 늘어나면서부터 줄어들고 있고 앞으로 더 줄어들 것으로 예측되고 있다. 일자리를 기계에 빼앗긴 만큼 새로운 일자리를 찾아야 한다. 그러나 새로운 일자리를 위한 준비가 된 사람과 그렇지 못한 사람의 차이는 취업과 실업으로 나타난다.

사이먼 스트링거 옥스퍼드대 교수는 “10년 내에 쥐 정도의 지능을 지닌 로봇을 만들 수 있다”고 말했다. 칼 프레이 옥스퍼드대 교수는 “회계사, 비행기 조종사 등 현재 직업의 47%가 20년 내 사라질 가능성이 높다”고 전망했다. 또한 로렌스 서머스 하버드대 교수는 “1960년대에는 미국의 25~54세 인구 20명 중 1명만 일을 안 했지만, 앞으로 10년 내 7명은 놀게 될 것”이라고 말했다.

이러한 변화 앞에 우리는 어떻게 해야 할까? 새로운 시대에 부합하는 능력을 갖추어 자신만의 가치를 추구할 수 있도록 역량을 강화해야 한다. 2015년 한국취업진로학회 춘계발표회 자료에 의하면 “30년간 세계 생산에서 중산층 노동자가 차지하는 비중은 64%에서 59%”로 내려간 반면, 상위 1%의 사람이 차지하는 비중은 9%에서 22%로 늘어났다고 한다. 한 예로 코닥 필름의 경우 근로자가 14만 5천 명이나 되었던 데 반하여 소셜네트워크 서비스(SNS)를 인수한 인스타그램은 13명이 3,000만 명의 고객을 관리했다고 한다. 또한 최근 면접에서 AI로 면접을 실시했더니 사람이 하면 15분이 걸리던 것을 15초 만에 정확히 실시했다고 한다. 이는 앞으로 취업하기가 더 어려워진다는 것을 의미하고 새로운 시대에 필요한 준비를 하지 않으면 낙오될 수밖에 없음을 증명하고 있다.

자신의 적성과 흥미를 바탕으로 자신의 능력을 발휘할 수 있는 기업을 찾아 직무 역량을 갖추어야 자신이 원하는 직장에 입사할 수 있다. 자신만의 취업 전략과 목표를 세우고 준비해야 한다. 직무역량 향상을 위한 방안으로 기업 홈페이지나 그 기업 종사자를 통해 갖추어야 할 역량을 알고 준비해야 한다. 또한 국가나 지방자치단체에서 실시하는 교육과 기업에서 실시하는 인턴십을 통해 자신의 역량을 강화해야 한다. 역량을 갖추기 위한 준비는 혼자 하는 것보다는 동아리를 조직하여 정보를 교류하고 각종 공모전에 참여하는 등의 노력이 효과적이다.

3) 너는 취업하니? 나는 창업한다.

(1) 창업의 현주소

창업(創業)이란 영어 foundation, establishment, founding, (formal) inception, found, establish, start, set up으로 표현된다. 국어사전적인 의미는 "나라나 왕조 따위를 처음으로 세움 또는 사업 따위를 처음으로 시작함"을 뜻한다.

이를 바탕으로 창업의 의미를 살펴보면 새로운 아이디어를 가진 개인이나 집단이 영리를 목적으로 사업목표를 세우고 자본, 인력, 설비를 투입하여 재화를 생산하거나 서비스를 제공하는 사업을 시작하는 것이라고 할 수 있다. 즉, 창조적 아이디어를 기반으로 지속 가능한 새로운 직업을 발굴하여 새로운 일자리를 창출하는 활동을 말한다. 중소기업창업 지원법 제2조에서는 '창업'이란 "중소기업을 새로 설립하는 것"으로 새로운 일을 시작하는 것을 말한다고 되어 있다.

창업의 실태를 보면, 청년 실업의 증가와 조기퇴직 그리고 시대의 변화에 따라 새로운 기술에 대한 관심과 기회에 비례하여 창업에 대한 욕구도 증가하고 있다. 국가나 지방자치단체에서도 창업하고자 하는 사람을 대상으로 다양한 지원을 하고 있다. 스펙을 쌓아 대기업에 취직하기 위하여 오랜 시간을 보내거나 자신의 적성에 맞지 않는 직장에서 힘들게 지내는 것보다는 자신이 잘 할 수 있는 것을 찾아 창업에 나서는 것도 일자리 창출과 청년 실업 해소에 도움이 될 수 있다.

그러나 우리나라 대학생 창업 비율은 0.8%로 이웃 중국의 8%에 비하여 10배 이상 차이를 보이고 있다. 이렇게 격차가 벌어지는 이유는 우리는 자본금과 설비 등을 스스로 마련해야 하고 실패에 대한 불안감 때문에 선뜻 창업에 나서지 못하는 데 있다. 그러나 중국은 중앙정부와 지방정부가 학점 전환, 설비 제공, 자금 지원, 세금 혜택 등 다양한 지원을 통해 대학생 창업활동을 적극적으로 지원하고 있다. 또 미국 등은 창업 초기 자금을 친지나 친구 등의 지인으로부터 마련하고 있어 우리와는 창업환경이 다르다.

잡코리아(www.jobkorea.co.kr)에서 2012년 20대 이상 남녀 직장인 997명을 대상으로 한 '창업 경험과 계획'에 대한 설문조사 결과를 보면 창업경험자는 응답자의 40.1%(400명)였다. 그중 창업 실패자는 74.2%(297명)였고, '창업 성공자(현재 사업운영)'는 10.3%인 103명에 그쳤다.

이 조사 결과 창업 경험 비율은 연령이 많을수록 높았으며 성공 비율은 30대가 12.8%로 가장 높았고, 실패 원인은 '사업운영 미숙'(63.3%)이 가장 많았다. 그러나 창업이 실패하기 쉬운데도 불구하고 응답자의 절반이 넘는 52.1%가 '향후 창업할 계획'이라고 밝혀 창업 열기는 여전히 높았다.

이와 같이 실패 위험이 많음을 알고도 창업이 증가하는 이유를 좀 더 자세히 살펴보면 첫째, 평생 직업에 대한 생각의 변화와 고용불안, 계약직(비정규직 포함), 평생직장에 대한 인식 변화 때문이다.

둘째, 정보통신의 발달로 소자본으로도 창업이 가능하며 업종에 따라서는 단기간 많은 소득을 창출할 가능성이 높기 때문이다.

셋째, 경제적 부가 가치와 일자리 창출이 가능하기 때문에 새로운 아이디어와 비전이 보이면 정부나 지방자치단체에서도 적극 지원하기 때문이다.

넷째, 연령에 관계없이 누구나 쉽게 창업할 수 있다.

다섯째, 창업영역의 확대 및 성별・연령에 관계없는 창업으로 유형이 다양화되었다.

여섯째, 기술발달의 가속도로 새로운 창업환경이 조성되었으며 소비자 요구에 신속하게 대응할 수 있다.

일곱째, 저출산, 고령화와 여성의 경제적 활동 증가 등의 다양한 사회적 요구를 들 수 있다.

최근에 정부에서는 중소기업벤처기업부를 새로 신설하고 통상산업부와 교육부가 힘을 합쳐 일자리 창출을 위한 '창업활성화' 사업에 많은 역량을 쏟고 있다.

그러나 창업에 한번 실패하면 새로 창업하기가 매우 어렵기 때문에 창업을 성공적으로 이끌기 위해서는 아이디어, 시기, 자금, 인적자원 등에 관하여 철저한 준비를 갖추어야 한다.

(2) 창업 구성요소

창업에 성공하기 위해서는 많은 준비가 필요하다. 창업 구성 요소를 살펴보면 다음과 같다.

첫째, 사업 분석단계이다. 자신은 사업에 필요한 자질을 가지고 있는가? 하고자 하는 사업이 자신의 적성에 맞는가? 자신은 하고자 하는 사업에 관한 지식이 있는가? 창업의 시기는 언제로 할 것인가? 등에 대한 철저한 분석이 이루어져야 한다.

둘째, 왜 창업이 필요한가에 대한 사업목적을 찾아보고 이에 합당한 방향을 설정해야 한다.

셋째, 설정된 방향과 시대의 변화 그리고 소비자의 의견을 반영하는 새로운 아이디어를 가지고 사업 영역을 정한다.

넷째, 사업의 종류를 정하면 비전과 목표를 정하고 기업에 대한 청사진을 마련해야 한다. 즉, 사업계획을 구체적으로 수립하여야 한다.

다섯째, 창업에 필요한 인적 · 물적 자원은 어떻게 조달할 것인가? 유형 자본금과 무형(지식, 기술, 판매망 네트워크)의 자원을 어떻게 확보할 것인가에 대한 계획과 점검이 있어야 한다.

여섯째, 사업 중 발생할 위험 요인은 없는가? 등의 점검으로 사업으로 얻어질 이익과 손해에 대한 분석이 이루어져야 한다.

이와 같이 모든 것이 마련되었다고 해도 가장 중요한 것은 창업자가 어떠한 위험이 닥쳐와도 이를 극복하고 나아갈 수 있는 불굴의 창업정신을 가지는 것이다.

(3) 창업자가 갖추어야 할 요소

창업에 가장 중요한 요소가 창업자의 불굴의 정신이라고 했다. 창업을 성공적으로 이끌 수 있는 창업자가 갖추어야 할 요소를 살펴보면 다음과 같다.

① 창업하고자 하는 해당 분야에 전문적 지식을 가져야 한다.

② 급변하는 시대의 변화에 타이밍을 맞추어 지혜롭게 대처할 수 있는 유연한 사고가 필요하다.

③ 창업자의 역할은 이해 관계자들에게 발생할 모든 상황에 책임감을 가지는 것이다.

④ 창업은 새로운 일을 시작하는 것으로 대단히 위험하기 때문에 도전하는 자세를 가져야 한다.

⑤ 창업 준비부터 경영까지 자신의 역할에 최선을 다하는 마음가짐이 있어야 한다.

⑥ 경영자의 자신감은 종업원들의 사기에 큰 영향을 미치므로 처음부터 자신감을 보여주어야 한다.

⑦ 창업으로 닥쳐오는 어려운 환경에서도 참고 견디며 최선을 다하는 인내심을 가져야 한다.

⑧ 기업가로서 가져야 할 바른 인성을 가지고 있어야 한다.

⑨ 경영자의 바른 의사결정을 위한 소통이 필요하다. 소통의 결과를 바탕으로 문제에 대한 결단을 내릴 수 있는 리더십을 발휘하여야 한다.

⑩ 건전한 신체에 건전한 정신이 깃든다는 말이 있듯이 육체적, 정신적으로 건강해야 한다.

⑪ 같은 업종에서도 차별화를 기할 수 있도록 창의력을 발휘하여야 한다.

(4) 창업 형태에 따른 유형

① 벤처기업

고도의 전문적 기술, 새로운 첨단기술이나 아이디어를 사업화하는 창조적, 모험적, 기술집약적인 중소기업이다. IT, NT, BT 영역의 사업에 유리하고 이러한 분야에 많이 진출하고 있다. 사회변화에 민감하게 대응할 수 있으며 기술력을 인정받으면 자금조달이 유리하고 코스닥에 상장할 수도 있어 빠르게 성장할 수 있고 인력확보가 쉽다는 장점이 있다. 반면에 새로운 기술 개발 및 사업 추진 과정에서 많은 자금이 필요하여 실패 시 타격이 크다는 점이 단점이다.

② 소호(SOHO)

Small Office Home Office(소규모 사무실)의 약자로 자신의 집이나 기존의 작은 사무실에서 창의적인 아이디어를 기반으로 하는 사업형태를 말한다. 컴퓨터와 정보기술의 발달로 가능해진 사업이다. 요즈음 많이 파급되고 있는 온라인 쇼

핑몰, 인터넷 정보제공업 등의 소규모 서비스 사업에 유리하다. 미국에서는 일반화된 사업이며 우리나라에는 1999년에 소개된 사업 유형이다. 전문성이 중요한 요소이기 때문에 창업 시 자금이 적게 들고 기업유지에 비용이 적게 들어 누구나 창업이 가능하고 매출규모를 확대할 수 있다는 장점이 있다. 이로 인해 창업자 중 20대 여성들이 차지하는 비중이 높다. 이에 반하여 인지도가 낮으면 다른 사람과 중복되며 폐업하게 될 확률이 높은 것이 단점이다.

③ 1인 창조기업

지식 서비스 분야에서 자신의 경험, 기술 등을 통해 보다 창조적 서비스를 제공하는 기술 집약적 기업형으로 사원과 사장이 동일한 기업을 1인 창조기업이라고 한다. 독특한 아이디어로 운영되는 기업이기 때문에 IT 분야, 문화콘텐츠 산업 분야, 전통산업소재의 제조업 영역에 유리하다. 창업자금에 대한 부담이 적고 자신의 전문 분야나 기술을 바탕으로 하기 때문에 서비스의 질이 높다는 점이 장점이다. 반면에 혼자서 일하기 때문에 일의 강도가 높고 홍보가 어렵다. 또한 대외 신뢰도가 대체로 낮으며 창업자의 전문적인 능력과 경험이 없으면 실패하기 쉽다.

④ 소상공인

상시 근로자의 수가 5인 이하의 사업자로 기업 중에서 특히 규모가 작은 기업을 말한다. 외식업, 소매업, 유통업 등 규모가 작은 점포 형태의 창업으로 생업을 목적으로 하는 자영업 형태의 사업자를 일컫는다. 이들은 음식점, 커피점 등의 외식업, 문구점 같은 소매업, 미용실 같은 서비스업 등에 종사한다. 특별한 지식이나 기술이 크게 필요하지 않고 적은 자본으로 창업이 가능하다는 장점이 있다. 반면에 누구나 할 수 있기 때문에 경쟁률이 높아 폐업률이 높고 휴식시간과 개인시간이 상대적으로 부족하다는 것이 단점이다.

⑤ 프랜차이즈(Franchise)

창업자가 본사와 계약을 체결하고 상표, 상호, 서비스, 휘장 등을 제공받아

동일한 이미지를 가지고 상품을 판매하는 사업을 말한다. 치킨, 피자, 미용실, 화장품, 건강식품 체인점 등이 이에 속한다. 본사로부터 경영 및 영업에 대한 노하우를 전수받을 수 있고 유명 브랜드를 걸고 시작하기 때문에 대외 신뢰도가 높다는 점이 장점이다. 단점은 본사의 많은 가맹점 유치로 피해를 볼 수 있으며 본사로부터 통제를 받기 때문에 독자적인 경영이 어렵다는 것이다.

Tip **창업 활성화 방안**

창업 활성화사업에도 불구하고 청년층, 특히 대학생들의 창업에 대한 관심과 열기는 아직은 높지 않다. 우리의 현실에서 창업을 하기에는 위험이 따르고 실패할 경우에는 재기가 어렵기 때문이다. 따라서 창업에 대한 전문지식과 경험 부재에 따라 일정 기간 경험을 쌓은 후 창업에 나서는 것을 권하고 있다. 이러한 어려움을 지원하기 위해 새로운 아이디어를 가진 창업자를 대상으로 아이디어, 자금의 지원부터 경영 판매에 이르기까지를 원스텝으로 지원할 수 있는 지원센터가 설치되고 활동이 확대되어야 한다.

(5) 1인 창조기업과 창직 사례[2)]

창업을 생각하고 있는 사람을 위하여 성공한 창조기업과 창직 사례를 소개해 본다.

① 불가능공장–박세상

한옥과 한복이라는 주제로 전주 한옥 마을에서 본인이 할 수 있는 일자리에 대해 프로젝트를 구성하고 창업하여 성공한 사례이다. 지역의 많은 선배와 단체에 계시는 분들과 신뢰를 쌓고 성과를 공유하면서 성장을 하게 되었다. 성과를 바탕으로 다양한 인적 네트워크를 다시 구축하여 비즈니스의 단위를 키우며 사업모델을 구체화하는 과정을 다년간에 걸쳐 수행하게 되었다. 현재는 다수의 대학, 정부기관과 협업하며 캠프와 각종 이벤트 등을 통해 다양한 활동으로 확장하고 있다.

---

2) 한국취업진로학회 2015년 5월 22일 박광회 발표 자료를 요약 정리한 것임.

② 프로튜어먼트 – 송준호

프로튜어먼트는 고용노동부의 창조캠퍼스 사업(2013년 현재 창조적 역량 인재 양성 사업으로 변경됨)과 청년창직인턴제 사업을 통해 유사경험과 조력자 네트워크를 구축하여 활발하게 활동을 하고 있다. '프로튜어먼트'는 프로페셔널(professional), 아마추어(amateur), 매니지먼트(management)의 합성어로, 프로를 지향하는 아마추어 뮤지션들의 성장을 위해 매니지먼트를 하는 직업이다.

어렸을 때 꿈이 가수였던 송준호 대표는 주위에 노래를 하는 친구들 중 수익적인 부분과 자신의 특기를 발휘할 무대가 없어 재능있는 친구들이 꿈을 포기하는 경우를 보면서 이를 해결하고자 창직 활동을 시작하게 되었다. 송준호 대표는 프로튜어먼트가 되기 위해서 필요한 커뮤니케이션 능력, 마케팅, 기획력 등의 역량을 기르기 위해 많은 거래처와 관련 분야 선배들을 찾아다니며 조언을 구하고 창조캠퍼스, 청년 창직 인턴제 사업을 통해 교육을 받으며, 관련분야의 지식을 얻는 등 역량을 길렀다.

2013년 12월 16개 정도의 협력아티스트를 선정하고 2013년 'K팝스타 시즌2'라는 서바이벌 오디션 방송 프로그램에서 프로튜어먼트가 발굴한 '악동 뮤지션'이라는 협력아티스트가 우승을 거머쥐는 성과를 냈다. 또한 '슈퍼스타K 시즌 5'라는 오디션 방송 프로그램에서 '마스커밴드(라우들리 데시벨)'라는 아티스트가 블랙위크에 진출하는 등 계속 성과를 나타내고 있다.

③ 문화디렉터 – 중앙대학교 C앗

창조캠퍼스 사업의 일환으로 창직 활동을 통해 만들어진 C앗은 중앙대학교 영문학과 학생 4명이 팀을 만들어 사업자등록증을 발급받아 활발히 활동하고 있다. 2012 창조캠퍼스 사업을 통해 아이디어를 기획하고, 많은 사람들과 만나면서 창직 역량을 강화하여 본격적인 사업을 시작하게 되었다. '문화디렉터'는 한국의 지역 문화를 소재로 누구나 쉽고 재미있게 읽을 수 있는 영어동화를 창작하는 직업이다. 한국을 방문한 외국관광객들에게 관광명소에서 제공되는 안내책자 및 안내판의 설명은 전문적인 글로 적혀 있어 이해하기가 어렵다.

또한 한류문화의 확산으로 인해 한국문화에 대한 관심이 급격히 증가하였으나, 수요에 비해 문화컨텐츠의 공급은 부족한 실정이다는 것을 감안하여 외국인을 상대로 한 문화컨텐츠 제작 아이디어를 선정하고, '문화디렉터'라는 새로운 직업을 창출하게 되었다.

3. 감성에세이

직업 선택하기

- 자신이 좋아하는 직업 중 현실적인 조건을 고려하여 나의 직업으로 알맞다고 생각하는 한 개의 직업을 선택하고 그 이유를 써보자.

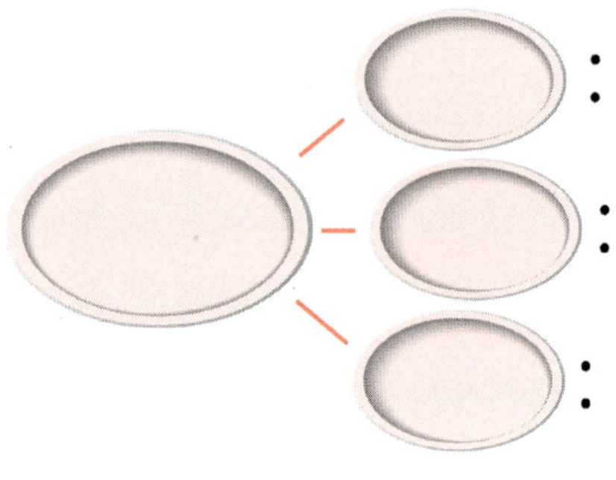

- 자신이 좋아하는 직업 3개를 찾아보고 그 이유를 기술해 보자.

	직업명	알고 있는 내용	선택한 이유
1			
2			
3			

- 아래의 사이트를 통하여 직업 선택에 많은 도움을 받을 수 있다.

KG 아이티뱅크 itbankcampus.or.kr
- 정부지원 국비과정, 비전공자 초보자 가능, 전국 8개 지점, 우수강사진
  재택부업 사이트 드림큐 www.dreamq.net
  직업정보사이트 파인드잡 www.findjob.co.kr
- 지역별, 직업직종별 맞춤일자리 찾을 땐? 직업정보사이트, 정보업직
  청년고용포털사이트
  중소기업전문포털사이트
  한국직업능력개발원
  한국직업정보시스템
  워크넷 및 직업길라잡이

'자기소개서'와 인터뷰

1. 자기소개서의 정의

자기소개서란 다른 사람에게 나를 나타내거나 자신을 소개하고 알리는 글이다. 자기소개서에는 단순한 수치로는 설명할 수 없는 숨은 노력과 체험학습, 봉사 그리고 팀워크, 다양한 활동에 대한 열정과 동기를 나의 철학, 가치관과 연결해 체계적으로 기술해야 한다. 자기소개서는 진정성 있고 감동적이면 더 효과적이다.

2. 자기소개서 작성방법

자기소개서 작성 시 주요 포인트는 ① 나의 성장과정, ② 나의 특징(약점 및 극복 노력 서술, 강점소개), ③ 학창시절 경험 및 봉사활동(의미있었던 경험 소개), ④ 향후 비전, 계획, 포부 및 지원동기 등이다.

3. 자기소개서 작성 시 유의사항

① 첫 단락을 중요시하라.

모든 단락에 소제목이 있는 것이 보기 좋다. 너무 거창하고 철학적인 제목은 달지 않도록 한다. 우선은 소제목을 보고 그 다음 내용을 유추할 수 있어야 한다.

② 솔직하게 나를 표현하고 감동을 주어라.

자기소개서를 쓸 때 거짓정보를 담거나 과장해서 쓰면 안 되며 진정성이 와닿고 감동적이면 효과적이다.

③ 자신에 대한 이미지를 만들며 차별화시켜라.

자기소개서의 모든 내용은 항상 자신을 타인에게 소개한다는 것을 전제로 자신만의 독특한 이미지를 나타내는 일관된 구성으로 이끌어 가야 한다.

④ 구체적이고 참신하게 체계적으로 작성하라.

자신의 개성과 함께 강한 인상을 심어줄 수 있는 구체적인 내용 위주로 작성한다. 무미건조한 글은 지루할 수 있으므로 창의성을 발휘해서 다양하게 구성한다. "경험 → 어려움 → 극복 → 배움 → 지원 기업(직무)과 연결고리 → 응용(발전)"의 형식이 가장 효과적이다. 누가 봐도 '이런 경험을 한 지원자가 우리 회사에 도움이 되겠구나!' 하고 느낄 수 있게 만들어야 한다.

⑤ 어려운 단어나 한자, 외래어 및 전문적인 용어는 신중하게 사용하라.

한자나 외래어를 써야 한다면 주의를 기울여 사용하며 꼭 필요할 때에만 사용한다. 오용될 때는 사용하지 않은 것보다 훨씬 나쁜 결과를 초래한다.

⑥ 간결하고 일관성 있는 문장으로 표현하라.

사람에 대한 호칭이나 종결형 어미, 존칭 등도 통일해서 작성하고 가능한 한 절제해 간결하고 명료한 문장으로 작성하는 것이 효과적이다.

⑦ '학창시절의 경험' 영역에서는 다양한 봉사활동, 체험, 동아리, 리더십, 창의적 활동, 독서, 팀워크 등에 대해 다양하게 구성하여 구체적으로 진술한다.

4. 자기소개서가 취업 시 필요한 이유

취업에 있어서 1차 전형은 서류심사이다. 심사 선정 시 이력서와 더불어 자기소개서는 필수조건이다. 따라서 면접(인터뷰)에서 가장 중요한 것은 자기소개와 지원동기이다. 자기소개와 지원동기는 지원하는 회사의 업종에 따라 바뀔 수 있다. 자기소개는 첫째, 지금까지 해온 일 가운데, 둘째, 가장 최근의, 셋째, 자신의 클라이맥스만을 강조해서 어필해야 효과적이다. 대답의 내용은 하나로 정하고 결론부터 먼저 말하고 부연설명을 한다(귀납적 방법). 이해하기 쉽게 표현하고 독특한 관점으로 승부해야 승산이 있다.

5. 인터뷰 노하우(인터뷰 시 면접관의 마음을 사로잡는 다섯 가지 비법)

첫째, 인터뷰를 어렵게 생각지 말고 당당한 태도를 유지한다. (면접관은 대답 내용보다 당당한 태도를 더 높이 평가함)

둘째, 준비를 철저히 한다. 질문을 미리 뽑아 답변서를 작성해 본다.

셋째, 예상 밖의 질문을 받았을 때 관련성 있는 이야기를 나와 연결시켜 말한다.

넷째, 자신만이 답할 수 있는 이야기를 준비하고 직접적으로 묻지 않더라도 자연스럽게 말머리를 돌려 들려주고 싶은 나의 이야기를 한다.

다섯째, 면접에서 가장 중요한 Key Point는 자기소개와 지원동기이다(자기소개와 지원동기를 철저히 준비).

• 자기소개서 작성하기

<table>
<tr><td colspan="2" align="center">자기소개서

이름 :</td></tr>
<tr><td>자신의
성장과정</td><td></td></tr>
<tr><td>성격
장 · 단점</td><td></td></tr>
<tr><td>학창시절의
다양한 경험 및
활동봉사 등</td><td></td></tr>
<tr><td>향후
비전 · 동기</td><td></td></tr>
</table>

12

갑질의 시대는 끝났다!!

탈권위적 리더십

1. 높으신 분들의 갑질에 을이 뿔났다.
2. 탈권위적 리더십의 매력에 빠지다.
3. 탈권위를 위해 이것은 빼자.
4. 탈권위 시대에 요구되는 새로운 리더십
5. 감성에세이

Chapter 12

갑질의 시대는 끝났다!! 탈권위적 리더십

대체로 리더는 지위가 높아 피라미드형 조직구조의 정점에 위치한다고 생각하기 쉽다. 과제가 단순하고 처리해야 할 일이 복잡하지 않았던 과거에는 이처럼 수직적이고 중앙집권적인 리더가 효과적이었다. 그러나 사회가 복잡해지면서 혼자 결정하고 선택할 수 있는 단순한 일은 점차 줄게 되었다. 그보다는 많은 사람들의 지성이 모여야만 더 좋은 결과를 기대할 수 있는 상황이 빈번해졌다. 그로 인해 더 이상은 중앙집권적 리더는 좋은 결과를 창출하기 힘든 시대로 변하고 있다.

이번 장에서는 이러한 시대에 요구되는 새로운 탈권위 리더십에 대해 알아보고자 한다. 먼저 탈권위 시대에서 요구되는 새로운 리더상과 조직문화를 저해하는 권위적인 리더의 모습을 살펴보고, 직원들이 스스로 창조적이고 혁신적인 아이디어를 내놓는 조직, 직원들 스스로 책임감 있게 신바람 나게 일하는 조직을 만들기 위한 리더의 자질과 역할에 대해 소개하고자 한다.

1. 높으신 분들의 갑질에 을이 뿔났다.

리더의 탈권위적 모습에서 조직의 구성원들은 상호 존중의 의미로 신뢰와 존경심을 갖게 되고 이는 자발적인 추종으로 연결된다는 것을 많은 사례에서 찾아볼 수 있다. 그러나 일부 리더들은 시대의 흐름을 읽지 못하고 권위적 리더십에서 파생되는 '갑질'을 자행하여 매스컴을 통해 보도되는 곤욕을 치른다.

매스컴에 보도된 모 항공 전 부사장의 '땅콩 회귀' 사건, 모 의원의 '노룩패스', 모 기업 한 상무의 항공기 승무원 폭행 등의 갑질은 많은 사람들의 공분을 자아내고 있다.

물론 모든 리더들이 그런 것은 아니고 오히려 높은 사회적 지위에 올라갈수록 무거운 책임감으로 사회의 귀감이 되는 리더들도 많다. 그러면 지금까지는 갑질이 없어서 사회문제가 되지 않았던 것일까? 더 했으면 더 했지 덜 하지는 않았을 것이다. 요즈음 이러한 일에 대해 고발하고 사회적 문제가 되어 많은 사람의 공분을 사는 것은 사회적 변화로 인한 영향이 크다. 이는 리더와 직원 사이의 관계에 대한 인식이 빠르게 변화하고 있는 과도기적 상황에서 상명하달식 문화에 익숙한 리더들이 사회의 변화에 제대로 적응하지 못한 결과일 수도 있다.

심리적으로 보면 기성세대인 리더들은 자신이 직원을 고용해서 보수를 지급하는데 자신이 하는 행동에 왜 말이 많은 것이냐 하는 생각을 하기 쉽다. 특히 이러한 리더의 주변에는 자신의 입장에 반대를 표하는 부하직원은 거의 찾아보기 힘들고 오히려 자신의 행동에 동조하는 사람에게 둘러싸여 있을 가능성이 높다. 이 같은 상황에서는 '자신의 평소 행동이 문제가 될 것'이라는 인식을 가지는 것조차 어렵다.

사실 갑질은 '요즘 새롭게 나타나는 현상'이 아니다. 이미 오래전부터 존재해 왔지만 수면 밑에서 당사자만 가슴앓이를 하면서 쉬쉬하고 지내왔을 뿐이다. 그러나 최근 들어 사회 변화와 함께 분위기가 빠르게 반전되고 있다. '개별

인권'을 강조하는 목소리가 높아진 데다 소셜 네트워크 서비스(SNS)가 급속히 확산된 것도 한몫하고 있다.

후마니타스칼리지 전중환 교수는 진화심리학에서 "인류는 진화 역사의 대부분에 걸쳐 각 개인들 간에 재산이나 특권의 차이가 거의 없는 비교적 평등한 사회에서 살아왔다"고 말한다. 인간의 마음은 '강자가 약자를 지배하고 약자가 강자를 무조건 따르게끔' 진화한 것이 아니라 오히려 모든 아랫사람들이 '지나친 갑질에 분노해 행동에 나서게끔' 진화해 왔다는 것이다. 그런 측면에서 우리 사회의 갑질 논란 리더들은 앞으로 갈수록 거센 을의 저항에 직면하게 될 것이다.

2. 탈권위적 리더십의 매력에 빠지다.

리더가 회의석상에서 받아쓰기 하지 말고, 결론이 이미 나와 있거나 상사가 일방적으로 전달하는 방식의 회의문화는 버리자고 먼저 제안한다. 본인이 스스로 탄 커피를 들고 이야기를 나누는 리더와 구성원들, 짧은 티타임 뒤 회의가 시작되고 옷차림은 회의에 편안한 차림이다. 절대적 권위를 내세우는 리더에게는 찾아볼 수 없는 방식이다.

회의 방식도 "이 회의는 지시사항을 전달하는 회의가 아니다. 그냥 다 함께 공유하고 토론을 통해서 결정하는 회의이다.", "미리 정해진 결론은 없다. 발언은 누구나 자유롭게 할 수 있다." 그럼에도 불구하고 "지시사항에 이견을 이야기할 수 있습니까?" 당연한 사실을 묻는 것은 아직도 우리 사회의 회의문화가 계층적 구조에서 벗어나지 못한 것을 볼 수 있는 단면이다. 우리 국민 대부분은 고등교육을 받았으며, 양질의 대중문화를 흡수하여 공동체 의식이 높은 편이다. 쉽게 말해 다들 잘난 맛에 사는 세상이 되었다. 이런 경우 특별한 위기나 이익이 없다면 예전처럼 강한 리더십이 효과를 발휘하기는 어렵다. 소통, 존중, 배려가 강조되는 탈권위적 리더십은 사람들에게 무한한 신뢰를 형성하고 상대에게 존중받고 있다는 느낌을 가지게 함으로써 스스로 따르게 만드는 강력한 리더십을 발휘한다.

1) 조직문화를 해치는 권위적인 리더의 행동양식

탈권위적 리더가 있는 조직에서는 구성원들의 헌신을 이끌어 내 큰 실적을 거둔 다양한 사례가 알려지고 있다. 반면에 비민주적 운영을 일삼는 권위적인 조직에서는 구성원들이 주인의식을 가지고 창의적으로 일을 하여 좋은 성과를 내는 것보다는 조직이 와해되고 구성원들의 관계도 좋지 못한 것을 볼 수 있다. 조직의 문화를 해치는 권위적인 리더는 대체로 다음과 같은 행동양식을 가진다고 볼 수 있다.

첫째, 적절한 인센티브를 사용하여 직원을 통제한다.

직원들과의 관계를 적당한 선에서 유지하는 것이 좋다고 생각한다. 자신에게 충성을 하는 사람들은 확실하게 챙긴다. 구성원들의 근무 상태를 정기적이고 개인적으로 보고하도록 한다. 반대로 자신에게 불만이 많거나 자신을 따르지 않는 사람들은 철저하게 보복하거나 인센티브에서 배제시킨다. 이들은 인사 승진 제도, 보수, 성과급, 근무평점 제도 등을 활용하여 직원들을 통제한다.

둘째, 자신이 조직에서 최고의 전문가라고 생각한다.

자신이 다른 직원들에 비해 경험과 지식이 많아 조직에서 일을 가장 잘 처리할 수 있다고 자부한다. 리더가 되기까지 수많은 시간 동안 다양한 경험을 했기 때문에 자신의 판단이 전적으로 가장 현명하다고 생각한다. 민주적이라는 인식을 심어주기 위해 토론이라는 절차는 마련할지라도 자신과 의견이 다를 경우 가장 경험이 많은 자신의 판단이 가장 옳다는 신념을 바꾸지 않는다.

또한 업무를 추진하다 보면 조직구성원들이 업무를 제대로 이해하지 못하거나 잘 처리하지 못하는 경우가 많다. 구성원들이 업무를 잘 추진하리라 믿고 기대했다가는 나중에 자신이 고생한다고 생각하고, 자신이 많은 업무를 직접 잘 처리할수록 주변의 사람들이 자신의 능력을 인정한다고 생각한다. 반면 다른 구성원에게 일을 맡기면 수시로 진행 상황을 점검하여 빠른 성과가 나올 수 있도록 재촉한다.

셋째, 새로운 것에 도전하지 않는다.

조직이 새로 만들어진 경우가 아니면 대부분 예전이나 지금이나 하는 업무는 거의 동일하다고 여겨 기존에 하던 업무를 잘 유지하는 것이 최선이라고 생각한다. 새로운 아이디어를 실천하려면 많은 반대와 번거로움 그리고 예산 등이 발생하고, 만약 새로운 아이디어를 실천하다가 실패하면 책임을 져야 하며 나만 힘들어질 뿐이라고 여긴다. 어쩔 수 없이 새로운 아이디어가 필요한 경우, 안전하게 진행하는 것이 가장 좋다고 생각하여 다른 조직의 실천 사례를 찾아서 그대로 따라가도록 한다.

넷째, 어떤 일이 있어도 책임지지 않는다.

업무부서 간 갈등 발생 시 잘못 개입했다가는 양쪽 모두에게 욕만 먹을 수 있다고 생각해 당사자들끼리 알아서 해결하라고 한 뒤 뒤로 물러선다. 사안이 발생한 경우, 회사 규칙이나 규정대로만 처리할 수 있도록 한다. 괜히 감정을 개입하여 온정주의로 사안에 접근했다가는 자신만 욕을 먹을 수 있다고 생각한다. 혹시 자신이 실수해서 구성원들에게 욕을 먹는 일이 생기면 다른 구성원을 희생양으로 삼아서 피하려고 한다. 사람들에게 비난받기 쉬운 일은 다른 구성원에게 맡기고, 사람들에게 칭찬받기 쉬운 일은 자신이 직접 나서서 주목을 받도록 노력한다. 그리고 만약의 사태를 대비하여 항상 빠져나갈 길을 마련해 놓고 일을 추진한다. 팀 내의 분위기상 자신의 뜻대로 일이 돌아가지 않을 것 같으면 빨리 다른 부서로 옮겨가려고 노력한다.

다섯째, 자신의 의견을 잘 듣는 사람들을 주변에 배치한다.

인사(人事)가 만사(萬事)라 생각하여 자신의 말을 잘 듣지 않는 사람들에게 주요 보직을 맡기면 조직이 제대로 운영되기 힘들다고 생각한다. 그래서 자신의 말을 잘 듣는 사람들을 중심으로 주요 보직을 맡겨야 조직을 운영하기 쉽다고 생각하고 행동한다. 만약 불가피하게 인사가 이루어졌으면 자신의 말을 잘 듣는 사람들의 의견을 중심으로 조직을 운영한다. 공식 조직보다 비선 조직을 적절하게 활용한다. 각종 자문위원회는 자칫 자신의 권한을 침해할 수 있으므로 민감한 문제는 가급적 피하거나 말 그대로 자문 수준에 그칠 수 있도록 한다. 그런데 회사 분위기상 자신이 독단으로 사안을 결정하기 힘든 경우에는 아예 자문위원회에 전권을 위임하여 문제발생 시 그 책임을 자문위원회로 돌릴 수 있도록 한다.

여섯째, 자신의 경영 철학이 곧 우리 조직의 철학이다.

사람마다 각자 다른 철학과 가치를 가지고 있다. 그러기에 다양한 사람들이 모여 있는 조직에서 한 방향으로 의견을 모으는 것은 현실적으로 불가능하다. 자신이 오랫동안 고민한 경영 철학이 최고라고 생각하여 부하직원들에게 자주 이야기한다. 기회가 있을 때마다 조직 철학을 이야기해서 조직원들이 저절로 외울 수 있도록 강조한다.

3. 탈권위를 위해 이것은 빼자.

창의적이고 주체적으로 일할 수 있는 환경을 만들기 위한 가장 중요한 조건 중의 하나는 리더가 탈권위적이어야 한다는 점이다. 탈권위적 리더의 존재는 조직의 구성원들이 리더에 대한 신뢰를 바탕으로 주인의식을 가지고 창의적으로 일을 할 수 있는 환경을 만들기 위한 가장 중요한 조건에 해당한다. 탈권위적이 되기 위해서는 기존의 리더가 가지고 있는 권위적인 모습이 무엇인지를 분석하여 이를 제거하려는 노력이 필요하다. 매일경제신문사 김인수 논설위원이 집필한 『뺄셈의 리더십, 빼는 것이 더하는 거다』에서는 제왕적 권위를 극복하고, 탈권위적 리더의 모습을 갖추기 위한 리더의 노력에 대해 적절히 소개하고 있다. 여기서 제시한 빼야 할 내용을 요약하면 다음과 같다.

① 판단

리더가 자신의 잣대를 들이대 부하직원을 판단할 경우 최고의 직원마저 최악으로 전락한다. 혁신적이고 창조적인 아이디어도 나오지 못한다. 올바른 의사결정도 힘들어진다. 회의실에서 리더가 '자신의 옳음'에 중독되지 않으려면 늘 곁에 최고의 이의제기자를 둘 필요가 있다. 또한 조직에 실험의 문화를 뿌리내리도록 해야 한다. 어떤 아이디어가 좋은지 리더의 감으로 판단하는 것이 아니라 실험을 통해 테스트하는 문화를 구축해야 한다. 데이터가 의사결정을 이끌게 하면 리더가 자신의 옳음에 중독되는 것을 방지할 수 있다.

② 관리

인간은 주변 사람들을 자신의 뜻대로 통제하고 관리한다고 느낄 때 도파민이라는 호르몬이 분비된다고 한다. 그래서 편안함, 나아가서는 쾌감마저 느낀다. 이것이 리더가 부하직원을 통제하고 싶은 욕망에서 벗어나기 힘든 이유 중의 하나다. 반대로 인간은 누군가의 통제를 받고 구속되면 스트레스 호르몬인 코르티솔이 분비된다고 한다. 통제와 관리는 순응을 낳고 순응은 조직구성원들이 최고 우두머리인 리더의 생각과 사고방식이 점점 비슷한 구성원을 만든다. 그러나 인간은 자율을 추구하는 존재이다. 따라서 자신이 삶을 스스로 통제하는 자율을 가질 때 가장 생산적이고 행복하다.

③ 말

리더가 말을 하지 않을 수 없는 이유는 권력을 가진 자이기 때문이다. 권력이 강한 자는 말이 많고, 약한 자는 말이 없다. 직원들의 침묵에는 합리적인 근거가 있다. 인간은 거리낌 없이 말을 하는 상황이 되면 몸속에서 도파민이 나온다. 이 호르몬은 쾌감과 권력감을 느끼게 하는 것으로 생리적인 이유이다. 그러므로 직원이 말을 많이 한다는 것은 리더가 도파민에 취해 쾌감을 느낄 기회를 가로채는 행위가 되므로 권력욕이 강한 상사, 그래서 더욱 말을 많이 하고 싶어 하는 상사 앞에서는 입을 닫는 것이 상책이다. 직원들로부터 다양한 아이디어와 의견을 이끌어 내기 위해서는 상사가 입을 닫아야 한다. 그리고 직원들의 입을 열기 위해서는 위계서열이 있는 책상배치를 원형으로 바꾸는 것이 좋으며, 특히 직원에게 어떤 말을 해도 안전하다는 인식을 주어야 한다. 안전하다는 인식을 주는 최고의 방법은 비판적인 직원을 의도적으로 칭찬하는 것이다. 그러면 부하직원들은 어떤 말을 해도 안전하다고 인식하고, 입을 열게 될 것이다.

④ 야근

OECD 국가별 노동총생산성 통계에서 보면 한국은 야근이 많은 나라 중의 하나이다. 노동생산성은 국내총생산(GDP)을 그 나라 근로자들의 총 근로시간으로 나누어 계산한다. 이에 의하면 한국은 노동시간은 많은 데 비해 국내총생산(GDP)은 낮다고 할 수 있다. 한국의 직장인들은 이중으로 불행한 삶을 살고 있다. 오래 일하는데 생산성이 떨어지는 것이 첫 번째 불행이고, 오래 일하느라 삶의 질이 파괴되고 있다는 것이 두 번째 불행이다. 이는 노동생산성이 높은 나라의 근로자에 비해 인생을 즐기지도 가족을 돌보지도 못하는 안타까운 삶을 살고 있다는 것을 말해준다. 직원들의 야근이 잦다는 것은 열심히 일한다는 증거가 아니다. 여러 가지 원인이 있으나 가장 중요한 원인은 효과적으로 일을 배분하지 못하고 있다는 것이 아닐까? 오늘날과 같은 지식경제 체제에서는 초과근무가 생산성에 더욱 악영향을 미친다. 지식경제 체제에서는 단순 반복적이고 기계적인 노동보다는 혁신과 창조가 성장의 엔진이 되기 때문이다. 계속된 야근에 지친 노동자의 머릿속에서는 혁신과 창조적인 아이디어가 나올 수 없다.

⑤ 악질

리더가 가지고 있는 권력은 막강하다. 특히 인사권을 가지고 있고 부하직원의 급여에도 영향을 미칠 수 있다. 그 권력이 바로 리더를 악질로 만드는 여건이 된다. 권력을 이용하여 부하직원을 자신의 목표달성을 위한 수단으로 취급하고, 타인의 감정을 공감하는 능력도 떨어지며, 자신은 게으름을 피우면서도 부하직원에게는 대단한 성과를 내라고 닦달하는 위선자가 되기 쉽다. 따라서 리더에게는 자기수양이 절대적으로 필요하다. 사람을 수단으로 대하며, 공감 능력이 떨어지고, 위선적이 되는 권력의 부작용을 이겨내려면 지속적으로 마음을 갈고 닦아야 한다.

⑥ 인센티브

인센티브는 오늘날 기업이 사용하는 동기부여 방법 중 가장 흔한 수단이다. 인센티브는 기업이 요구하는 무엇인가를 직원이 해내면 그 대가를 주겠다고 약속하는 것이다. 인센티브가 왜 유행할까? 그 이유는 다음과 같다.

첫째, 인센티브는 시행하기가 매우 쉽기 때문이다. 예를 들어, 상사가 세일즈맨 10명에게 100만 원짜리 상품을 하나씩 팔 때마다 10만 원의 인센티브를 걸었다고 할 때 상사 입장에서는 판매량을 체크해 인센티브만 주면 그만이다. 하지만 이 인센티브에는 직원들에게 일이 얼마나 의미 있고, 가치가 있는지를 보여주기 힘든 단점이 있다.

둘째, 상사에게 직원을 자기 뜻대로 통제할 수 있는 권력을 안겨준다. 승진이나 성과급 등을 매개로 부하직원을 자기 뜻대로 통제하고 조종하겠다는 뜻을 가지고 있는 것이다.

많은 연구물에서 인센티브는 인간에게 단기적인 효과는 있을지 모르나 장기적으로는 효과가 없는 것으로 나타났다. 이유는 인센티브가 인간의 내적 동기를 파괴하기 때문이다. 원래 인간은 어떤 일에서 의미나 재미, 가치를 찾아서 자율적으로 그 일을 하려는 내적 욕구가 있다. 자율과 선택권을 가지고 가치 있는 일을 함으로써 공동체와 연결되고 싶어 하며, 이를 통해 자신의 역량을 키우고 싶은 욕구가 인간의 내면에는 깊이 뿌리박혀 있다. 따라서 인센티브보다는 조직원들에게 자율과 선택권을 주고, 일에 대한 의미부여를 해주는 것이 리더의 바른 역할이다.

4. 탈권위 시대에 요구되는 새로운 리더십

대부분 조직에서 리더가 바뀌면 흔히 발생하는 현상이 기존의 일은 그대로 두고 윗선의 인정을 받기 위해 새로운 프로젝트를 만드는 것이고, 부서원들의 일하는 방식을 믿지 못하여 업무에 대한 간섭과 통제가 이루어진다는 것이다. 그러나 직원들은 기존의 업무 부담을 줄여줄 때 새로운 일을 탁월하게 잘 해내며, 간섭받지 않을 때 자율적으로 일하고 최선을 다하는 사례들을 볼 수 있다. 구성원들은 주인의식을 가지고 창의적으로 일을 함으로써 좋은 성과를 낸다. 그러나 대부분의 리더들은 하지유지(下知有之), 즉 있는 듯 없는 듯한 리더가 되기 힘들다. 그 이유는 무엇보다 자신의 '자아'에 대한 집착이 강하기 때문이다. 리더가 '자아'에 대한 집착을 놓기 힘든 이유는 다음과 같다.

첫 번째 자아 집착의 증상은 내가 가장 옳음에 대한 집착이다. 직원들에게는 자신이 가지고 있는 것보다 더 좋은 아이디어가 있다는 사실을 받아들이지 못하고 무시해 버리려 한다. 게다가 직원이 리더의 판단에 의문을 제기하면 참지 못한다. 자신의 자아가 공격을 받았다고 여기기 때문이다. 이러한 리더들은 부하직원들의 독자적인 일처리 방식을 인정하지 않으려 한다. 자신의 일처리 방식이 옳다고 믿기 때문이다. 그러면서 직원들이 따르기를 기대한다. 그러나 직원들은 자신이 가장 효율적이라고 생각하는 방식대로 자신의 업무스타일에 맞게 일하려 들기 마련이다. 그러니 리더는 구성원들이 일하는 게 마음에 차지 않는다. 그로 인해 구성원들의 업무능력을 불신하면서 점점 더 구성원들의 업무를 간섭하고 통제한다. 그와 함께 구성원들은 자율적으로 일할 공간과 여유가 점점 줄어든다.

두 번째 자아 집착의 증상은 모든 공을 자신이 가지고 싶은 욕망이다. 일이 잘 되면 구성원들로부터 다 자신 때문이라는 인정을 받고 싶어 한다. 인간이라면 이 같은 원초적인 욕구에서 벗어나기가 쉽지는 않다. 그러나 진정 조직의 성과를 높이기 원한다면 이를 극복하여야 한다.

세 번째 자아 집착의 증상은 불안감이다. 구성원들이 자기만의 의견을 내고, 독자적인 의사결정권을 가지고 자기만의 방식대로 일하는 상황에 맞닥뜨리면 리더는 불안을 느낀다. 리더는 자신의 성과가 부하직원들이 얼마나 올바르게 결정을 하며, 얼마나 올바른 방식으로 일하는가에 달려 있기 때문이다. 리더들은 본능적으로 이런 상황이 싫다. 스스로 상황에 대한 통제권을 잃어버렸다고 느끼고 불안해한다. 이를 해소하기 위해 구성원들을 더욱 강하게 통제하려 한다. 구성원들로부터 의사결정 권한을 회수하고, 자기 뜻대로 부하직원들을 움직이려 든다. 그러면서 자신이 상황을 통제하고 있다는 '착각'에 빠지면서 안심한다.

네 번째 자아 집착의 증상은 권력에 대한 집착이다. 부하직원에게 자신이 옳음을 강요하고, 공을 자기 것으로 만들며, 부하직원을 자기 뜻대로 통제하려면 권력이 있어야 한다. 리더에게 권력이 없다면 위 세 가지 중 어느 하나도 가능하지 않다. 따라서 자아 집착이 강한 리더는 권력을 소망할 수밖에 없다.

종합해 보면, 조직구성원들의 일하는 방식을 믿지 못하는 리더는 업무에 대한 간섭과 통제를 일삼는다. 이러한 리더는 직원들이 의견을 내고, 독자적인 의사결정권을 갖고 그들만의 방식대로 일하는 상황에 맞닥뜨리면 불안을 느낀다. 자신의 성과가 부하직원들이 얼마나 올바르게 결정을 하며, 얼마나 올바른 방식으로 일하는가에 달려 있기 때문이다. 이를 해소하기 위해 구성원들을 더욱 강하게 통제하려 한다. 부하직원들로부터 의사결정권을 회수하고, 자기 뜻대로 부하직원들을 움직이려 든다. 그러나 구성원들은 기존의 업무 부담을 줄여줄 때 새로운 일을 탁월하게 잘 해낼 수 있으며, 간섭받지 않을 때 자율적으로 일하고 최선을 다할 수 있다고 앞서 설명하였다.

탈권위적 리더는 구성원들의 다양한 대안을 열린 마음으로 수용하기 위해 조직의 소통 방향과 구성원들 마음의 움직임을 생각하면서 가장 합리적인 최선의 결정을 할 수 있어야 한다. 따라서 좋은 리더가 되려면 구성원이 무엇을 원하는지, 무엇을 기대하는지를 알고, 그에 일치하는 방향으로 의사결정 과정을 진행할 수 있는 역량을 키워야 한다.

현대사회에서 많은 시민들은 고등교육을 받았으며, 양질의 대중문화를 흡수하여 Me too 운동에서 보듯이 공동체 의식, 시민의식이 많이 성숙되었다. 따라서 중앙집권적인 리더십을 버리고 탈권위의 시대에 맞는 새로운 리더십에 대한 인식이 리더들에게 절실히 필요하다.

5. 감성에세이

어떻게 영향력 있는 사람이 될까?

사람들과 온전한 관계를 맺는다.
사람들을 신뢰한다.
사람들에게 위임한다.
사람들의 말을 경청한다.
사람들을 이해한다.
사람들을 성장시킨다.
사람들에게 방향을 제시한다.

질문내용	응 답
1. 내가 생각하는 '영향력'이란?	
2. 나는 누구에게 무엇에게 영향을 주며 살았는가?	
3. 나는 무엇에 영향을 받으며 사는가? (사람, 환경, 사물 등)	
4. 지금의 나를 만들어 준 것에는 무엇이 있을까?	
5. 나는 어떤 사람에게 영향을 주며 살고 싶은가? (어떠한 영향을 미치고 싶은가?)	

강압적 지도력과 탈권위적 지도력(Power Process)

번호	질문내용
1	나는 다른 사람에게 언제 '강압적 지도력'을 사용해 보았는가? 언제 탈권위적 리더십을 발휘해 보았는가?
응답	
2	나는 왜 '강압적 지도력'과 '탈권위적 리더십'을 사용해 영향력을 발휘하려고 했는가?
응답	
3	사람들은 왜 '강압적 지도력'과 '탈권위적 리더십'을 행사할까?
응답	
4	사례(인물)찾기 : '강압적 지도력'과 '탈권위적 리더십'
응답	
5	지금 만나고 있는 주변의 사람 중에서 존경하는 사람이 있다면 누구인가? 그 사람이 나를 대하는 태도는 어떠한가?
응답	

13

세계를 향해 펼치자!!

글로벌 리더십

1. 글로벌 시대의 톡! 톡! 튀는 리더십은?
2. 글로벌 리더십 핵심역량, 어떻게 키울 수 있을까?
3. 제4물결시대에 대응하는 글로벌 리더십
4. 글로벌 리더십의 성공조건, 비전!
5. 감성에세이

Chapter 13

세계를 향해 펼치자!! 글로벌 리더십

전 세계가 하나의 시장으로 급속히 변화하는 글로벌시대가 도래하면서 상호의존성과 불안정성은 날이 갈수록 심화되고 있다. 또한 삶의 급격한 변화와 불안정성의 증대로 말미암아, 조직과 공동체를 잘 이끌어 갈 리더십의 필요성도 갈수록 증대하고 있다.

오늘날은 과거와는 다른 리더십을 요구하고 있다. 글로벌 리더십은 이러한 요구에서 출발하였다. 리더십에 대한 체계적인 연구는 20세기에 들어와서 시작되었고 리더십에 대한 다양한 이론들이 정립되었다. 리더십은 '타고난다'는 생각에서 차츰 '개발 가능하다'는 인식으로 전환됨에 따라 리더십과 교육을 연계하려는 노력이 곳곳에서 발견되고 있다(곽삼근 외, 2008). 리더십은 자기관리에서부터 시작하여 지역사회에 참여 역량을 갖춘 인재로 길러내기 위한 리더십 교육 프로그램으로 진행되고 있다. 리더십 교육은 기업에서도 인재육성 프로그램의 하나로 중요한 콘텐츠가 되어 있다. 외국의 경우 학교에서 기업의 인재육성 프로그램과 유사한 내용의 리더십 교육 프로그램을 운영하고 있으며 우리나라에서도 기업체에서 리더십 교육이 학교 현장보다 앞서있다. 이제는 대학교와 초·중·고등학교에서도 세계화시대를 살아가는 인재가 갖추어야 할 역량으로서의 글로벌 리더십 함양에 관심을 집중하여 맞춤형 프로그램 개발을 위해 노력하고 있다.

1. 글로벌 시대의 톡! 톡! 튀는 리더십은?

글로벌(global)이라는 용어는 미국 저널리스트 토머스 프리드먼(Thomas L. Fried man, 1953~)의 저서 『렉서스와 올리브나무(The Lexus and the Olive Tree)』에 나오는 말로, 자본주의의 전 지구적 확산과 미국 문화의 전 지구적 지배를 가능케 하는 자유의 메커니즘을 뜻한다.

우리가 보편적으로 사용하고 있는 글로벌의 의미는 산업화 사회에서 지식정보화 사회로 변화가 이루어지면서 국가 간의 경계가 무너지고 세계화가 급속하게 진행되는 것을 말하며 지금은 아주 보편적으로 사용하는 용어가 되었다.

글로벌 리더십의 의미를 좀 더 자세히 알아보기 위하여 글로벌과 리더십으로 나누어 살펴보면 '글로벌'은 국어사전에 '전 세계의, 세계적인'을 의미하는 것으로 나타나 있고, '리더십'은 집단의 목표나 내부구조의 유지를 위하여 모든 상황에서 조직을 운영하는 데 작용하는 중요한 변수 중 하나로 조직의 지도자로서 갖추어야 할 자질, 과업을 결정하는 능력, 조직을 통솔하는 능력, 그리고 조직구성원들에게 존경과 신뢰를 얻는 능력 등을 말한다고 정의하고 있다. 또는 집단의 구성원들로 하여금 특정 목표를 지향하게 하고 그 목표를 달성할 수 있도록 실제 행동을 하도록 영향력을 행사하는 것이다(R. M. Stogdill).

정의를 바탕으로 글로벌 리더십의 의미를 살펴보면 세계 여러 나라가 직간접적으로 서로 영향을 받으며 국가 간의 경계가 무너지고 초국가화(transnationalize) 되어 가는 사회에서 정부, 비정부, 국제기구 등을 포함한 조직을 이끌어 나가고 구성원들에게 만족을 줄 수 있는 능력을 뜻한다고 할 수 있다.

교육기관이나 학교 단위에서의 교육목표를 보면 '세계인 육성', '글로벌 인재 양성', '글로벌 리더 양성'이라는 말이 등장하는 것으로 보아 교육을 통해 세계인을 육성하기 위해 노력하고 있음을 알 수 있다. 2015 개정 교육과정에서도 학교 교육을 통해 길러내고자 하는 인간상을 '세계와 소통하는 시민으로서 배려와 나눔의 정신으로 공동체 발전에 참여하는 사람'으로 제시하고 있다(교육과학기술부, 2009). 이렇게 학교현장에서 글로벌 리더십 함양을 교육 지표로 두고 있는 만큼 학교에서 이루어지는 글로벌 리더십에 대한 교육경험과 리더십 역량에 대한 분석은 앞으로 더 효과적인 글로벌 리더십 교육을 위해서 필요하다. 따라서 모든 청소년들은 리더가 될 수 있다는 가능성을 가지고 그들의 가능성을 리더십 능력으로 개발할 수 있도록 도와주어야 한다.

급격한 변화가 이루어지는 글로벌 사회에서 리더는 변화와 혁신을 주도해야 하고 시대에 뒤떨어진 고착된 관행과 고정관념을 깨부수고 혁신적 아이디어를 관철시키는 추진력도 갖추어야 한다. 지금에 만족하지 않고 더 나은 시스템, 성과, 조직을 만들겠다는 강렬한 의지를 가진 인재가 되어야 글로벌시대에 회사나 조직을 더 키워갈 수 있다. 아무리 친화력이 넘치고 전문성 등 해당 분야에 뛰어난 능력을 지녀도 변화에 대처하지 못해 기회를 놓치면 조직사회는 서서히 침몰할 수밖에 없다.

글로벌 사회에서 리더는 업무 또는 일과 직간접적으로 연관되어 있다. 업무를 잘 처리하고 조직원을 잘 이끌며 조직에서 추구하는 목표에 효율적으로 도달할 수 있도록 지도력을 발휘해야 한다. 또한 리더는 일에 대해 전문성을 가지고 있어야 한다. 전문성이란 자신이 아는 분야에 대하여 잘 알고 핵심 사업을 이끌 만한 의지와 전략, 구상 그리고 확고한 비전을 가지고 있어야 한다. 기존의 업무 처리 방법에 대하여 새로운 생각이나 사고와 관련된 노하우나 지식을 버릴 줄 알아야 하고 고정된 일에 과감히 진출할 수 있는 결단력도 있어야 한다.

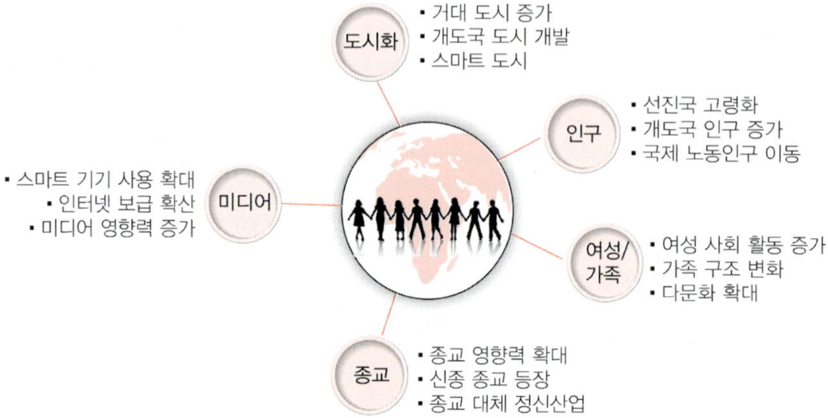

| 그림 13-1 | 사회 변화를 일으키는 5대 요인

따라서 글로벌 역량을 지닌 리더는 조직의 목표 도달을 위해 핵심전략과 도전과제 그리고 조직구성원들의 요구를 이해하여 조직의 요구와 행태에 맞는 미션 및 비전을 제시하고, 학습을 제공하는 등 변화를 리드해 나갈 수 있어야 한다. 또한 지구촌이 하나가 되는 세계화 시대에는 무엇보다도 다른 나라 문화의 특성을 이해하고 우리의 문화를 융합하여 나아갈 수 있는 다양한 능력 그리고 꿈을 통합하여 창조적이고 희망적인 공동체로서 한 차원 발전시킬 수 있도록 역량을 길러야 한다.

2. 글로벌 리더십 핵심역량, 어떻게 키울 수 있을까?

글로벌 리더십(global leadership) 역량이란 일반적으로 각국의 정치, 경제, 사회적 문제들을 전 세계적 맥락에서 이해하고 대처할 수 있는 능력을 말한다. 또한 효과적인 문제해결을 위해 세계 여러 지역 사람들의 공동 협력을 이끌어내는 역량이라 할 수 있다(김다원, 2011).

세계화는 시대적 흐름이며, 이러한 세계화의 물결은 다양한 인종 및 문화

속에서 살고 있는 사람들을 하나로 묶어주는 계기가 되었다. 세계가 이렇게 급변하고 있는 상황에서 그 세계를 관찰하고 인식하여 관리해 나갈 미래 청소년들에게 필요한 교육도 여기에 맞게 크게 달라져야 한다. 즉, 세계화에 적절히 대응할 수 있는 자질과 능력, 리더십 역량이 필요하다.

글로벌 리더가 되기 위해서는 글로벌 사회를 바라볼 수 있는 안목이 필요하다. 글로벌 리더가 될 학생들은 상호 연결된 세계의 각종 도전 이슈들을 슬기롭게 해결해 나가면서 더 좋은 세계를 만들어 낼 수 있는 준비와 책임감을 키워야 한다. 세계 각국에 대한 이해, 세계의 사회문화, 경제를 바라볼 수 있는 시각이 필요하다.

Tip '글로벌 리더십'이 왜 필요할까?

지구촌이 하나가 되는 세계화 시대에는 무엇보다도 다른 나라 문화의 특성을 이해하고 우리 문화를 융합하여 나아갈 수 있는 다양한 능력 그리고 꿈을 통합하여 창조적이고 희망적인 공동체로서 한 차원 발전시킬 수 있도록 역량을 길러야 하기 때문이다.

Tip '핵심역량'?

급변하는 글로벌 시대에 합당한 인재는 과업수행과 성과를 창출하기 위한 역량으로 커뮤니케이션 능력, 업무전문성, 정직성과 성실, 도전정신, 창의성을 갖추어야 하며, 자기 및 관계 인식 역량은 문제해결력, 긍정적 사고, 대인관계, 자기주도성, 자기개발, 자기통제, 자아성찰을 의미한다.

세계화는 더 이상 거스를 수 없는 시대적 흐름이며 이러한 세계화 물결은 다양한 인종 및 문화 속에 살고 있는 사람들을 하나로 묶어줄 수 있는 역량과 세계 곳곳의 문화적 차이가 더 이상 어색하지 않고 세계가 하나라는 인식을 갖도록 요구하고 있다(전숙자 외, 2009). 세계는 여러 문화가 혼합되어 국경 없는 다문화의 혼합 상태가 되어가고 있다. 관광 인구의 증가, 대중문화의 전파, 글로벌 이민, 커뮤니티 등은 사상 유례 없을 정도로 지구를 하나의 마을로 묶어 놓았다(로버트 로젠, 2002).

이제는 세계화된 사회에서 이들과 더불어 살아갈 수 있는 능력이 필요한 시대이다. 삼성, 토요타, 애플, 모토로라와 같은 글로벌 기업에서는 모든 수준의 리더들에게 글로벌 리더십의 함양을 요구하고 있다(로버트 로젠, 2002). 왜냐하면 글로벌시대 리더는 자기 자신의 잠재력은 물론 남의 잠재력도 개발해 주며 협조적 관계를 구축해 나가고 자국의 문화와 타국의 문화를 상호작용해서 관리하는 리더로서의 자질을 갖추고 있어야 하기 때문이다(로버트 로젠, 2002).

청소년기에는 다양한 활동, 경험, 프로그램 참여를 통해서 다른 사람과 지식, 경험, 체험, 감정, 의견, 생각들을 서로 나누면서 건전한 의사결정을 할 수 있는 능력을 기르고 스스로 자기관리 및 대인관계 기술을 습득함으로써 리더십을 개발할 수 있다(권영웅, 2004; 김다원, 2010). 리더십은 타고나는 것이 아니라 지속적인 개발을 통해 발현되는 능력이자 기술이기 때문에 청소년기의 리더십은 성인기의 리더십과는 달리 미래사회에 대한 대비 차원도 있지만 리더십의 역량을 갖춘 인간형성 차원에서도 의미가 크다고 할 수 있겠다. 리더십이란 오랜 내공으로 쌓이는 것으로 세상을 보는 안목과 지식, 강한 정신력, 자신이 가지고 있는 비전과 실천역량, 다양한 경험 등에 이르는 다양한 요소들로 이루어졌기 때문에 지속적인 개발이 필요하다(존 맥스웰, 2007).

글로벌 사회에서 세계인들과 소통하기 위해서는 언어와 문자를 학습해야 하고 균형적인 능력을 갖추고 있어야 한다. 이제는 그들과 의사소통, 상호교류, 이웃하여 살아가기와 같은 상호작용을 원만히 잘 해나가기 위해서는 그들의 문화를 읽어내고 우리들의 문화를 함께 나누고 만들어 나가야 한다.

그렇다면 글로벌 리더십 함양을 위해 필수적인 기본 역량을 어떻게 키울 수 있을까?

글로벌 리더십 역량을 세 가지 관점, 즉 지구적 안목, 문화적 리터러시, 문화지능 측면에서 살펴보면 다음과 같다(김다원, 2007).

첫째, 지구적 안목이다.

세계시민으로서의 지구적 마음가짐과 행동 그리고 책임감을 갖춤으로써 글로벌 리더의 역량을 키워야 한다. 지구적으로 생각하기는 지구촌에서 발생하는 사안들을 지구적 관점에서 고려하는 것으로 지구적 안목을 필요로 한다. Srinivas(1995)는 새로운 환경에 대한 호기심과 관심, 복잡성의 수용, 다양성 인식과 감수성 등을 지구적 환경에서 살아가기 위해 지녀야 할 지구적 마음가짐으로 제시하였다.

글로벌 사회를 살아가는 이들에게 길러주어야 할 역량으로 지구촌 문제에 대한 관심, 지구적 안목이 있으며, 세계화로 인해 생활영역이 확대되었을 뿐만 아니라 우리가 가져야 할 관심 영역이 그만큼 넓어졌음을 인식해야 한다.

둘째, 문화적 리터러시(cultural literacy)이다.

문화적 리터러시는 좁은 의미로 볼 때, 개인이 한 사회 및 문화에 참여하는데 요구되는 문화지식이다. 그 지식은 전통에 대한 인식, 문화적 유산과 그 가치에 대한 인식, 전통으로부터 무엇인가 배울 수 있는 능력, 어떤 문화의 장단점을 이해할 수 있는 능력으로 구체화된다(Purves, et al., 1994). 문화적 리터러시는 학습자가 과거와 현대의 수직적 · 수평적 문화를 이해하고 그를 바탕으로 새로운 문화를 창조할 수 있는 능력이며, 나아가 사회문화적 소통에 기본적으로 필요한 문화적 지식으로 정의할 수 있다(서보경, 2014).

어떤 사람들이 문화를 넘어서는 비즈니스 환경에서 더 성공적인가? 어떤 사람들이 국경을 가로질러 더 쉽게 여행을 하는가? 어떤 사람들이 더 넓은 세계 무대에서 비즈니스를 더 효과적으로 수행해 내는가? 문화적 리터러시는 자신의 문화를 이해하고 다른 문화와의 차이점을 인식하며 그 차이점에서 새로운 가치를 창출해 내는 것이다.

셋째, 다양한 문화적 환경에서 효과적으로 상호작용하는 문화지능이다

다양하게 활용할 수 있는 문화적 감수성은 문화에 대한 지식, 이해 그리고 문화를 수용하려는 태도까지도 포함한다. 나와 다른 문화, 즉 다른 사람들이 만들어 낸 나와 다른 문화를 인식하고 받아들이려는 마음, 해당 문화를 존중하고 인정하려는 마음을 갖는 것이다. 이와 같이 다양한 문화적 환경에서 효과적으로 상호작용을 할 수 있는 능력을 문화지능(cultural intellgence)이라 한다(Crowne,

2008). 이는 문화적 지식, 마음가짐의 실행, 그리고 행위적 레퍼토리로 구성된 다면적인 역량이다(Thomas & Inkson, 2004). 익숙하지 않은 낯선 새로운 문화 환경에 대한 성공적인 적응능력이다. 즉, 문화지능은 개인으로 하여금 문화 간 이해와 문화에 대한 적절한 이해를 가능하게 하는 능력으로 볼 수 있다. 그러므로 글로벌 리더를 길러내기 위해서는 문화지능을 개발시켜 주어야 한다.

3. 제4물결시대에 대응하는 글로벌 리더십

4차 산업혁명 시대를 우리는 제4물결시대라고도 한다. 제4물결시대를 맞이하여 우리가 준비해야 할 바람직한 리더의 인재상은 무엇일까? 무한한 상상력과 창의력, 긍정적 사고, 예술적 영감, 컴퓨터와 같은 첨단 정보 기계를 활용할 수 있는 능력, 매일 무수히 쏟아지는 새로운 정보를 올바르게 걸러내는 능력이 있는 사람이다. 그리고 그 과정에서 인간 사회에 유용한 가치가 무엇인지를 생각하고 남과 함께 살아가는 지혜를 터득하는 마음과 이러한 모든 것을 결합하여 더불어 살아가는 사회 환경을 건설할 수 있는 능력이 있어야 한다. 미래사회는 산업화 사회보다 더욱더 협력이 요구된다. 조직은 혼자가 아니라 여럿이 모인 집단이기 때문에 혼자서 잘하는 것보다는 팀워크를 통한 협력이 매우 중요하기 때문이다.

급격한 변화가 이루어지는 글로벌 사회에서 리더는 변화와 혁신을 주도해야 하고 시대에 뒤떨어진 고착된 관행과 고정관념을 깨부수고 혁신적 아이디어를 관철시키는 추진력도 갖추어야 한다. 지금에 만족하지 않고 더 나은 시스템, 성과, 조직을 만들겠다는 강렬한 의지를 가진 인재가 되어야 글로벌 시대에 회사나 조직을 더욱 키워갈 수 있다. 아무리 친화력이 넘치고 전문성 등 다른 분야에 뛰어난 능력을 지녀도 변화에 대처하지 못해 기회를 놓치면 조직 사회는 서서히 침몰할 수밖에 없다.

변화의 폭이 크고 미래를 예측하기 어려울수록 리더의 역할은 더욱 커진다.

리더의 역량에 따라 성공한 조직이 되기도 하고 실패한 조직이 되기도 하기 때문이다. 리더십은 시대의 요구에 따라 달라져야 한다. 따라서 누구나 리더는 될 수 있으나 아무나 리더가 될 수는 없다. 리더는 학습에 의하여 길러지기 때문이다.

급변하는 글로벌 시대에 합당한 인재는 과업수행과 성과를 창출하기 위한 역량으로 커뮤니케이션 능력, 업무전문성, 정직성과 성실, 도전정신, 창의성을 갖추어야 하며, 자기 및 관계 인식 역량으로 문제해결력, 긍정적 사고, 대인관계, 자기주도성, 자기개발, 자기통제, 자아성찰 등을 들 수 있다. 이런 일을 위해 가장 중요한 요소가 언어이다. 다른 나라의 문화를 이해하기 위해서는 그 나라의 언어를 제대로 말하고 이해해야 가능하므로 외국어를 말하는 것이 필요하다. 지구촌이 하나가 된 글로벌 시대에 뒤떨어지지 않기 위해서는 세계 여러 나라의 문화에 대하여 이해하고 우리 문화와 융합하여 새로운 문화를 창조할 수 있어야 한다. 이러한 활동의 제일 전제 조건이 상호 의사소통이며 이는 언어가 능숙해야 가능하다.

이 외에도 글로벌 사회에서는 정보의 홍수 속에서 살아가기 때문에 다양한 정보 속에서 올바른 정보 선택은 물론, 고도의 전문적이고도 다양한 지식을 철저하게 습득하는 일이 중요하다. 즉, 고도의 전문적인 지식과 자신에게 필요한 정보를 제대로 체득하여 내면화하는 일이 중요하다. 고도의 전문적인 지식이 내면화하여 내 것이 될 때, 창의력이 배양되고 시대에 걸맞은 사고와 행동을 할 수 있다.

4. 글로벌 리더십의 성공조건, 비전!

변화에 성공하려면 무엇이 필수조건일까? 그건 바로 비전! 비전이 있어야 한다.

변화에 성공하려면 비전이 있어야 한다. 비전은 미리 내다보는 미래의 상황이며 새로운 변화를 이끄는 에너지이기 때문이다. 목표가 있는 사람과 없는 사람은 삶의 방식에서도 차이가 나고, 나중에 결과에서도 많은 차이를 보이게 된다. 즉, 미래에 무엇을 할 것인지 준비된 사람과 그렇지 않고 출발하는 사람과는 결과에서 많은 차이를 보인다. 특히 변화와 위험이 함께하는 사회에서 비전은 리더의 중요한 조건이고 가야 할 길을 밝혀줄 목표가 되기도 한다. 정현규(2012)는 비전은 조직에서 변화의 방향을 분명하게 설정하는 것이고 다양한 의사결정을 단순화시켜 주며 조직구성원들의 행동을 신속하고 효율적으로 조정할 수 있게 해준다고 했다.

미래사회에서 성공하기 위한 역량을 구체적으로 살펴보면 다음과 같다.

첫째, 신뢰받는 사람이 되어야 한다.

조직의 지속적인 발전 여부는 리더의 역량에 따라 달라지는데, 리더가 신뢰받지 못하면 조직은 오래가지 못한다. 리더와 구성원 간의 긍정적인 기대와 신뢰는 결국에 좋은 결과를 가져오며 위기의 순간에 특히 진정한 힘을 발휘하기 때문이다.

둘째, 창조력을 발휘해야 한다.

미래사회는 감성과 창의성이 중요한 시대이다. 미래학자들은 현재 변하고 있는 사회를 경험하는 것은 과거 500년 동안 변화한 것과 맞먹는 경험을 하는 것이라고 하였다. 그 어느 때보다 급격한 변화를 겪고 있으며 어려운 때일수록 창의성을 발휘하여야 한다. 창의성을 발휘하기 위해서는 기본적인 지식과 경험이 있어야 한다. 또한 알버트 아인슈타인이 지식보다 중요하다고 한 상상력도 있어야 하며 열정과 노력도 있어야 한다. 아울러 조직발전의 중요한 요소인 조직의 창의력을 발전시키기 위해서 구성원들과 함께 비전과 목표를 세우고 협력해야 성공할 수 있다.

셋째, 조화를 이루어 낼 수 있는 사람이 되어야 한다.

미래 인재의 역량은 다양한 가치와 의견을 얼마나 합리적으로 조화시키고 수렴하는가에 달려 있다. 조화를 이루기 위해서는 관용이 있어야 한다. 남에게 관용을 베풀기 위해서는 상대방을 이해할 줄 알고 서로의 차이를 용납할 수 있는 여유가 필요하다. 관용으로 나와 다른 생각을 가진 사람을 틀림이 아닌 차이의 관점에서 인정하고 서로 존중하는 분위기가 마련되어야 조화를 이루어 낼 수 있다.

넷째, 소통의 능력이 있어야 한다.

지식과 정보가 가치를 창출하는 사회에서 소통은 매우 중요하다. 산업화 시대에나 가능했던 '나를 따르라'는 식의 방법은 실패를 부른다. 현재 우리나라는 소통 부재로 인한 사회적 비용이 점점 늘어나고 있다. 성공적인 관계 형성을 위해서는 소통이 전제되어야 한다. 맹자는 '불쌍히 여기는 마음이 없는 것은 사람이 아니고, 부끄러운 마음이 없으면 사람이 아니고, 사양하는 마음이 없으면 사람이 아니며, 옳고 그름을 아는 마음이 없으면 사람이 아니다'라고 말했다. 상대방의 마음을 이해하고 배려하며 겸손한 것이 사람의 도리이자 덕성임을 알려주는 것이다.

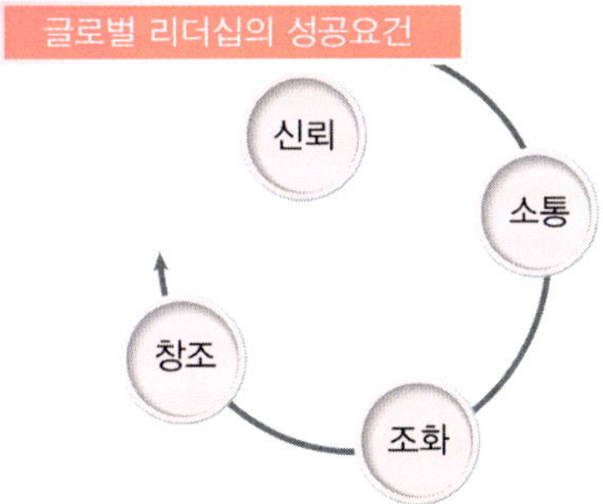

글로벌 리더십의 성공요건은 신뢰, 창조, 조화, 소통으로, 이들이 서로 상호작용하고 합쳐져야 한다. 인간은 다양한 형태의 인간관계망 속에서 상호협력을 하면서 살아가고 있다. 이것은 또 다른 의미에서 팀워크와도 밀접한 관련성을 지닌다. 팀워크와 리더십 향상을 위해서는 무엇보다도 신뢰감 형성이 중요하다, 신뢰감(trust)은 인간의 자연적 본성으로서의 신뢰와 인간의 상호작용과 사회적 환경의 영향으로부터 비롯된, 지속적 경험에 의해 양성되는 신뢰로, 기본적 믿음을 바탕으로 한다. 예를 들어, 축구경기에서 세계적으로 아무리 뛰어난 호날두 선수라도 혼자서는 상대편을 이길 수 없다. 다른 10명의 선수들의 도움을 받아야 이길 수 있다. 11명의 선수가 각자의 위치에서 역할을 다하고 협력할 때 팀워크가 형성되고 팀의 승리 가능성이 높아지는 것이다.

리더십은 특정인만이 가지고 태어나는 능력이 아니라 교육과 훈련을 통해서 습득하고 달성할 수 있는 보편적인 것으로, 그 사람의 인격이고 성품이며 만들어지는 것이다. 리더는 명령하는 사람이라기보다는 섬기며 봉사하는 사람이다 따라서 적극적으로 리더십 개발을 해야 비로소 좋은 리더십을 발휘할 수 있는 리더가 될 수 있다.

5. 감성에세이

톨스토이-사람은 무엇으로 사는가?

인간 세상에 가서
세 가지 문제의 해답을 얻어올 때까지
인간들과 더불어 살아라.

1. 사람들의 마음속에는 무엇이 있는가?
2. 사람에게 허락되지 않은 것은 무엇인가?
3. 사람은 무엇으로 사는가?

이 세 가지 해답을 얻으면
너는 다시 하늘나라로
올라올 수 있을 것이다.

읽고 생각하기

톨스토이의 단편소설 “세 가지 물음” 중에서 일부를 발췌한 내용이다. 이 글을 읽고 다음의 ‘세 가지 질문’에 대해 생각해 보고 토론해 보자.

① 가장 좋은 때는 언제인가?

② 가장 필요한 사람은 누구인가?

③ 가장 우선적으로 해야 할 가장 중요한 것은 무엇인가?

■ 세 가지 질문 : 톨스토이 단편소설 "세 가지 물음" 중에서

황제는 이런 것을 생각했다. 만일 자기가 언제나 모든 일을 언제 시작하여야 할 것인가를 안다면, 또 어떤 사람들과 일을 하여야 하고 어떤 사람들과는 일을 하여서는 안 되는지를 안다면, 얼마나 효과적일까? 그리고 중요한 것은 언제나 모든 일 가운데서 어떤 일이 가장 중요한지를 안다면 무슨 일에 있어서나 실패하지 않을 것이라 생각했다. 이렇게 생각하고 나서 황제는 자기의 나라에 모든 일을 하는 데 있어서 ① 언제가 가장 좋을 때인가? ② 어떤 사람들이 가장 필요한가? ③ 모든 일 가운데서 어떤 일이 가장 중요한가에 대한 좋은 방법을 알고 싶었다. 그래서 이것을 '알 수 있는 법'을 가르쳐 주는 자에게는 크게 포상하겠노라고 알리는 방을 붙였다.

그러자 학자들이 황제에게로 찾아와 그의 물음에 대하여 갖가지로 대답했다.

첫 번째 물음인 '언제가 가장 좋을 때인가?' 질문에 대하여 어떤 자들은 이렇게 말했다. 모든 일을 하는 데 있어서 언제가 좋은 때인지를 알려면 미리 연월일의 예정표를 만들어 예정된 일을 엄격히 실행하여야 한다. 그때에만 모든 일은 제때에 행해질 것이다 하고 말했다. 다른 자들은 말했다. 어떤 일을 언제 하여야 할 것인지를 미리 결정해서는 안 된다. 쓸데없는 놀이에 끌리지 말고 언제나 세상 돌아가는 것에 주의를 기울이며, 제때 제때 요구되는 일을 해야 한다. 또 다른 사람들은 말했다. 아무리 황제가 주의를 기울이더라도 언제 무슨 일을 하여야 할 것인지를 인간으로서는 언제나 올바르게 결정할 수 없으므로 현명한 사람들의 조언을 얻고 그 조언에 좇아 언제 무슨 일을 할 것인지를 결정하여야 한다. 그리고 또 다른 자들은 말했다. 세상 일이란 언제 조언자에게 조언을 얻고 말고 할 겨를이 없는 것이 흔히 있기 마련이므로 일을 언제 시작하여야 할 것인가 하는 때는 그 당장 결정하여야 한다. 그래서 그것을 알 수 있는 것은 점쟁이다. 그러므로 모든 일을 하는 데 있어서 가장 좋은 때를 알려면 점쟁이에게 그것을 물어야 한다.

두 번째 물음인 '어떤 사람이 가장 필요한가?'에 대한 대답은 각양각색이었다. 어떤 자들은 황제에게 가장 필요한 사람은 보필하는 사람, 즉 정치가라고 말하는 이도 있었고, 다른 어떤 자들은 황제에게 가장 필요한 사람은 신관이라고 말하는 이도 있었다. 또 다른 어떤 자들은 황제에게 가장 필요한 사람은 의사라고 말하고, 그리고 어떤 자들은 가장 필요한 사람은 군인이라고 말하기도 했다.

세 번째 물음인 '어떤 일이 가장 중요한가?'에 대해서도 어떤 자들은 세상에서 가

장 중요한 일은 학문이라고 말하고, 다른 자들은 예술이라고 말하는가 하면, 또 다른 자들은 경신이야말로 가장 중요한 일이라고 말했다.

대답은 여러 가지로 각양각색이었다. 그래서 황제는 어떤 대답에도 동의하지 않았으며 어느 누구에게도 포상하지 않았다. 자기의 물음에 대한 한결 더 정확한 대답을 얻을 생각으로 현인으로 평판이 높은 스승인 은사에게 그것을 묻기로 마음먹었다.

황제의 은사는 숲 속에서 살고 있었다. 아무데도 나가지 않고 수수한 사람들만 만나고 있었다. 그래서 황제는 수수한 옷을 입고 자기의 경호인들과 함께 은사의 암자까지 가지 않고 말에서 내려 혼자 그에게로 갔다.

황제가 그에게로 다가갔을 때 은사는 자기의 오두막 앞에서 이랑을 일구고 있었다. 황제를 보자 살짝 인사를 하고는 계속해서 또다시 흙을 파기 시작했다. 은사는 삐쩍 마른 몰골로 삽을 땅에 박아 조그만 흙덩어리를 뒤집으면서 힘겹게 숨을 쉬고 있었다.

황제는 그에게로 다가가 말했다.

"현명하신 은사님, 나는 당신에게 '세 가지 물음'에 대한 대답을 얻으려고 이렇게 찾아왔습니다." 그리고 은사에게 세 가지 질문을 하였다. "나중에 가서 후회하지 않으려면 어떤 때를 잊지 않아야 하며 놓치지 말아야 합니까? 어떤 사람들이 가장 필요한 사람들이며, 따라서 어떤 사람들과 함께 더 많이 일을 하고 어떤 사람과 함께 덜 일을 해야 합니까? 그리고 어떤 일이 가장 중요한 것이며, 그래서 모든 일 가운데서 어떤 일을 다른 일보다 먼저 하여야 합니까?"

은사는 황제가 말하는 것을 가만히 듣고 있었으나 아무런 대답도 하지 않았다. 그리고 손바닥에 침을 뱉고는 또 다시 흙을 파기 시작했다. "당신은 지친 것 같습니다." 황제는 말했다. "삽을 이리 주십시오. 내가 대신 조금 하겠습니다."

"고맙소." 하고 은사는 말하고 삽을 건네자 땅바닥에 앉았다.

두 이랑을 파고 나자 황제는 일손을 멈추고 물음을 되풀이했다. 은사는 아무런 대답도 하지 않고 일어나 삽 쪽으로 손을 뻗쳤다.

"이번에는 당신이 쉴 차례요. 내가 조금 하겠습니다…." 하고 그는 말했다.

그러나 황제는 삽을 넘기지 않고 흙을 파기를 계속했다. 한 시간, 또 한 시간이 지났다. 해가 나무 뒤로 넘어가기 시작하여 황제는 삽을 땅에 꽂고 말했다.

"현명하신 은사님, 나는 내 물음에 대한 대답을 얻고자 이렇게 찾아왔습니다. 만일 대답할 수 없으시다면 그렇다고 말씀하세요. 나는 집으로 떠나겠습니다."

"저기 누군가가 이리로 뛰어오는군." 은사는 말했다. "누군지 봅시다."

황제는 뒤돌아보고는 숲 속에서 한 털복숭이가 달려오고 있는 것을 보았다. 이 사람은 두 손으로 배를 움켜잡고 있었다. 그 손 밑으로 피가 흐르고 있었다. 황제에게로 달려오더니 털북숭이는 땅바닥에 쓰러지고 말았다. 두 눈을 치켜뜬 채 꼼짝도 않고 다만 희미하게 신음할 뿐이었다.

황제는 은사와 함께 그 사람의 옷을 벗기고 상처를 살폈다. 그의 배에 큰 상처가 있었다. 황제는 될 수 있는 대로 조심스럽게 상처를 씻고 자기의 손수건과 은사의 수건으로 상처를 감았다. 그러나 피는 좀처럼 멎지 않았다. 황제는 몇 차례 따뜻한 피로 흠뻑 젖은 붕대를 풀어 다시 상처를 씻고는 붕대를 감았다. 피가 멎자 부상자는 제정신을 차리고는 물을 청했다. 황제는 신선한 물을 길어 와 마시게 했다.

한편 해는 완전히 서늘해졌다. 황제는 은사의 도움을 얻어 부상자를 암자로 날라 침상 위에 눕혔다. 부상자는 침대 위에 누운 채 눈을 감고 가만히 있었다. 황제는 걷고 일하고 하여 지쳐서 문지방 위에서 담배를 한 대 피우고 나자 그대로 깊은 잠에 빠졌다. 그리하여 짧은 여름밤을 꼬박 자고 말았다. 이튿날 아침잠을 깼을 때 황제는 자기가 어디에 있는지, 그리고 침대 위에 누워 번쩍이는 눈으로 자기를 찬찬히 쳐다보고 있는 기이한 털북숭이가 누구인지 오랫동안 이해할 수 없었다.

"나를 용서하시오." 하고 털북숭이는 황제가 잠을 깨어 자기를 쳐다보고 있는 것을 알아차리고 약한 목소리로 말했다. "나는 당신을 모르오. 나는 아무것도 당신을 용서할 것이 없소." 황제는 말했다. 잠시 후 털복숭이는 다음과 같이 말을 꺼냈다

"당신은 나를 모르지만 나는 당신을 알고 있습니다. 나는 당신이 내 형을 처형하고 나에게서 재산을 빼앗고 하여 당신에게 복수하기로 맹세한 바로 당신의 적입니다. 나는 당신이 혼자서 은사에게 가신다는 것을 알고 당신이 집으로 돌아가실 때 당신을 죽이려고 마음먹었습니다. 그러나 꼬박 하루가 지나도 당신이 보이지 않았습니다. 당신이 어디에 계신지 알아볼 생각으로 매복 장소에 나온 바로 그때 당신의 경호원들과 부딪쳤습니다. 그들은 나를 알아보고 나에게 상처를 입혔던 것입니다. 나는 그들에게서 도망쳐 달아났습니다. 그러나 만일 당신이 내 상처를 붕대로 감아주지 않으셨다면 나는 피를 흘려 죽고 말았을 것입니다. 나는 당신을 죽이려고 했는데 당신은 내 목숨을 구해주셨습니다. 이제 내가 만일 살아남는다면, 그리고 당신이 그러기를 바라신다면 아주 충실한 종으로 당신을 섬기겠습니다. 나뿐만 아니라 내 자식들한테도 그렇게 하도록 이르겠습니다. 나를 용서하십시오."

황제는 그처럼 수월하게 자신의 적과 화해가 이루어져 무척 기뻤고 그를 용서하였

을 뿐만 아니라 그의 재산을 돌려주며, 그 밖에도 그를 돌보도록 자기의 종들과 의사까지 그에게 보내겠노라고 약속했다.

부상자와 작별한 황제는 정면 계단으로 나가 은사를 찾느라고 둘러보았다. 마지막으로 황제는 그에게 자기의 물음에 대하여 대답을 청하고 싶었던 것이다. 은사는 바깥에 있었으며 어제 파 놓은 이랑 가에서 무릎으로 기면서 채소 씨앗을 심고 있었다. 황제는 그에게로 다가가서 말했다.

"현명하신 은사님, 마지막으로 나에게 물음에 대하여 대답해 주시기를 바랍니다."

"그 대답은 이미 되어 있잖소." 은사는 황제를 위아래로 훑어보면서 말했다. "어떻게 대답이 되어 있다는 겁니까?" 황제는 말했다.

"어떻게라고 했소?" 은사는 말했다. "만일 당신이 어제 약한 것을 가엾게 여기지 않고 나 대신 이 이랑을 파지도 않고 혼자서 집으로 되돌아가셨다면 저 젊은이가 당신을 덮쳤을 것입니다. 그러면 당신은 나와 함께 남아 있지 않았던 것을 후회했을 것이오. 그러니까 당신이 이랑을 팠을 때가 가장 좋은 때였고, 그리고 내가 가장 중요한 사람이었을 것이며 또한 나에게 선한 일을 한 것이 가장 중요한 일이었던 것이오. 그리고 그 사람이 달려왔을 때 가장 좋은 때는 당신이 저 사람을 간병한 때였는데, 만일 당신이 그 사람의 상처를 붕대로 감아주지 않았다면 그 사람은 당신과 화해하지 않고 당신을 죽였을 것이기 때문이오. 그러니까 가장 중요한 사람은 그 사람이었고 가장 중요한 일은 당신이 그 사람에게 해주었던 일이오. 그런즉 가장 중요한 때는 오직 하나 '지금'에 있어서만 우리들은 그것을 마음대로 다룰 수 있기 때문이오. 또 가장 중요한 사람은 지금 접촉하고 있는 사람인데, 그것은 앞으로 그 어떤 다른 사람과 또 일을 갖게 될지 어떨지는 아무도 알 수 없기 때문이오. 가장 중요한 일은 그 사람에게 선을 행하는 것임을 마음에 새겨 두시오."

—톨스토이[1] 단편소설 『세 가지 질문(pp. 163-164)』 중

1) 러시아의 소설가 · 사상가(1828~1910). 타락한 그리스도교에서 벗어나 세계복지에 기여하려는 사상을 가졌으며, 구도적(求道的) 내면세계를 보여주는 작품을 많이 썼다. 대표작으로 『전쟁과 평화』, 『부활』, 『안나 카레니나』 등이 있다

■ 활동하기 : 생각하고 써보기

이 글을 읽기 전의 세 가지 물음에 대한 생각을 써보고 읽은 후의 생각을 열거해 보자.

> * 레오 톨스토이는 다음 세 가지 질문을 던졌다.
> ① 가장 좋은 때는 언제인가?
> ② 가장 귀중한 사람은 누구인가?
> ③ 가장 우선적으로 해야 할 가장 중요한 것은 무엇인가?
>
> <정답>
> ① 지금
> ② 지금 함께 있는 사람
> ③ 함께 있는 사람을 위해 유익하게 하는 것

토론주제

- 나의 "비전탐색" 나의 꿈을 찾아서 【소그룹 토론】
  - '나의 꿈', 앞으로 되고 싶은 것, 하고 싶은 일은 무엇인가?

- 나는 어떤 리더가 되고 싶은가? 【토론】

참고문헌

강진구(2010. 9. 8). 모두를 주인공으로 만드는 미래형 리더십. ≪LG Business Insight≫ LG경제연구원.

_____(2012. 3. 7). '독한 리더십' : 독한 리더가 조직을 성공시킨다. ≪LG Business Insight≫ LG경제연구원.

고명희 · 김영미(2013). **셀프리더십 실천을 위한 4단계 매뉴얼**. 서울 : 모루.

고용노동부(2017. 8. 23). 2017년 상반기 기준 "직종별 사업체 노동력 조사" 결과 보도자료.

교육과학기술부(2011). 유치원 기본과정 내실화를 위한 인성교육 프로그램.

교육부(2016). 학교급별 진로교육 체계.

김경숙(2003). 아동의 정서지능과 스트레스 통제감 및 대처행동과의 관계. 홍익대학교 대학원 박사학위논문.

김광수 외(2003). **대학생과 리더십**. 서울 : 학지사.

김다원(2011). 청소년 글로벌 리더십 교육의 문제점과 방향논의. **한국지역지리학회지, 17**(4), 477-492.

김동훈(2006). 자기조절능력, 스트레스, 감성지능이 학습동기화 유형에 미치는 영향. 관동대학교 대학원 박사학위논문.

김문겸(2017). **뇌 신경심리에 기반한 PAIR 리더십**. 경기 : 창조문화.

김성수(2015). **21C 혁신적 리더십**. 서울 : 탑북스.

김영춘(2016). **역사 속 현자들의 리더십이야기**. 서울 : 박영스토리.

김용래(2000). **교육심리학**. 서울 : 문음사.

김용래 · 김태은(2004). 학습자스트레스, 학교적응(대처) 및 학업성적, 홍익대학교 교육연구소. **교육연구논총, 제21집**, 5-31.

김용래 · 김태은(2005). **교육심리학**. 서울 : 형설출판사.

김인수(2015). **빨셈의 리더십**. 서울 : 명태.

김헌식(2017). **문재인 그의 리더십을 읽다**. 서울 : 평민사.

김홍원(1997). 중등학교에서의 학업성취 수준별 반 편성 및 이동 수업의 가능성과 한계. 제7차 수준별 교육과정 현장적용 모형개발. 서울 : 한국교육개발원.

김희경(2014). 항공사 조직문화가 임파워먼트와 조직몰입에 미치는 영향. 경기대학교 대학원 석사학위논문.

김희민 외(2016). 민주주의와 리더십 이야기. 서울 : 오름.

니카지마 디카시 저, 하연수 역(2016). 리더의 그릇. 경기 : 다산북스.

다니엘 골먼 외 공저, 이덕주 역(2015). 조직의 성과를 이끌어내는 리더십. 서울 : 매경출판.

레프 톨스토이 저, 베스트트렌스 역(2012). 사람은 무엇으로 사는가. 서울 : 더클래식.

로버트 치알디니(2004). 설득의 심리학. 서울 : 21세기북스.

류지성(2011). 마음으로 리드하라. 서울 : 삼성경제연구소.

문용린(1997). EQ가 높으면 성공이 보인다. 서울 : 글이랑.

박건하(2012). 서번트리더십이 직무만족 및 조직몰입에 미치는 영향. 중앙대학교 대학원 석사학위논문.

박광회(2015. 5. 22). 미래직업세계의 변화 : 1인 창조기업과 창직. 한국취업진로학회 논문.

박보식(2012). 리더십 : 이론과 실제. 서울 : 대영문화사.

박영숙 · 제롬 글렌 · 테드 고든 · 엘리자베스 폴로레스큐(2013). 유엔미래보고서 2040. 서울 : 교보문고.

박원우(1988). 임파워먼트 실천 매뉴얼. 서울 : 시그마 컨설팅그룹.

박종주(2000). 디지털 지식정보화사회에서의 바람직한 리더십. 원불교학, 7, 301-324.

박현모(2009). 서희의 협상리더십 연구 : 993년 안융진 담판을 중심으로. 국제정치논총, 49(2).

배영희(2013). 중간관리자의 리더십과 갈등관리유형이 조직몰입에 미치는 영향. 인제대학교 대학원 박사학위논문.

서보경(2014). 고전소설 변용을 통한 문화적 문식성 교육연구. 국어교육연구, 33, 75-101.

손대현(2007). 재미학콘서트. 서울 : 산호와 진주.

송운석(2007). 인간관계 이론과 실제. 서울 : 삼영사.

______(2012). 신뢰중심의 조직관리. 서울 : 탑북스.

신동준(2017). 리더의 품격. 서울 : 미다스북스.

신재흡(2015). 21세기의 다양한 교육리더십. 서울 : 동문사.

안광현(2017). 글로벌 사회와 리더십. 서울 : 무역경영사.

안병용 외(2008). 블루오션 리더십. 서울 : 보명북스.

안상윤(2015). 자기주도 성공 리더십개발. 서울 : 비즈프레스.

양애경(2007). 감성지능, 학습동기, 학습자스트레스 및 자기주도학습이 학업성취도에 미치는 영향. 홍익대학교 대학원 박사학위논문.

______(2010). 학업성취도를 높이는 감 · 동 · 학 · 습 플랜. 서울 : 동문사.

양애경 · 장원동 · 최희양(2016). 창의인성론. 서울 : 동문사.

에드워드 L. 데시 · 리처드 플래스트 공저, 이상원 역(2012). 마음의 작동법. 서울 : 에코의서재.

예지은(2010). 긍정에너지를 끌어내는 힘, 감성 리더십. 서울 : 삼성경제연구소.

오원철 외(1995). 산업 및 조직심리학. 성균관대학교 산업심리학과 편.

우문식(2014). **마틴 셀리그만의 긍정심리학**. 서울 : 물푸레.
_____(2014). **만 3세부터 행복을 찾아라**. 서울 : 물푸레.
_____(2016). **긍정심리학은 기회다**. 서울 : 물푸레.
이상복(2012). **행복을 부르는 긍정심리학**. 경기 : 공동체.
이은희(2016). **의사소통 워크북**. 서울 : 오성미디어.
이윤정(2016). 현장교원연구보고서(인성교육분과).
이정화(2014). APL심리평가 해석 매뉴얼. 한국심리평가원.
이종목(2008). **직무 스트레스의 이해와 관리전략**. 전남 : 전남대학교출판부.
전국무역인 연합(2017. 8. 11). 중국대학생 창업열기 뜨거운데 우리는 뒷걸음질 : 시사점검 이슈 토론.
전숙자 외(2009). **내안의 리더십**. 서울 : 도서출판 그린.
정병태 · 김정석(2016). **인성리더십**. 서울 : 한덤북스.
정현규(2012). **현대의전의 이해와 전략**. 성심출판사.
조성용(2017). 리더십이 경쟁력이다 [조성용 교수 인터뷰] '행복한 자유인' 되면 '행복 리더십' 싹튼다.
조태준 · 신민철(2011). 임파워먼트와 인식된 조직 성과 간의 관계에 대한 연구. **행정논총, 49**(1), 31-61.
최병순(2008), 핵심역량 강화를 위한 리더십 프로그램의 개발 : 공군 영관장교를 중심으로. **숙명리더십연구, 제7집**, 189-217.
최진봉(2015). **위기관기커뮤니케이션**. 서울 : 커뮤니케이션북스.
최충식(2007). 변혁적 리더십과 거래적 리더십이 대학직원의 조직시민행동에 미치는 영향. 강원대학교 대학원 박사학위논문.
케네스 머렐 · 미미 메레디스 공저, 김기쁨 역(2004). **권한위임의 기술**. 서울 : 지식공작소.
톨 매시 저, 조은경 역(2007). **팀워크를 위한 10가지 전략**. 서울 : 가람북출판사.
피터 드러커 외 공저, 유정식 역(2017). **최고의 질문**. 경기 : 다산북스.
한국경영자총협회(2014. 6. 30). 2014 신입사원 채용실태 조사결과 보도자료.
한국취업진로학회(2015. 5. 22). 박광회 발표자료.
한성숙(1992). 윤리적 딜레마 사례에 대한 간호사의 의사결정분석. 연세대학교 대학원 석사학위논문.
한창수 · 강한수 · 예지은(2008). 미래 CEO의 조건 : 창조적 리더십. **CEO Information, 제650호**. 삼성경제연구소.
홍지연(2003). 서번트 리더십의 교육학적 재해석. **학생연구, 31**, 21-35.

Adair, John(2002). *Inspiring Leadership, Learning from Great Leader*. John Adar and Talbot Adair Press.

Bandura, A.(1989). Regulation of Cgnitive Processes Through Perceived self-efficacy. *Developmental Phychology*.

Boyer, G. B.(1999). Turning point in the development of male servant-leaders. Dotoral dissertation for the Fielding Institute.

Canger, J. A., & Kanungo, R. N.(1988). The Empowerment Process : Integrating Theory and Practice. *Academy of Management Review.*

Drucker, P. F.(1994). *Post-capitalist Society*. New York : Harper Collins.

Goleman, D., Richard, B., & Annie, M(2003). *Primal Leadership*. 장석훈 역(2003). 감성의 리더십. 서울 : 청림출판.

Greenleaf, R. K.(1970). *The Servant as Leader*. Indianapolis : The Robert K. Greeenleaf Center.

Hartline. M. D., & Ferrell. O. C.(1996). The Management of Customer-contact Service Employees : An Empirical Investigation Tournal of Marketing.

Kahn, W. A.(1990). Psychological condition of personal engagement and disengagement at work. *Academy of Management Journal, 33*, 672-724.

Luria, A. R., & Homskaya, E. K.(1966). The Frontal Lobes and Regulation.

Luria, A. R.(1990). Higher cortical functions in man. In Kaufman, A. S(Ed.), *Assessing Adolescent and Adult Intelligence*. Boston, Allyn and Bacon, Inc.

Manz, C. C., & C. P., Neck(2004). *Mastering Self-Leadership : Empowering Yourself for Personal Excellence*(3rd ed.). NJ : Pearson Prentic-Hall.

Manz, C. C., & Sims, H. P.(2001). *New Super Leadership : Leading Others to Lead Themselves*. SF, CA : Berrett-Koehler.

Manz, C. C.(1986). Self-Leadership : Toward An Expanded Theory of Self-Influence Processes in Organizations. *Academy of Management Review, 11*(3), 585-600.

Neck, C. P., & Houghton, J. D.(2006). Two decades of self-leadership theory and research. *Journal of Managerial Psychology, 21*(4), 270-295.

Potterfield, T. A.(1999). *The Business of Employee Empowerment : Democracy and Ideology in the Workplace*. Wetpot, CN : Quorum Books.

Purves, A. C., Papa. L., & Jordan, S(Eds.)(1994). *Encyclopedia of English Studies and Language Arts*. Urbana : National Council of Teachers of English.

Quinn & Spreitzer(2001), 조태준 외 공역(2011). Seven questions every leader must answer on the road to empowerment organizational dynamics.

Richard L. Daft 저, 정진철 · 최승준 공역(2014). 리더십. 서울 : 한경사.

Sims. H. P. JR. & Lorenzi(1992). THE NEW LEADERship Paradigm : Social Learning and Cognition in Organizations.

Spears, L. C.(1995). *Reflections on Leadership : How Robert K. Greenleaf's Theory of Servant-leadership Influenced Today's Stop Management Thinkers*. New York : John Wiley & Sons, Inc.

Spreitzer, G. M.(1995). Psychological Empowerment in the Workplace : Dimensions, Measurement, and Validation, Partial Nomological Network of Psychological Empowerment in the Workplace Academy of Management Journal.

Stewart, A. M.(1994). *Empowering People*. London : Pitman.

Thomas. K. W., & Velthouse. B. A.(1990). Congnitive Element of Empowerment : An Interpretative Model of Intrinsic Task Motivation. *Academy of Manmagement Review.*

Wagner, J. A.(1994). Participations' Effects on Performance and Satisfaction : A Reconsideration of Research Evidence. *Academy of Management Review.*

경향신문(2017. 5. 25) 보도자료.

잡코리아(www.jobkorea.co.kr).

조선일보(2017. 3. 18) 보도자료.

중앙일보(2014. 2. 18). 당신의 직업은 안녕하십니까?

한겨레신문(2017. 5. 25) 보도자료.

Newsis(2017. 10. 19).

SBS(2017. 5. 25) 보도자료.

[네이버 지식백과] 미디어 리더십 (미디어 경영·경제, 2013. 2. 25., 커뮤니케이션북스)

저/자/약/력

■ **양애경**

홍익대학교 대학원 졸업 교육학 박사
현 한서대학교 교양학과 부교수
교육부 정책 심의 평가위원
한국교육개발원 자문위원, KEDI 공동연구원
EBS미디어 교육정책 자문위원
전국시도교육청 교원연수 특강 전문위원
전 한국교육개발원(KEDI) 연구위원 역임
홍익대학교 사범대학 및 국민대학교 대학원 외래교수 역임
한세대학교, 숭의여자대학교 겸임교수 역임
오렌지 Montessori 유치원장/오렌지 미술, 어린이집원장 역임

<저서>
『창의인성론』, 『방과후학교 교육개론』, 『창의인성 교육방법 및 교육공학』,
『현장중심에서 본 교육학개론』, 『학업성취도를 높이는 감·동·학·습 플랜』,
『창의성과 감성교육을 위한 ART 교육프로그램 어린이아뜨리에』

■ **송영선**

단국대학교 대학원 행정학 박사
현 국공립가락본동어린이집 원장
전국장애아통합어린이집협의회 교육분과장
전 미미월드아동연구소(소리담체험학교) 소장
한국 긍정심리연구소 부소장
국공립(장애통합)신흥제2어린이집 원장
명지전문대학 유아교육과, 경복대학교 영유아보육과 외래교수
장애특별직무교육 강사(한국보육진흥원)
경기도 평가인증, 성남시 통합지표 컨설턴트(한국보육진흥원)
성남시육아지원센터 취약보육 자문위원
클로버부모교육강사(중앙육아지원센터)
인성교육강사, 에듀케어 아카데미 직무교육강사

<저서>
『프로젝트접근법』, 『아동관찰행동연구』,
『역량강화를 위한 부모교육』, 『현장중심의 장애통합 길라잡이』

저/자/소/개

■ 김주섭

중앙대학교 교육대학원 석사
현 수원지방검찰청 안산지청 형사조정위원
한국방과후학교학회 부회장
더-사랑다문화교육연구원 대표이사
전 안산시곡, 안양 부안초 교장
경기도 교육청 장학관
경기도 부천교육지원청 교수학습국장
경기도 김포교육지원청 교육장
KBS 방과후학교 교육과정위원

■ 최종철

홍익대학교 대학원 교육학 박사
현 검산초등학교 교감
교육부 인성교육진흥위원회 자문위원(2018~2019)
전 경기도교육청 민주시민교육 장학사
홍익대학교, 경인교육대학교, 디지털서울문화예술대학교 외래교수 역임

4차 산업혁명 시대의 핵심역량!!

사람중심 리더십

|공저자| 양애경 · 송영선 · 김주섭 · 최종철

|1판 1쇄| 발행 2018년 7월 20일
|1판 2쇄| 발행 2019년 3월 20일
|1판 3쇄| 발행 2022년 9월 20일
|1판 4쇄| 발행 2026년 2월 10일

|발행인| 김 동 훈
|발행처| 공 동 체

|주소| 경기도 고양시 일산동구 호수로 358-39, 동문타워 I 905호(백석동)
|전화| 031) 814-3000(대표)
|팩스| 031) 814-3100
|홈페이지| http://www.compub.co.kr
|전자우편| compub@naver.com
|출판등록| 2005년 10월 6일
|등록번호| 제396-2005-36호

|ISBN| 979-11-6105-302-8
정가 16,000원

Memo

Memo

Memo

Memo